Plantes Annuelles et Bisannuelles

Plantes Annuelles et Bisannuelles

• Marabout Côté Jardin •

• MARABOUT CÔTÉ JARDIN •

Ce guide Marabout de la collection Côté Jardin
a été établi par :
Alan Toogood et Linden Hawthorne

Traduit et adapté de l'anglais par :
Catherine Bricout et Catherine Pierre

Packaging :
Domino

Marabout Jardin
43, quai de Grenelle - 75905 Paris cedex 15

Publié pour la première fois en Grande-Bretagne
en 1997 sous le titre :

THE ROYAL HORTICULTURAL SOCIETY
PLANT & GUIDES
ANNUALS & BIENNIALS

A DORLING KINDERSLEY BOOK

Dépôt légal : mars 2000/0099/045
ISBN : 2501-03335-3
Edition 01
N° de codification : 4029864
Imprimé et relié par Milanostampa S.p.A
Février 2000

Sommaire

Comment utiliser ce livre *8*

Les annuelles et bisannuelles du jardin *10*

Catalogue des plantes annuelles et bisannuelles 17

Les plantes de grande taille 18

Les tournesols 26

Les pois de senteur 28

Les giroflées 30

Les roses et œillets d'inde 50

Les zinnias 54

Les plantes de taille moyenne 76

Les mufliers 84

Les bégonias 86

Les œillets 88

Les impatientes 100

Les tabacs 102

Les pavots 104

Les pélargoniums 116

Les pétunias 118

Les primevères 132

Les sauges 134

Les verveines 136

LES PLANTES DE PETITE TAILLE 146

LES PENSÉES 152

COMMENT SOIGNER LES ANNUELLES ET BISANNUELLES *160*

GLOSSAIRE *178*

INDEX *180*

CRÉDITS *192*

CE GUIDE A ÉTÉ ÉTABLI PAR :

ALAN TOOGOOD
Consultant

LINDEN HAWTHORNE
Rédaction

Comment utiliser ce livre

Ce livre est le guide de référence idéal pour identifier et choisir rapidement les plantes de votre jardin.

La section Les annuelles et bisannuelles du jardin est une introduction pratique aux annuelles et bisannuelles et vous conseille sur le choix d'une plante adaptée à un emplacement ou un objectif particuliers, par exemple pour des plates-bandes ou des bacs, ou simplement comme spécimen.

Pour choisir ou identifier une plante, reportez-vous au Catalogue des plantes annuelles et bisannuelles, où des descriptions concises des plantes et des conseils utiles de culture et de multiplication accompagnent les photographies. Pour faciliter le choix, les entrées sont groupées par taille, saison d'intérêt, et aussi par couleur (voir le cercle des couleurs ci-dessous).

Pour toute information supplémentaire sur la culture, l'entretien et la multiplication, reportez-vous à la section Comment soigner les annuelles et bisannuelles, où vous trouverez des conseils généraux sur tous les aspects de l'entretien de vos plantes.

A la fin du livre, un glossaire explique les termes clés, et un index complet permet une lecture rapide et facile à partir du nom de la plante.

Le cercle des couleurs

Toutes les plantes du livre sont groupées suivant la couleur de leur partie la plus intéressante, et toujours dans le même ordre, indiqué par le cercle des couleurs ci-dessous : du blanc à l'orange en passant par le rouge, le bleu, le jaune.

Catégories de taille

Les plantes présentées dans ce Catalogue sont classées selon leur hauteur moyenne. Les hauteurs spécifiées dans les descriptions individuelles de plantes correspondent à leur hauteur maximum. Cependant, les hauteurs réelles peuvent varier en fonction de l'emplacement, des conditions de croissance, du climat et de l'âge.

Ces catégories se divisent ainsi :

Grandes Plus de 45 cm
Moyennes 15-45 cm
Petites Jusqu'à 15 cm

Les symboles

Ces symboles indiquent tout au long du Catalogue des plantes annuelles et bisannuelles la résistance et les conditions de croissance préférées de chaque plante. Cependant, il faut tenir compte du climat et des conditions particulières de votre terrain car ils influent sur la croissance de la plante.

🏆 RHS Award of Garden Merit. Ce symbole signale les plantes cautionnées par la Royal Horticultural Society pour leur qualité et leur fiabilité exceptionnelles. Elles doivent être bien constituées, insensibles aux insectes et aux maladies, et n'exiger aucun soin spécifique.

- ☼ Préfère le soleil
- ◐ Préfère la mi-ombre
- ● Supporte l'ombre
- pH Demande un sol acide
- ◯ Préfère un sol bien drainé
- ◑ Préfère un sol humide
- ⬤ Préfère un sol très humide

- ❄ Semi-rustique : résistant jusqu'à 0 °C
- ❄❄ Assez rustique : résistant jusqu'à – 5 °C
- ❄❄❄ Rustique : résistant jusqu'à – 15 °C

COMMENT UTILISER LE CATALOGUE DES PLANTES ANNUELLES ET BISANNUELLES

TITRES
Chaque chapitre est subdivisé en sections, en fonction de la taille moyenne des plantes, et de la saison la plus intéressante.

Indication du *nom de famille* de la plante.

Indication du *nom commun* de la plante.

Indication du *nom botanique* de la plante.

PHOTOGRAPHIE DE LA PLANTE
Les photographies en couleurs présentent les principaux caractères de chaque plante et la couleur (voir le cercle des couleurs en page précédente).

ENTRÉES
Brève description de la plante détaillant mode de croissance, fleurs, fruits et feuilles, suivie d'informations sur l'origine, de conseils de culture et de multiplication, et des autres noms botaniques.

PAGES « VEDETTES »
Des groupes de plantes ou des genres particulièrement intéressants sont présentés dans des pages spéciales : introduction générale sur la forme, l'utilisation, la culture et la multiplication, suivie d'une information concise sur chaque plante.

48 • LES PLANTES DE GRANDE TAILLE

Composées/Astéracées	REINE-MARGUERITE, ASTER DE CHINE

CALLISTEPHUS CHINENSIS **'Compliment Light Blue'**

Type Érigée, à croissance rapide, touffue annuelle. ***Fleurs*** Doubles à pétales tuyautés. Bleu clair. De l'été au début de l'automne. ***Feuilles*** Ovales. Vert moyen.
• ORIGINE Horticole. On trouve cette espèce sur les versants et les zones désertiques de Chine.
• CULTURE En plein soleil sur un site abrité dans un sol fertile, de neutre à alcalin, humide et bien drainé. Convient en fleurs coupées. • MULTIPLICATION Par semis à 16 °C au début du printemps ou en place au milieu du printemps.

HAUTEUR 70 cm
ÉTALEMENT 20 cm

Malvacées	

ANODA CRISTATA **'Opal Cup'**

Type Vigoureuse, dressée, touffue annuelle. ***Fleurs*** Cupulaires de 5 cm de diam. Lilas argenté clair à veines plus foncées. De l'été à l'automne. ***Feuilles*** Digitées, lobées ou non lobées, entières, ou dentées. Vert moyen marbré de pourpre.
• ORIGINE Horticole. • CULTURE Dans un sol humide, bien drainé. Tuteur nécessaire. Enlevez les fleurs fanés régulièrement. Dans un parterre, une plate-bande d'annuelles ou une mixed-border.
• MULTIPLICATION Par semis entre 13 et 15 °C au début du printemps ou en place au printemps.

HAUTEUR Jusqu'à 1,5 m
ÉTALEMENT 60 cm

Légumineuses/ Papilionacées	

LUPINUS NANUS **'Pixie Delight'**

Type Dressée ou rameuse, annuelle. ***Fleurs*** De type pois en longues grappes de 20 cm. Blanches, roses, bleues, ou lavande, parfois bicolores. En été. ***Feuilles*** Digitées, poilues, divisées en folioles. Vert moyen.
• ORIGINE Horticole. • CULTURE Dans un sol léger, sableux, légèrement acide, au soleil ou à mi-ombre. En parterres ou en plates-bandes d'annuelles. • MULTIPLICATION Semez les graines pré-trempées ou entaillées dans une pépinière au printemps.

HAUTEUR 50 cm
ÉTALEMENT 23 cm

Convolvulacées	

IPOMOEA TRICOLOR **'Heavenly Blue'** 🏆

Type Grimpante, annuelle. ***Fleurs*** En entonnoir de 8 cm de diam. Bleu azur soutenu à gorge blanche. En été ou toute l'année dans les tropiques. ***Feuilles*** Ovales à cordiformes. Vert clair à vert moyen.
• ORIGINE Horticole. Dans les forêts tropicales d'Amérique Centrale et d'Amérique du Sud. • CULTURE Dans un sol fertile, humide, bien drainé, à l'abri sur un site chaud, ensoleillé. • MULTIPLICATION Semez les graines pré-germées ou pré-trempées individuellement à 18 °C. Germination au chaud, une baisse soudaine de température pourrait empêcher la plante de prendre.

Min. 7 °C
HAUTEUR 3–4 m

26 • LES TOURNESOLS

LES TOURNESOLS

Le genre *Helianthus* comprend 70-80 espèces d'annuelles et vivaces. On cultive les tournesols annuels présentés ici pour leurs fleurs spectaculaires en forme de marguerite, d'un diamètre courant de 5-10 cm, pouvant aller jusqu'à 30 cm pour les cultivars à fleurs géantes. Les fleurs ont des teintes chaudes d'acajou, de jaune ou d'orange, autour d'un centre pourpre, brun ou jaune soutenu. Ces belles fleurs imposantes ont de fortes tiges et sont idéales en fleurs coupées. Elles ont aussi leur place en mixed-border ou plate-bande annuelle, ou pour combler les vides d'une plate-bande herbacée. Les tournesols attirent les abeilles et autres insectes utiles et, une fois coupées et séchées, les capsules de graines attirent les oiseaux dans les jardins, particulièrement les fringillidés, en automne et en hiver.Les petits cultivars, comme *H. annuus* 'Teddy Bear', sont parfaits pour les plantations en bacs. La rapidité de croissance et la taille imposante des grands cultivars et de ceux à fleurs géantes en font une composante idéale des jardins d'enfants. Comme tous les tournesols, c'est lors des étés longs et chauds qu'ils fleurissent le mieux.

Plantez-les dans un sol fertile à modérément fertile, neutre à alcalin, bien drainé et riche en matière organique. Choisissez un emplacement abrité et ensoleillé. Les grands cultivars exigent un tuteurage solide.

Semez sous abri vitré en fin d'hiver à 16 °C, en pots individuels. Endurcissez-les et transplantez-les dans leur site de floraison au printemps ou en début d'été. Sinon, semez en place en début de printemps.

Les limaces peuvent être un problème, surtout pour les jeunes plantes. Les cultivars sont particulièrement sensibles aux attaques de mildiou, surtout lors des étés secs, il faut donc garder les racines humides et éviter d'arroser sur les fleurs.

***H. DEBILIS* ssp. *CUCUMERIFOLIUS* 'Italian White'**
Type Vigoureuse, annuelle.
Fleurs Blanc crème ou jaune citron pâle, à centre noir, jusqu'à 10 cm de diam. Floraison estivale.
Feuilles Poilues, dentées, ovales à lancéolées. Vert moyen.
• HAUTEUR 1,5 m.
• ÉTALEMENT 45 cm.

***H. debilis* ssp. *cucumerifolius* 'Italian White'**

***H. ANNUUS* 'Music Box'**
Type Annuelle, à croissance rapide, très ramifiée.
Fleurs De rouge sombre à jaune crème, à centre noir, certaines variétés bicolores, jusqu'à 12 cm de diam. Floraison à partir de l'été.
Feuilles Ovales à cordiformes. Vert foncé.
• HAUTEUR 70 cm.
• ÉTALEMENT Jusqu'à 45 cm.

***H. annuus* 'Music Box'**

H. DEBILIS* ssp. *CUCUMERIFOLIUS
Type Annuelle, sur des tiges vigoureuses, très ramifiée.
Fleurs Jaune vif, parfois flammées de rouge, portées par des tiges marbrées de pourpre, jusqu'à 15 cm de large. Floraison estivale.
Feuilles Ovales à lancéolées. Vert moyen.
• AUTRE NOM *H. cucumerifolius*.
• HAUTEUR 1 m.
• ÉTALEMENT 30 cm.

H. debilis* ssp. *cucumerifolius

SYMBOLES
Les symboles précisent les exigences d'ensoleillement, de sol et de température (voir LES SYMBOLES en page précédente). Les températures sont indiquées pour les plantes ne pouvant survivre en dessous de 0 °C.

TAILLES
La hauteur et l'étalement correspondent à la taille maximum de la plante adulte, à la floraison pour les plantes concernées.

DESCRIPTIONS DES PLANTES « VEDETTES »
Comme dans les entrées principales du Catalogue, une brève description de la plante est suivie de conseils utiles sur la culture et la multiplication s'ils ne sont pas déjà inclus dans l'introduction générale.

LES ANNUELLES ET BISANNUELLES DU JARDIN

LES TYPES DE PLANTES appelées annuelles et bisannuelles sont parmi les plus faciles à cultiver et les moins chères de toutes les plantes de jardin. Elles composent une palette infinie de couleurs, de textures et de parfums pour enrichir toutes sortes de jardins. La plupart des annuelles et des bisannuelles fleurissent à profusion tout au long de l'été et elles sont nombreuses à offrir un spectacle éclatant jusqu'à l'automne.

Que sont les annuelles et les bisannuelles ?

Les vraies annuelles sont des plantes éphémères dans la mesure où elles poussent, fleurissent, grainent et meurent en une seule saison. Les annuelles rustiques résistent au gel et on peut les semer, en terre dans le jardin, au printemps ou au début de l'automne si l'on souhaite une floraison rapide l'année suivante. On sème les annuelles semi-rustiques et gélives sous abri vitré en fin d'hiver ou début de printemps et on ne les met en terre dans le jardin que lorsque le risque de gel est passé. Quelques annuelles semi-rustiques peuvent aussi être semées directement dans leur emplacement définitif plus tard au printemps, quand le sol s'est réchauffé. Les bisannuelles se sèment en été et font des feuilles la première année, la seconde année elles grainent et meurent. Certaines vivaces gélives, comme les pélargoniums ou les impatientes (*Impatiens*) fleurissent dès la première année. On peut les cultiver comme des annuelles semi-rustiques ou gélives, ce qui les rend souvent plus florifères et plus vigoureuses. Des touffes basses et régulières d'*Ageratum houstonianum* aux flèches élancées des roses trémières (*Alcea rosea*), les annuelles et bisannuelles se déclinent dans toutes les hauteurs et tous les types.

Une tapisserie aux couleurs de l'été
Un patchwork irrégulier d'annuelles rustiques et semi-rustiques, semées en taches naturalistes, compose un décor chatoyant et durable.

Annuelles à floraison estivale
Les petits espaces sont transformés par une exubérance d'annuelles vivement colorées, dont les impatientes (Impatiens), *les lobelias en cascade, les pétunias et les Schizanthus.* *(Photo page 10).*

Créer un décor avec les annuelles et bisannuelles

Généralement regroupées dans des massifs et plates-bandes qui leur sont totalement consacrés, les annuelles et bisannuelles permettent de créer rapidement un décor éclatant de couleurs. C'est une méthode idéale pour peupler les nouveaux jardins en laissant le temps aux plantes à croissance plus lente de s'installer. Leur faculté d'adaptation leur permet aussi de s'insérer avec bonheur parmi d'autres types de plantes dans des jardins déjà structurés.

Beaucoup d'annuelles déploient une gamme éblouissante de couleurs chaudes et créent un paysage exubérant quand elles sont bien situées. Il est plus délicat de les marier avec des teintes plus sourdes, mais les semences disponibles actuellement offrent toutes les variations autour d'une couleur, jusqu'aux tons pastel, et permettent de créer des harmonies quel que soit le thème chromatique du jardin. Des taches de fleurs blanc pur, ou des masses de vert tendre contrebalanceront la puissance des écarlates, des magenta ou des orange et éviteront leur domination écrasante. Certaines plantes aux feuillages froids, argentés ou gris-vert, comme *Gypsophila elegans* ou *Euphorbia marginata*, par contraste, feront ressortir un rouge profond, un cramoisi ou un pourpre velouté.

Le secret d'une plate-bande de charme réside dans l'équilibre entre la texture des feuillages, les proportions des plantes et la complémentarité des couleurs. Les colonnes dressées de *Bassia scoparia* f. *trichophylla*, par exemple, et son feuillage plumeux, vert émeraude, ou les feuilles découpées rouge pourpre de *Ricinus communis* 'Impala' apportent l'un et l'autre aux couleurs vives une opposition de teinte et de texture qui les met en valeur.

Parterre classique
Le buis et la lavande dessinent la broderie végétale, les cultivars compacts de Calendula *et* Pelargonium *emplissent et colorent le dessin de belles masses homogènes d'or et d'écarlate.*

La multiplicité des hauteurs et des types d'annuelles et de bisannuelles offre amplement matière à toutes les variations de formes dans une plate-bande. De nombreuses séries d'hybrides proposent au choix des cultivars nains ou grands. Qu'ils forment des touffes ou des tapis, ils ont le même talent pour adoucir le premier plan d'une plate-bande ou agrémenter les bacs d'une terrasse. Les plantes rampantes, retombantes ou grimpantes, comme les pois de senteur (*Lathyrus*), utilisées en couverture de mur ou de treillage ou descendant en cascade d'un mur ou d'un talus, créent une ligne verticale forte dans un décor. Pour attirer immanquablement le regard, choisissez les hautes grappes d'espèces telles que la digitale (*Digitalis purpurea*) ou des plantes architecturales comme *Onopordum acanthium*.

Plates-bandes annuelles

En consacrant des parterres ou des plates-bandes uniquement aux annuelles, on peut créer de remarquables effets de couleurs quel que soit le style du jardin. Les pensées d'hiver, cultivars de *Viola* x *wittrockiana*, apportent leurs touches de luminosité aux mois les plus sombres, entre hiver et printemps. Au fil du printemps, on peut y ajouter des notes complémentaires telles que giroflées (*Erysimum*), myosotis, primevères et des cultivars de primevères et de polyanthus aux multiples teintes chatoyantes. Quand les primevères commencent à faner, on peut les remplacer en puisant dans l'immense collection des annuelles et bisannuelles à floraison d'été et de début d'automne.

Les possibilités de compositions végétales sont infinies, mais lorsqu'il s'agit d'une plate-bande annuelle, les associations les plus réussies sont souvent celles qui se limitent à une palette restreinte de teintes harmonieuses. Une méthode sûre est de combiner les couleurs de la même extrémité du spectre, par exemple mêler l'orange éblouissant à la chaleur du jaune et l'intensité d'un écarlate, ou un rose sourd à la douceur du mauve et la fraîcheur du bleu. La simple alliance des couleurs complémentaires, comme le bleu et le jaune, est aussi très efficace. Les agencements les plus réussis sont ceux qui utilisent les plantes en masses étroitement imbriquées et créent ainsi des taches distinctes de couleurs. Les plantes isolées, hormis les grands spécimens, paraissent vite perdues et affaiblissent la structure d'ensemble.

Mixed-border
Mêlées à des plantations permanentes, les annuelles et bisannuelles forment un entrelacs de couleurs d'un très bel effet ornemental. Nombre d'entre elles, dont les soucis et les bleuets, se ressèment et créent spontanément un jardin de style champêtre.

Parterres classiques

Les parterres classiques qui ont connu leur âge d'or à la fin du siècle dernier font leur retour actuellement. Ces styles de composition, broderie végétale et parterres, sont de plus en plus répandus et leurs interprétations contemporaines s'adaptent parfaitement aux petits jardins modernes. L'homogénéité des tailles et types de nombreux cultivars modernes, l'amélioration de leur vigueur, l'intensité et la stabilité de leurs couleurs, les adaptent parfaitement aux parterres structurés. Leur croissance dense et uniforme et leur floraison continue sont idéales pour créer des motifs complexes soit en contraste avec un encadrement permanent de plantes, haie de buis ou de lavande, soit dans des plans délimités par de la brique, du gravier ou autres éléments architecturaux.

Tapis monochrome
L'ombre fraîche qui règne sous une voûte d'arbres et d'arbustes est le cadre des impatientes (Impatiens) *plantées ici en masse pour composer un tapis vivant et vibrant de couleur.*

Mixed-borders et massifs

Les annuelles et bisannuelles ont un rôle important à jouer dans la création de points forts de couleurs au milieu de plantations plus durables d'arbustes, vivaces et bulbes. Elles élargissent l'éventail des couleurs et des textures et permettent de créer une structure florale intéressante qui dépasse le cadre saisonnier des autres plantes. Contrairement à beaucoup d'arbustes et de vivaces dont l'explosion de couleurs est superbe mais courte, la plupart des annuelles et bisannuelles sont réputées pour leur longue période de floraison. Semées annuellement à des emplacements bien choisis, elles sont un trait d'union entre les thèmes de couleurs. Si on les laisse se ressemer, elles deviendront une constante. Elles sont particulièrement indiquées si la volonté du créateur est d'obtenir un effet informel et naturel. La sélection des plantes selon leurs couleurs et leurs formes est une technique qui ajoute une imprévisibilité charmante dans un agencement organisé et elle est idéale pour créer une liaison entre les masses de couleurs des fleurs voisines. Les feuilles pâles, finement divisées et les fleurs bleu tendre de la nigelle (*Nigella damascena*) conviennent parfaitement à cette méthode. Des plantes comme la giroflée d'hiver parfumée (*Matthiola longipetala* ssp. *bicornis*) peuvent aussi apporter une dimension supplémentaire. Eparpillées au hasard parmi des plantations plus permanentes, les petites fleurs de cette annuelle fine dégagent un parfum intense la nuit.

Les annuelles et bisannuelles remplissent à la perfection les espaces vides dans les massifs et les mixed-borders. Ces trous peuvent avoir plusieurs causes : défaillance accidentelle d'une plante ou, plus souvent, phase immature des plantations permanentes. Certaines plantes, comme le pavot vivace (*Papaver croceum*), flétrissent après la floraison, à un rythme imprévisible, en laissant un vide qui sera joliment comblé par des annuelles aériennes comme *Gypsophila elegans*. Semez aux endroits où les plantes sont sur le point de fleurir et choisissez des cultivars de tailles et de couleurs qui s'intègrent au plan d'ensemble permanent.

A la verticale
Les suspensions et jardinières débordent d'annuelles, dressées et retombantes, utilisées ici avec talent pour transformer un mur nu en mur de couleurs. Cette tenture florale crée des lignes de force, horizontale et verticale, qui structurent la composition.

Plantation en bacs

Le jardinier dispose d'un large choix de conteneurs, dont les pots, les bacs, les jardinières et les suspensions. Tous peuvent être disposés dans divers endroits du jardin pour créer des points de focalisation du regard. La plupart des annuelles s'adaptent bien aux bacs, soit seules, soit en complément de plantes à croissance plus lente. Les semis modernes F1 et F2, de types homogènes, de couleurs constantes et à longue période de floraison, sont idéaux pour des décors durables.

Les plantes qui retombent en suspensions et jardinières ont l'avantage de masquer des bacs qui auraient autrement un triste aspect fonctionnel. Parmi les plantes auxquelles on peut se fier pour remplir ce rôle : les pétunias, *Lobelia erinus* série Cascade, les cultivars de *Verbena* x *hybrida*, et les géraniums-lierres. Elles existent toutes dans des coloris multiples et la diversité des compositions en bacs n'est limitée que par l'imagination du créateur. Les suspensions, murales ou non, et les jardinières de fenêtre créent des niveaux et apportent des lignes verticales fortes à une composition. C'est particulièrement indiqué dans les petits jardins, les terrasses ou les patios, partout où l'espace est limité.

Autres emplacements

De nombreuses annuelles peuvent être cultivées dans des bacs attenant à la maison. Des niches chaudes et abritées permettront de se développer à des plantes trop fragiles pour des zones du jardin découvertes et exposées. Il faut vérifier que la disposition des murs ne crée pas de couloirs ventés ou de zones de turbulence. L'intensité de la lumière ou de l'ombre doit aussi correspondre aux besoins des plantes. L'utilisation des annuelles en bacs ne se limite pas aux mois d'été. Quelques annuelles et bisannuelles fleurissent l'hiver, et les pensées, les polyanthus et les primevères offrent leurs couleurs du début du printemps au début de l'été et peuvent rester en fleurs quasi continuellement dans un endroit abrité.

Annuelles à couper et faire sécher

De nombreuses annuelles font d'excellentes fleurs coupées, souvent insolites. Dans les jardins où l'espace est suffisant, on peut consacrer une plate-bande à la production exclusive de fleurs à couper qui fourniront de jolis bouquets. Les pois de senteur sont inégalables en fleurs coupées, surtout les cultivars anciens aux parfums intenses. Les tournesols qui illuminent le jardin ajoutent un éclat d'or aux compositions, pour un coût relativement faible. Des fleurs immortelles, comme les *Consolida*, *Amaranthus*, *Bracteantha*, et *Limonium*, font aussi de très belles fleurs coupées et séchées. Si vous ne les exposez pas directement à la lumière du soleil, elles conserveront la fraîcheur de leurs couleurs jusqu'à la cueillette de l'année suivante.

Fenêtre composée
Le socle en cascade des lierres met en valeur une palette réduite de teintes subtiles, jaune pâle des bégonias et mauve bleuté des pensées. Ces coloris sont relevés par le bleu plus profond des lobélias retombants.

GUIDE DE PLANTATION DES ANNUELLES ET BISANNUELLES

POUR ENDROITS EXPOSÉS
Borago officinalis
Calendula
Centaurea cyanus
Chrysanthemum carinatum, C. coronarium, C. segetum
Clarkia
Dianthus barbatus, D. chinensis
Echium vulgare
Erysimum
Eschscholzia
Glaucium flavum
Iberis amara, I. umbellata
Lavatera trimestris
Linaria
Linum grandiflorum
Lobularia maritima
Malcolmia
Malope trifida
Oenothera biennis
Papaver rhoeas, P. somniferum
Rudbeckia hirta

POUR L'OMBRE SECHE
Digitalis purpurea
Matthiola longipetala ssp. *bicornis*

POUR L'OMBRE HUMIDE
Impatiens walleriana (cvs.)
Matthiola longipetala ssp. *bicornis*
Mimulus x *hybridus* 'Calypso', *M.* Série Malibu
Oenothera biennis
Viola x *wittrockiana*

FLEURS PARFUMÉES
Amberboa moschata
Dianthus chinensis
Erysimum cheiri
Exacum affine
Heliotropium (certaines)
Lathyrus odoratus
Lobularia maritima
Matthiola (la plupart)
Nicotiana x *sanderae* (certaines)
Primula (certaines)
Reseda odorata

FLEURS À COUPER
Agrostemma githago 'Milas'
Antirrhinum (grandes)
Calendula
Callistephus
Centaurea cyanus
Chrysanthemum carinatum, C. coronarium, C. segetum
Consolida ajacis
Coreopsis
Cosmos
Dianthus barbatus
Gaillardia pulchella
Gilia capitata
Gomphrena globosa
Gypsophila elegans
Helianthus annuus
Limonium sinuatum
Lunaria annua
Matthiola incana Serie Brompton, *M.* Série East Lothian, *M.* Série Ten-week
Molucella laevis
Nigella damascena
Psylliostachys suworowii
Rudbeckia hirta
Salvia horminum
Xeranthemum annuum
Zinnia

FLEURS À FAIRE SÉCHER
Ageratum
Amaranthus
Bracteantha
Briza maxima, B. minor
Calendula
Celosia
Centaurea cyanus
Clarkia
Consolida ajacis
Gomphrena globosa
Hordeum jubatum
Lagurus ovatus
Limonium sinuatum
Lonas annua
Molucella laevis
Nigella
Salvia viridis

GRIMPANTES ANNUELLES
Convolvulus tricolor (certaines)
Eccremocarpus scaber
Ipomoea
Lablab purpureus
Lathyrus odoratus
Thunbergia alata
Tropaeolum (certaines)

PLANTES RAMPANTES OU RETOMBANTES POUR BACS
Ageratum
Arctotis venusta
Begonia semperflorens
Brachyscome iberidifolia
Convolvulus tricolor
Gazania
Impatiens walleriana (cvs.)
Lobelia erinus
Osteospermum (certaines)
Pelargonium (certaines)
Petunia
Tropaeolum majus (semi-rampante)
Verbena x *hybrida*

CATALOGUE DES
PLANTES ANNUELLES & BISANNUELLES

Scrophulariacées	DIGITALE POURPRE, GANT DE NOTRE-DAME

DIGITALIS PURPUREA f. *ALBIFLORA* 🏆

Type En rosette, bisannuelle. ***Fleurs*** Hautes grappes unilatérales de fleurs blanches tubulaires à deux lèvres. En été. ***Feuilles*** Lancéolées, dentées, poilues. Vert vif. • ORIGINE Bois et haies d'Europe. • CULTURE Se plaît dans un sol humide bien drainé, riche en feuilles, au soleil ou à mi-ombre. Supporte un terrain sec. Idéale dans une mixed-border ou un jardin boisé. • MULTIPLICATION Par semis en bacs sous châssis froid à la fin du printemps. Enlevez les jeunes plants aux feuilles veinées de rouge qui donnent des fleurs pourpres.

◐ 💧 ❄❄❄

HAUTEUR
1–2 m

ETALEMENT
60 cm

Caryophyllacées	GYPSOPHILE ELEGANS

GYPSOPHILA ELEGANS

Type Dressée, élancée, rameuse, annuelle. ***Fleurs*** Nuages de petites fleurs en étoile de 1 cm de diam. Blanches ou roses, parfois veinées de rose pourpré. En été. ***Feuilles*** Etroites lancéolées. Gris-vert.
• ORIGINE Régions sablonneuses et pierreuses du sud de l'Ukraine et de la Turquie. • CULTURE Prospère au soleil dans un sol alcalin, léger, profond et très bien drainé. Idéale en fleurs coupées, en mixed-borders ou dans une plate-bande d'annuelles.
• MULTIPLICATION Par semis en place au printemps.

☼ 💧 ❄❄❄

HAUTEUR
60 cm

ETALEMENT
30 cm

Malvacées	LAVATERE A GRANDES FLEURS 'MONT BLANC'

LAVATERA TRIMESTRIS 'Mont Blanc'

Type Compacte, poilue, annuelle. ***Fleurs*** Satinées en entonnoir blanc pur de 7 à 10 cm de diam. à capitule simple à l'aisselle des feuilles supérieures. Dès l'été. ***Feuilles*** Arrondies, comportant de 5 à 7 lobes. Vert foncé.
• ORIGINE Horticole. • CULTURE Prospère à l'abri sur un site ensoleillé, dans un sol léger bien drainé. Idéale en fleurs coupées. Parfaites en plates-bandes d'annuelles et en parterres. • MULTIPLICATION Par semis en place du milieu à la fin du printemps ou en automne.

☼ 💧 ❄❄❄

HAUTEUR
50 cm

ETALEMENT
45 cm

Papavéracées	

ARGEMONE GRANDIFLORA

Type Touffue, vivace à courte durée de vie ou annuelle. ***Fleurs*** De type coquelicot, satinées blanches ou jaunes, de 10 cm de diam. seules ou en bouquets. Tout au long de l'été. ***Feuilles*** Très lobées, épineuses. Bleu-vert veiné de blanc.

• ORIGINE Broussailles et zones désertiques du Mexique.
• CULTURE Dans un sol pauvre, drainé, graveleux. Pour talus ensoleillés ou dans le gravier. Enlevez les fleurs fanées régulièrement. Auto-dissémination possible. • MULTIPLICATION Semez à 18 °C au début du printemps, en caissettes ou en pots individuels.

HAUTEUR Jusqu'à 1,5 m

ETALEMENT Jusqu'à 40 cm

Composées/Astéracées	CHRYSANTHEME PARTHENIUM

TANACETUM PARTHENIUM

Type Vivace touffue à courte durée de vie ou annuelle. ***Fleurs*** De type marguerite, de 2,5 cm de diam. Blanches à disque central jaune. Tout au long de l'été. ***Feuilles*** Lobées en segments entiers, dentées ou couplées.

• ORIGINE Prés d'Europe. • CULTURE Dans un sol très bien drainé. Idéale pour un jardin d'herbes aromatiques ou en bordure de plate-bande. Auto-dissémination spontanée. • MULTIPLICATION Par semis en place au printemps. • AUTRES NOMS *Chrysanthemum parthenium*, *Pyrethrum parthenium*.

HAUTEUR 45–60 cm

ETALEMENT 30 cm

Composées/Astéracées	

ARCTOTIS VENUSTA

Type Etalée, vivace, cultivée en annuelle. ***Fleurs*** De type marguerite. Blanches à disque central bleu. De l'été à l'automne. ***Feuilles*** Lobées. Vert foncé marqué d'argenté en dessous.

• ORIGINE Sols secs et pierreux d'Afrique du Sud.
• CULTURE Dans un sol léger, très bien drainé mais qui garde l'humidité. En intérieur ou en jardin d'hiver dans les régions froides. Idéale en fleurs coupées. • MULTIPLICATION Par semis entre 16 et 18 °C au début du printemps ou en automne. Sous abri vitré en hiver. • AUTRE NOM *A. stoechadifolia*.

Min. 5 °C

HAUTEUR 60 cm

ETALEMENT 40 cm

Campanulacées	CAMPANULE PYRAMIDALE

CAMPANULA PYRAMIDALIS

Type Dressée, en rosette vivace, cultivée en bisannuelle. ***Fleurs*** Cupulaires, en grappe, parfumées. Blanches à bleu pâle. De la fin du printemps à l'été. ***Feuilles*** Ovales à lancéolées. Vert tendre.

• ORIGINE Italie du nord et nord-ouest des Balkans.
• CULTURE Prospère au soleil dans un sol fertile, de neutre à alcalin, humide et bien drainé. Tolère des sols secs. Tuteur nécessaire. • MULTIPLICATION Par semis en bacs sous châssis froid à la fin du printemps.

HAUTEUR Jusqu'à 3 m

ETALEMENT 60 cm

Graminées/Poacées	MAIS 'VARIEGATA'

ZEA MAYS 'Variegata'

Type Vigoureuse, dressée, herbe annuelle.
Fleurs Fleurs mâles sur une grappe ressemblant à un épi, à l'extrémité plumeuse. Couleur paille. Dès le milieu de l'été. Fleurs femelles sur de longs styles soyeux, dans une bractée parcheminée, à l'aisselle des feuilles inférieures. Couleur paille. Dès le milieu de l'été. ***Feuilles*** Lancéolées, pointues et arquées. Vert moyen, à larges rayures blanc crème. ***Fruits*** Epi jaune de grains comestibles, aplatis et charnus.
• ORIGINE Horticole. On trouve cette espèce aux bords des champs et sur les terrains accidentés du Mexique. Elle est cultivée comme céréale depuis des milliers d'années. • CULTURE Demande un sol fertile, humide et bien drainé, et un site abrité, chaud et ensoleillé. Les épis ont besoin d'un été long et chaud pour mûrir. Dans les régions froides, plantez-la dans un sol préchauffé par un lit de feuilles ou un paillis équivalent. Idéale en mixed-borders ou éparpillées dans un parterre d'été. • MULTIPLICATION Par semis à 18 °C à la fin de l'hiver ou au début du printemps. Dans les régions chaudes, peut être semée en place à la fin du printemps.

HAUTEUR
90 cm

ETALEMENT
45–60 cm

Gentianacées	

EUSTOMA GRANDIFLORUM

Type Elancée, annuelle ou bisannuelle. ***Fleurs*** En clochette, satinées, blanches, roses ou bleues, seules ou en grappe à l'aisselle des feuilles supérieures. Dès l'été. ***Feuilles*** Ovales à lancéolées. Gris-vert. • ORIGINE Terrains et prairies humides des Etats-Unis. • CULTURE A l'abri, dans un sol bien drainé, de neutre à alcalin. Dans les régions fraîches, en intérieur ou dans un jardin d'hiver. • MULTIPLICATION Par semis entre 13 et 16 °C en automne ou à la fin de l'hiver. Germination sous châssis. • AUTRE NOM *E. russellianum*.

Min. 7 °C

HAUTEUR
60–90 cm

ETALEMENT
30 cm

Pédaliacées	

PROBOSCIDEA LOUISIANICA

Type Collante, poilue, annuelle. ***Fleurs*** De type digitale, de 5 cm de long. Blanc crème marqué de bordeaux. En été. ***Feuilles*** D'ovales en losange, lobées, à longues tiges. Vert moyen. ***Fruits*** Capsules pendantes ressemblant à une corne. Marron quand elles sont mûres.
• ORIGINE Amérique centrale, Sud des Etats-Unis.
• CULTURE A l'abri, dans un sol fertile, bien drainé, sur un site chaud en plein soleil. • MULTIPLICATION Par semis à 21 °C au début du printemps. • AUTRES NOMS *P. jussieui*, *P. proboscidea*.

HAUTEUR
60 cm

ETALEMENT
30 cm

Malvacées	

HIBISCUS TRIONUM

Type Dressée, poilue, annuelle, ou vivace à courte durée de vie. ***Fleurs*** En trompette de 8 cm de diam. De l'été à l'automne. Blanc crème pâle au centre marron chocolaté. ***Feuilles*** Lobées, dentées. Vert foncé. ***Fruits*** Capsules en forme d'outre renflée.
• ORIGINE Origine incertaine. • CULTURE Dans un sol neutre à alcalin. Idéale en plates-bandes d'annuelles ou en bacs de terrasse. • MULTIPLICATION Pré-trempez les graines dans l'eau chaude pendant une heure et semez à 18 °C au printemps.

HAUTEUR
75 cm

ETALEMENT
60 cm

Composées/Astéracées	REINE-MARGUERITE, ASTER DE CHINE

CALLISTEPHUS CHINENSIS
Série Plume d'Autruche

Type Touffue, annuelle à croissance rapide. ***Fleurs*** De type marguerite. Roses ou cramoisies. De l'été à l'automne. ***Feuilles*** Ovales à triangulaires. Vert foncé.
• ORIGINE Horticole. On trouve cette espèce sur les versants pierreux et dans les champs, en Chine.
• CULTURE A l'abri, dans un sol bien drainé, neutre à alcalin, dans un endroit chaud. Idéale dans une plate-bande d'annuelles ou de fleurs sauvages, ou en fleurs coupées. • MULTIPLICATION Par semis à 16 °C au début du printemps ou en place vers la fin du printemps.

HAUTEUR
20–60 cm

ETALEMENT
25–45 cm

Scrophulariacées	DIGITALE POURPRE 'APRICOT SHADES'

DIGITALIS PURPUREA 'Apricot Shades'

Type En rosette, bisannuelle. ***Fleurs*** Hautes grappes unilatérales de fleurs blanches tubulaires à deux lèvres. Rose abricot. Du début au milieu de l'été. ***Feuilles*** Lancéolées, dentées, et poilues. Vert moyen.

• ORIGINE Horticole. • CULTURE Dans un sol humide, bien drainé, riche en feuilles, au soleil ou à mi-ombre. Supporte un sol sec. Idéale dans une mixed-border ou un jardin boisé. • MULTIPLICATION Par semis en bacs sous châssis froid à la fin du printemps.

HAUTEUR 1,2–1,5 m

ETALEMENT 60 cm

Malvacées	ROSE TREMIERE, PASSE-ROSE, ROSE A BATONS

ALCEA ROSEA Groupe Majorette

Type Naine, vivace, cultivée en annuelle ou en bisannuelle. ***Fleurs*** En entonnoir, semi-doubles, aux pétales frangés comme une rosette. Roses, jaunes ou abricot. Au début de l'été. ***Feuilles*** Arrondies, lobées, rêches et velues. Vert moyen.

• ORIGINE Horticole. • CULTURE Dans un sol bien drainé au soleil. Idéale en mixed-borders ou en massifs. • MULTIPLICATION Semez les graines en place au printemps ou au milieu de l'été. • AUTRE NOM *Althaea rosea* 'Majorette'.

HAUTEUR 1 m

ETALEMENT 30 cm

Composées/Astéracées	REINE-MARGUERITE, ASTER DE CHINE 'GIANT PRINCESS'

CALLISTEPHUS CHINENSIS 'Giant Princess'

Type Touffue, annuelle à croissance rapide. ***Fleurs*** De type marguerite, à fleurons rayonnants tuyautés. Rose pourpré. La pointe des fleurons du disque central est jaune. De la fin de l'été à l'automne. ***Feuilles*** Ovales à triangulaires. Vert foncé.

• ORIGINE Horticole. • CULTURE Apprécie un site chaud et un sol bien drainé, de neutre à alcalin. Idéale en fleurs coupées. • MULTIPLICATION Par semis à 16 °C au début du printemps ou en place du milieu à la fin du printemps.

HAUTEUR 75 cm

ETALEMENT 20 cm

Composées/Astéracées	CHRYSANTHEME A CARENE 'COURT JESTERS'

CHRYSANTHEMUM CARINATUM 'Court Jesters' 🏆

Type Rameuse, dressée, annuelle à croissance rapide. ***Fleurs*** A capitule simple de 8 cm de diam. de type marguerite sur une tige robuste. Floraison abondante tout l'été jusqu'au début de l'automne. Existe dans une gamme étendue de couleurs dans des tons de blanc, écarlate, bordeaux, jaune avec des zones orange ou rouges autour d'un disque central brun pourpré. ***Feuilles*** Etroites, finement lobées, charnues, et plumeuses. Vert vif. • ORIGINE Horticole. Terrains secs et zones désertiques du Maroc. • CULTURE Dans un sol modérément fertile, bien drainé, de neutre à alcalin, en plein soleil. *C. carinatum* 'Court Jesters' est idéale en bouquets ornementaux mais se plaît aussi dans une plate-bande d'annuelles ou entre les plantes d'un massif ou d'une mixed-border. • MULTIPLICATION Par semis en bacs sous châssis froid au début du printemps, ou en place du printemps au début de l'été. Dans les régions à l'abri du gel, peut être semée en place en automne pour une floraison plus précoce. • AUTRE NOM *C. tricolor* 'Court Jesters'.

HAUTEUR
60 cm

ETALEMENT
30 cm

Malvacées	LAVATERE A GRANDES FLEURS 'PINK BEAUTY'

LAVATERA TRIMESTRIS 'Pink Beauty'

Type Touffue, rameuse, poilue, annuelle. ***Fleurs*** En entonnoir de 7 à 10 cm de diam. à l'aisselle des feuilles supérieures. Rose très pâle veiné de pourpre et centre pourpre. A partir de l'été. ***Feuilles*** Arrondies, lobées. Vert moyen.
• ORIGINE Horticole. • CULTURE Dans un sol léger, modérément fertile, bien drainé, au soleil. Idéale en fleurs coupées, dans une plate-bande d'annuelles ou entre les plantes d'une mixed-border. • MULTIPLICATION Par semis en place du milieu à la fin du printemps ou sous châssis à 13 °C au milieu du printemps.

☼ ◊
❄❄❄

HAUTEUR
60 cm

ETALEMENT
45–60 cm

Composées/Astéracées	

DAHLIA 'Redskin'

Type Buissonnante, tubéreuse, vivace, cultivée en annuelle. ***Fleurs*** Semi-doubles à doubles de 5 cm de diam. Rose lilas, écarlates ou orange. De l'été à l'automne. ***Feuilles*** Ovales, dentées, divisées en folioles. Bronze.
• ORIGINE Horticole. • CULTURE Dans un sol fertile, humide et bien drainé riche en matière organique, en plein soleil. Idéale en parterres, en bordure de plates-bandes ou en bacs. • MULTIPLICATION Par semis à 16 °C au début du printemps.

☼ ◊
❄

HAUTEUR
45–60 cm

ETALEMENT
45–60 cm

Composées/Astéracées	IMMORTELLE A BRACTEES 'SILVERY ROSE'

BRACTEANTHA BRACTEATA 'Silvery Rose' 🏆

Type Erigée, annuelle. ***Fleurs*** Doubles, parcheminées, de type marguerite, sur de longues tiges. Rose argenté. De l'été à l'automne. ***Feuilles*** Lancéolées. Gris-vert.
• ORIGINE Horticole. • CULTURE Dans un sol humide, bien drainé. Idéale en fleurs séchées, dans une plate-bande d'annuelles ou en mixed-borders. • MULTIPLICATION Par semis à 18 °C au début du printemps. Il est recommandé de semer les graines en caissettes.
• AUTRE NOM *Helichrysum bracteatum* 'Silvery Rose'.

☼ ◊
❄

HAUTEUR
75 cm

ETALEMENT
30 cm

Onagracées	

CLARKIA PULCHELLA (Double en mélange)

Type Elancée, à tiges ramifiées, annuelle. ***Fleurs*** Doubles, aux pétales lobés de 5 cm de diam. en grappes élancées. Blanches, roses ou lavande. En été. ***Feuilles*** Lancéolées, lisses. Vert grisâtre.
• ORIGINE Horticole. Sites dégagés des états de Washington, de l'Orégon, et du Montana aux Etats-Unis. • CULTURE Dans un sol humide, bien drainé, modérément fertile. Convient en fleurs coupées.
• MULTIPLICATION Par semis en place en automne ou au début du printemps.

☼ ◊
❄❄❄

HAUTEUR
45 cm

ETALEMENT
23 cm

Malvacées	ROSE TREMIERE, PASSE-ROSE, ROSE A BATONS

ALCEA ROSEA (Simple en mélange)

Type Dressée, vivace, cultivée en bisannuelle. ***Fleurs*** En entonnoir de 10 cm de diam. Blanches, crème, roses, rouges, jaunes ou abricot. Du début au milieu de l'été. ***Feuilles*** Arrondies, lobées. Vert moyen.

• ORIGINE Horticole. Probablement originaire d'Asie occidentale. • CULTURE Dans un sol fertile, bien drainé. Dans un jardin champêtre ou en mixed-borders. • MULTIPLICATION Par semis en place au milieu de l'été. • AUTRE NOM *Althaea rosea* Mixed.

HAUTEUR
1,5–2,5 m

ETALEMENT
60 cm

Composées/Astéracées	

RHODANTHE MANGLESII

Type Elancée, légèrement charnue, annuelle. ***Fleurs*** De type marguerite, aux bractées rappelant la paille. Blanc, rose ou rouge. Disque central jaune. De l'été au début de l'automne. ***Feuilles*** Etroites ovales. Gris-vert.

• ORIGINE Régions arides de l'Australie occidentale. • CULTURE Dans un sol pauvre, léger, bien drainé, en plein soleil. Convient en fleurs séchées coupées avant la pleine floraison. Idéale en plates-bandes d'annuelles ou en mixed-borders. • MULTIPLICATION Par semis à 16 °C au début du printemps. • AUTRE NOM *Helipterum manglesii.*

HAUTEUR
60 cm

ETALEMENT
15 cm

Composées/Astéracées	

COSMOS BIPINNATUS 'Sea Shells'

Type Dressée, rameuse, annuelle. ***Fleurs*** De type marguerite, aux fleurons blancs, rouges ou carmin rayonnants autour d'un disque jaune. Dès l'été. ***Feuilles*** Plumeuses aux segments très fins. Vert vif.

• ORIGINE Horticole. • CULTURE Dans un sol humide, modérément fertile et bien drainé, en plein soleil. Convient en fleurs coupées. Idéale dans une plate-bande d'annuelles ou entre les plantes d'une mixed-border. • MULTIPLICATION Par semis à 16 °C au milieu du printemps ou en place à la fin du printemps.

HAUTEUR
90 cm

ETALEMENT
45 cm

Les tournesols

Le genre *Helianthus* comprend 70-80 espèces d'annuelles et vivaces. On cultive les tournesols annuels présentés ici pour leurs fleurs spectaculaires en forme de marguerite, d'un diamètre courant de 5-10 cm, pouvant aller jusqu'à 30 cm pour les cultivars à fleurs géantes. Les fleurs ont des teintes chaudes d'acajou, de jaune ou d'orange, autour d'un centre pourpre, brun ou jaune soutenu. Ces belles fleurs imposantes ont de fortes tiges et sont idéales en fleurs coupées. Elles ont aussi leur place en mixed-border ou plate-bande annuelle, ou pour combler les vides d'une plate-bande herbacée. Les tournesols attirent les abeilles et autres insectes utiles et, une fois coupées et séchées, les capsules de graines attirent les oiseaux dans les jardins, particulièrement les fringillidés, en automne et en hiver.Les petits cultivars, comme *H. annuus* 'Teddy Bear', sont parfaits pour les plantations en bacs. La rapidité de croissance et la taille imposante des grands cultivars et de ceux à fleurs géantes en font une composante idéale des jardins d'enfants. Comme tous les tournesols, c'est lors des étés longs et chauds qu'ils fleurissent le mieux.

Plantez-les dans un sol fertile à modérément fertile, neutre à alcalin, bien drainé et riche en matière organique. Choisissez un emplacement abrité et ensoleillé. Les grands cultivars exigent un tuteurage solide.

Semez sous abri vitré en fin d'hiver à 16 °C, en pots individuels. Endurcissez-les et transplantez-les dans leur site de floraison au printemps ou en début d'été. Sinon, semez en place en début de printemps.

Les limaces peuvent être un problème, surtout pour les jeunes plantes. Les cultivars sont particulièrement sensibles aux attaques de mildiou, surtout lors des étés secs, il faut donc garder les racines humides et éviter d'arroser sur les fleurs.

***H. debilis* ssp. *cucumerifolius* 'Italian White'**
Type Vigoureuse, annuelle.
Fleurs Blanc crème ou jaune citron pâle, à centre noir, jusqu'à 10 cm de diam. Floraison estivale.
Feuilles Poilues, dentées, ovales à lancéolées. Vert moyen.
• HAUTEUR 1,5 m.
• ÉTALEMENT 45 cm.

***H. debilis* ssp. *cucumerifolius* 'Italian White'**

☼ ◊ ❄❄❄

***H. annuus* 'Music Box'**
Type Annuelle, à croissance rapide, très ramifiée.
Fleurs De rouge sombre à jaune crème, à centre noir, certaines variétés bicolores, jusqu'à 12 cm de diam. Floraison à partir de l'été.
Feuilles Ovales à cordiformes. Vert foncé.
• HAUTEUR 70 cm.
• ÉTALEMENT Jusqu'à 45 cm.

***H. annuus* 'Music Box'**

☼ ◊ ❄❄❄

H. debilis* ssp. *cucumerifolius
Type Annuelle, sur des tiges vigoureuses, très ramifiée.
Fleurs Jaune vif, parfois flammées de rouge, portées par des tiges marbrées de pourpre, jusqu'à 15 cm de large. Floraison estivale.
Feuilles Ovales à lancéolées. Vert moyen.
• AUTRE NOM *H. cucumerifolius.*
• HAUTEUR 1 m.
• ÉTALEMENT 30 cm.

H. debilis* ssp. *cucumerifolius

☼ ◊ ❄❄❄

H. Série Fleur de chrysanthème
Type Annuelle, buissonnante, érigée, à croissance rapide.
Fleurs Jaune d'or, en forme de marguerite, sphériques, doubles, 15 cm de diam. Floraison abondante en été.
Feuilles Ovales, dentées. Vert moyen.
• HAUTEUR 1,5 m.
• ÉTALEMENT 30-45 cm.

H. Série Fleurs de chrysanthème
Tounesol, Soleil à fleur de chrysanthème
☼ ◊ ❄❄❄

H. ANNUUS 'Teddy Bear'
Type Buissonnante, compacte, annuelle.
Fleurs Jaune d'or, avec un petit centre jaune verdâtre, doubles, jusqu'à 13 cm de diam. Floraison estivale.
Feuilles Ovales à cordiformes. Vert moyen.
• HAUTEUR Jusqu'à 90 cm.
• ÉTALEMENT 30 cm.

***H. annuus* 'Teddy Bear'**
☼ ◊ ❄❄❄

H. ANNUUS
Type Vigoureuse, annuelle, à croissance rapide.
Fleurs Jaune d'or à centre brun ou pourpré, parfois teintées de rouge ou de pourpre, jusqu'à 30 cm de diam. Floraison estivale.
Feuilles Cordiformes ou ovales larges, dentées, à poils rêches. Vert moyen à sombre.
• HAUTEUR Jusqu'à 5 m.
• ÉTALEMENT 60 cm.

H. annuus
Tournesol, Soleil
☼ ◊ ❄❄❄

H. ANNUUS 'Autumn Beauty'
Type Robuste, annuelle, à croissance rapide.
Fleurs Rouge acajou, rouge bronze, jaune citron ou jaune d'or, zonées, jusqu'à 15 cm de diam. Floraison estivale.
Feuilles Ovales larges, dentées. Vert moyen.
• HAUTEUR Jusqu'à 1,5 m.
• ÉTALEMENT 30-45 cm.

***H. annuus* 'Autumn Beauty'**
☼ ◊ ❄❄❄

LES POIS DE SENTEUR

Le genre *Lathyrus* comprend 150 espèces d'annuelles et de vivaces, dont beaucoup s'accrochent à un support par des vrilles. On cultive depuis longtemps les nombreux cultivars de l'annuelle *L. odoratus* (pois de senteur) pour leurs fleurs décoratives et souvent parfumées, ressemblant à celles des petits pois, ouvertes tout l'été. La gamme des couleurs, où il n'y a pas de jaune, va du blanc aux nuances de crème, rose, rouge, pourpre et bleu, des fleurs picotées et bicolores, certaines flammées, ondulées ou mouchetées de teintes contrastées. Les cultivars de pois de senteur sont classés en groupes horticoles distincts.

Old-fashioned Les cultivars les plus anciens sont réputés pour leurs couleurs intenses. Plus petites que celles des cultivars modernes, leurs fleurs ont un parfum très subtil.

Bush Ces cultivars, incluant le groupe Knee-hi, sont nains, non grimpants et ne nécessitent pas forcément de support. On peut les cultiver en couvre-sol, ils sont inutilisables en fleurs coupées.

Spencer Parmi les pois de senteur les plus répandus, ces cultivars sont grimpants et on peut les cultiver avec la méthode du cordon pour obtenir des fleurs d'exposition (voir p. 174-177). Les Types Spencer donnent de grandes fleurs, plus ou moins parfumées, à pétales ondulés.

Cultivez-les dans un sol fertile, humide, bien drainé, en plein soleil. Incorporez de la matière organique bien décomposée avant de planter les cultivars et faites un apport d'engrais liquide équilibré tous les quinze jours pendant la croissance. Enlevez régulièrement les fleurs fanées.

Pré-trempez les graines et semez en conteneurs sous châssis froid en début de printemps ou en place au printemps. En automne, semez en place dans les régions à hivers doux ou, dans les régions à gel, en conteneurs. Les jeunes plantes doivent hiverner sous châssis froid.

Utilisez des défenses biologiques ou des insecticides pour protéger les plantes contre escargots, pucerons et thrips. Eviter d'arroser sur les fleurs sous peine de mildiou.

L. ODORATUS
Groupe Bijou
Type Annuelle, naine, touffue.
Fleurs Blanches, roses, rouges ou bleues, à petits pétales ondulés, délicatement parfumées. Eté jusqu'au début d'automne.
Feuilles Divisées en 2 folioles ovales. Vert moyen.
• HAUTEUR 45 cm.
• ÉTALEMENT 45 cm.

L. odoratus
Groupe Bijou
(Naine, touffue)

L. ODORATUS
'Selana'
Type Annuelle, vigoureuse, très grimpante.
Fleurs Blanches, grandes fleurs parfumées, à bords largement teintés de rose clair. Eté jusqu'au début d'automne.
Feuilles Divisées en 2 folioles ovales. Vert moyen.
• HAUTEUR 2 m.

L. odoratus
'Selana'
(Spencer)

L. ODORATUS
'Xenia Field'
Type Annuelle, mince, grimpante, à croissance moyennement rapide.
Fleurs Crème ou rose pâle, grandes fleurs parfumées à pétales légèrement ondulés. Eté jusqu'au début d'automne.
Feuilles Ovales, divisées en 2 folioles. Vert moyen.
• HAUTEUR 2 m.

L. odoratus
'Xenia Field'
(Spencer)

☼ ◊ ❄❄❄

L. ODORATUS
'Lady Diana'
Type Annuelle, grimpante, mince, à croissance moyennement rapide.
Fleurs Bleu-violet pâle, à pétales légèrement ondulés, parfumées. Eté jusqu'au début d'automne.
Feuilles Ovales, divisées en 2 folioles. Vert moyen.
• HAUTEUR 2 m.

L. odoratus
'Lady Diana'
(Spencer)

☼ ◊ ❄❄❄

L. ODORATUS
'Old-fashioned Mixed'
Type Annuelle à croissance rapide, grimpante.
Fleurs Du blanc jusqu'à des teintes intenses de rose, rouge ou bleu, petites fleurs délicates et très parfumées. Eté jusqu'au début d'automne.
Feuilles Divisées en 2 folioles ovales. Vert moyen.
• HAUTEUR 2 m.

L. odoratus
'Old-fashioned Mixed'

☼ ◊ ❄❄❄

L. ODORATUS
Groupe Knee-hi
Type Annuelle, vigoureuse, touffue, à croissance rapide.
Fleurs Blanches, roses, rouges ou bleues, à pétales légèrement ondulés, parfumées. Eté jusqu'au début d'automne.
Feuilles Divisées en 2 folioles ovales. Vert moyen.
• HAUTEUR Jusqu'à 1 m.
• ÉTALEMENT Jusqu'à 1 m.

L. odoratus
Groupe Knee-hi
(Naine, touffue)

☼ ◊ ❄❄❄

L. ODORATUS
'Red Ensign'
Type Vigoureuse, annuelle, grimpante.
Fleurs Rouge écarlate intense, grandes fleurs agréablement parfumées. Eté jusqu'au début d'automne.
Feuilles Divisées en 2 folioles ovales. Vert moyen.
• HAUTEUR 2 m.

L. odoratus
'Red Ensign'
(Spencer)

☼ ◊ ❄❄❄

Les giroflées

Le genre *Matthiola* comprend environ 55 espèces d'annuelles et vivaces, et quelques sous-arbustives. Les espèces les plus cultivées sont les nombreux cultivars de *M. incana*, les séries ou les giroflées. Appréciées pour le parfum délicat de leurs fleurs, elles ont leur place dans les parterres d'été et de printemps ou les plates-bandes annuelles. Elles font aussi de très belles fleurs coupées. Ces plantes sont classées en cinq groupes principaux :

Série Brompton Ces cultivars portent de longues grappes de fleurs simples ou doubles.

Série East Lothian Cultivées en annuelles ou bisannuelles, ces plantes ont des fleurs légèrement plus petites en épi.

Série Ten-week Ces annuelles existent sous forme de cultivars nains ou grands.

Série Column Très utilisées dans les compositions de bouquets, elles forment de grandes grappes de fleurs généralement doubles. On peut les cultiver en serre froide ou en terre.

Série Trysomic Ces annuelles touffues produisent essentiellement des fleurs doubles.

Cultivez ces plantes dans un sol modérément fertile, humide mais bien drainé, neutre à légèrement alcalin, dans un endroit abrité en plein soleil. Les grands cultivars ont besoin d'un support.

Semez les graines des annuelles en début de printemps à 10-18 °C. Semez les bisannuelles en milieu d'été, en pépinière ou en conteneurs sous châssis froid. Couvrez d'une cloche de protection contre le gel, ou faites hiverner les jeunes plants sous châssis froid et sortez-les au printemps. Dans certaines séries de graines, on peut cultiver les semis qualifiés de cultivars « sélectionnés » pour produire des fleurs doubles. Dès la formation de la première paire de cotylédons, baissez la température en-dessous de 10 °C. Les cotylédons décolorés ou vert jaunâtre produiront des fleurs doubles.

Utilisez des défenses biologiques ou des insecticides contre les pucerons, altises, mouches du chou, hernie des crucifères. Evitez d'arroser sur les fleurs car ces plantes sont aussi sujettes au mildiou et à la pourriture grise.

_M._ Série Ten-week
Type Vivace ou bisannuelle éphémère, cultivée en annuelle.
Fleurs Dans des nuances de blanc, rose, cramoisi, pourpre et lavande, parfumées, souvent doubles, à 4 pétales, en hautes grappes de 15 cm. En été.
Feuilles Lancéolées. Vert grisâtre.
• HAUTEUR 30 cm.
• ÉTALEMENT 25 cm.

***M.* Série Ten-week**

☼ ◊ ❄❄❄

_M._ 'Giant Imperial'
Type Vivace ou bisannuelle éphémère, cultivée en annuelle.
Fleurs Blanches à jaune crème ou jaune cuivré, parfumées, souvent doubles, à 4 pétales, en grappes longues, ramifiées. En été.
Feuilles Lancéolées. Vert grisâtre.
• HAUTEUR 60 cm.
• ÉTALEMENT 30 cm.

***M.* 'Giant Imperial'** (Trysomic)

☼ ◊ ❄❄❄

M. LONGIPETALA ssp. _BICORNIS_
Type Annuelle, ramifiée ou à tige unique, dressée à étalée.
Fleurs Roses, mauves ou pourpre violacé, cruciformes, parfumées, en grappe dense. A partir de l'été.
Feuilles Lancéolées. Gris-vert.
• AUTRE NOM *M. bicornis*.
• HAUTEUR 35 cm.
• ÉTALEMENT 23 cm.

M. longipetala* ssp. *bicornis

☼ ◊ ❄❄❄

M. 'Giant Excelsior'

Type Vivace éphémère, érigée, cultivée en annuelle ou bisannuelle.
Fleurs Dans des nuances de blanc, rose, rouge ou bleu pâle, parfumées, souvent doubles, en hautes grappes de 38 cm. En été.
Feuilles Lancéolées. Vert grisâtre.

- HAUTEUR 75 cm.
- ÉTALEMENT 30 cm.

M. 'Giant Excelsior' (Column)

☼ ◊ ❄❄❄

M. Groupe Trysomic

Type Bisannuelle compacte ou vivace éphémère, cultivée en annuelle.
Fleurs Blanches, rouges, jaunes, mauves, pourpres ou violettes, parfumées, souvent doubles, en hautes grappes de 15 cm ou plus. En été.
Feuilles Lancéolées. Vert grisâtre.

- HAUTEUR 30 cm.
- ÉTALEMENT 30 cm.

M. Groupe Trysomic

☼ ◊ ❄❄❄

M. Série East Lothian

Type Vivace éphémère, cultivée en annuelle ou bisannuelle.
Fleurs Dans des nuances de blanc, rose, rouge, pourpre ou jaune, parfumées, simples ou doubles. Dès la fin du printemps et le début d'été, ou de l'été à l'automne.
Feuilles Lancéolées. Vert grisâtre.

- HAUTEUR 30 cm.
- ÉTALEMENT 30 cm.

M. Série East Lothian

☼ ◊ ❄❄❄

M. Série Brompton

Type Vivace éphémère, cultivée en annuelle ou bisannuelle.
Fleurs Dans des nuances de blanc, rose, rouge, violet ou jaune, parfumées, simples ou doubles. De la fin du printemps à l'automne.
Feuilles Lancéolées. Vert grisâtre.

- HAUTEUR 45 cm.
- ÉTALEMENT 30 cm.

M. Série Brompton

☼ ◊ ❄❄❄

M. Série Cinderella

Type Vivace ou bisannuelle éphémère, cultivée en annuelle.
Fleurs Blanches, roses, rouges, bleu-violet, bleu lavande ou bleu argenté, doubles, en hautes grappes de 15 cm. Fin de printemps ou été.
Feuilles Lancéolées. Vert grisâtre.

- HAUTEUR 25 cm.
- ÉTALEMENT 25 cm.

M. Série Cinderella (Brompton)

☼ ◊ ❄❄❄ 🏆

Malvacées	ROSE TREMIERE, PASSE-ROSE, ROSE A BATONS

ALCEA ROSEA

Type Dressée, vivace, cultivée en bisannuelle. ***Fleurs*** En entonnoir aux extrémités plumeuses. Blanches, roses, pourpres ou jaunes. Du début au milieu de l'été. ***Feuilles*** Arrondies, lobées. Vert clair.

• ORIGINE Asie occidentale. Introduite en Europe en 1573. • CULTURE Dans un sol modérément fertile, bien drainé. Pour jardins champêtres, plates-bandes de fleurs sauvages ou mixed-borders. • MULTIPLICATION Par semis en place au milieu de l'été. • AUTRE NOM *Althaea rosea.*

HAUTEUR
1,5–2,5 m

ETALEMENT
60 cm

Capparidacées	

CLEOME HASSLERIANA 'Colour Fountain'

Type Dressée, annuelle. ***Fleurs*** Parfumées à 4 pétales regroupées en haut de la hampe. Blanches, roses, rose violacé, ou vermeilles. En été. ***Feuilles*** Ovales à lancéolées, divisées en folioles. Vert moyen.

• ORIGINE Horticole. • CULTURE Dans un sol léger, sableux, bien drainé, à l'abri sur un site ensoleillé. Dans les régions fraîches, en intérieur ou dans un jardin d'hiver. Idéale en fleurs coupées, en plates-bandes d'annuelles ou en mixed-borders. • MULTIPLICATION Par semis à 18 °C au printemps.

Min. 4 °C

HAUTEUR
Jusqu'à 1,2m

ETALEMENT
45 cm

Composées/Astéracées	BLEUET, BARBEAU BLEU

CENTAUREA CYANUS Grande taille

Type Dressée, annuelle. ***Fleurs*** Globuleuses, à fleurons tubulaires, lobées au-dessus de bractées frangées. Couleurs variées, dont un rose vif. Du printemps à l'automne. ***Feuilles*** Lancéolées. Gris-vert.

• ORIGINE Champs et haies des régions tempérées du nord. • CULTURE Dans un sol bien drainé, au soleil. Pour fleurs coupées, plates-bandes d'annuelles ou mixed-borders. • MULTIPLICATION Par semis en place au printemps ou en automne.

HAUTEUR
Jusqu'à
90 cm

ETALEMENT
15 cm

Caryophyllacées	NIELLE DES BLES G. 'MILAS'

AGROSTEMMA GITHAGO 'Milas'

Type Dressée, poilue, annuelle. ***Fleurs*** En trompette de 5 cm de diam. à cinq pétales aux longs sépales poilus, en pointes. Tout au long de l'été. Rose magenta tendre. ***Feuilles*** Etroites lancéolées. Gris-vert.
• ORIGINE Originaire de Méditerranée mais naturalisée ailleurs en Europe. Autrefois une mauvaise herbe qui envahissait les champs de blé, elle déclina grâce aux progrès toujours plus grands dans la protection des semences agricoles et de l'emploi généralisé des insecticides. • CULTURE Au soleil, dans un sol léger, peu fertile et bien drainé. Idéale dans une plate-bande de fleurs sauvages, entre les plantes d'un massif ou d'une mixed-border, ou dans un jardin champêtre. On peut aussi l'utiliser dans une prairie d'annuelles avec des bleuets (*Centaurea cyanus*), des chrysanthèmes des moissons (*Chrysanthemum segetum*) et des coquelicots (*Papaver rhoeas*). Enlevez les fleurs fanées pour prolonger la floraison. Dissémination spontanée si quelques fleurs sont laissées en place. • MULTIPLICATION Par semis en place au début du printemps ou dès maturité. • AUTRE NOM *A. githago* 'Rose Queen'.

☼ ◊ ❄❄❄

HAUTEUR
60–90 cm

ETALEMENT
30 cm

Crucifères	MONNAIE-DU-PAPE, MONNAYERE, HERBE AUX ECUS

LUNARIA ANNUA 'Variegata'

Type Dressée, annuelle ou bisannuelle. ***Fleurs*** Grappes de fleurs en croix. Pourpres à rouge pourpré. De la fin du printemps à l'été. ***Feuilles*** Ovales à cordiformes, panachées. Vert moyen, à bords blanc crème. ***Fruits*** Siliques ovales argentées.
• ORIGINE Horticole. • CULTURE Dans un sol fertile, humide mais bien drainé, au soleil ou à mi-ombre. Idéale dans un jardin champêtre, boisé ou naturel ou dans une mixed-border. Ses siliques sont utilisées en fleurs séchées. • MULTIPLICATION Par semis en place au début de l'été.

HAUTEUR
90 cm

ETALEMENT
30 cm

Crucifères	MONNAIE-DU-PAPE, MONNAYERE, HERBE AUX ECUS

LUNARIA ANNUA

Type Dressée, annuelle ou bisannuelle. ***Fleurs*** Grappes feuillues de fleurs en croix allant jusqu'à 1 cm de diam. Blanches à pourpre pâle. De la fin du printemps à l'été. ***Feuilles*** Cordiformes à ovales, dentées. Vert moyen. ***Fruits*** Siliques ovales argentées.
• ORIGINE Bois et zones désertiques d'Europe.
• CULTURE Dans un sol fertile, humide mais bien drainé, au soleil ou à mi-ombre. Ses siliques sont utilisées en fleurs séchées. Idéale dans un jardin champêtre, boisé ou naturel ou dans une mixed-border.
• MULTIPLICATION Par semis en place au début de l'été.

HAUTEUR
90 cm

ETALEMENT
30 cm

Composées/Astéracées	IMMORTELLE ANNUELLE DOUBLE

XERANTHEMUM ANNUUM

Type Elancée, dressée, à tiges ramifiées, annuelle. ***Fleurs*** Parcheminées, de type marguerite, sur des tiges raides. Roses, cramoisies ou pourpre chocolaté. De l'été à l'automne. ***Feuilles*** Ovales, laineuses. Gris argenté.
• ORIGINE Régions sèches du sud-est de l'Europe à l'Iran. • CULTURE Au soleil, dans un sol léger, bien drainé, modérément fertile. Convient en fleurs coupées ou en fleurs séchées. Dans ce cas, coupez-les avant la pleine floraison. • MULTIPLICATION Par semis à 16 °C au début du printemps.

HAUTEUR
25–75 cm

ETALEMENT
Jusqu'à 45 cm

Malvacées	LAVATERE A GRANDES FLEURS 'SILVER CUP'

LAVATERA TRIMESTRIS 'Silver Cup'

Type Touffue, compacte, rameuse, annuelle, à floraison abondante. ***Fleurs*** En entonnoir aux pétales comme du satin à l'aisselle des feuilles supérieures. Incarnat veiné de rose foncé. Du milieu de l'été à l'automne. ***Feuilles*** Arrondies, cordiformes à la base, lobées. Vert moyen.

• ORIGINE Horticole. On trouve cette espèce dans les régions sèches de Méditerranée. • CULTURE Demande un sol léger, modérément fertile, bien drainé, à l'abri en plein soleil. Dans un sol trop riche, ses feuilles se développeront aux dépens des fleurs.

L. trimestris 'Silver Cup' est idéale en bouquets ornementaux mais convient aussi dans une plate-bande d'annuelles, ou entre les plantes d'un massif ou d'une mixed-border. Cette espèce qui se plaît également dans un jardin champêtre ou un parterre d'été, supporte les climats côtiers.

• MULTIPLICATION Par semis en place du milieu à la fin du printemps, ou sous châssis à 13 °C au milieu du printemps.

HAUTEUR
Jusqu'à 75 cm

ETALEMENT
45 cm

Scrophulariacées	DIGITALE POURPRE GROUPE FOXY

DIGITALIS PURPUREA Groupe Foxy

Type Robuste, en rosette, bisannuelle cultivée en annuelle. ***Fleurs*** Grappes de fleurs tubulaires à deux lèvres. Blanches, roses, rouges, jaune crème ou ponctuées de bordeaux. Du début au milieu de l'été. ***Feuilles*** Ovales à lancéolées. Vert moyen. • ORIGINE Horticole. On trouve cette espèce dans les bois et les haies d'Europe. • CULTURE Demande un sol humide, bien drainé, riche en feuilles. Pour plates-bandes ou jardins boisés. • MULTIPLICATION Par semis en bacs sous châssis froid à la fin du printemps.

HAUTEUR
90 cm

ETALEMENT
60 cm

Composées/Astéracées	

COSMOS BIPINNATUS Série Sensation

Type Dressée, à tiges très ramifiées, annuelle. ***Fleurs*** Cupulaires, blanches ou roses allant jusqu'à 9 cm de diam. De la fin du printemps à la fin de l'été. ***Feuilles*** Divisées en fins segments étroits. Vert moyen.
• ORIGINE Horticole. • CULTURE Au soleil dans un sol modérément fertile, humide et bien drainé. Idéale entre les plantes d'un massif ou d'une mixed-border. Convient aussi dans un plate-bande d'annuelles ou en fleurs coupées. • MULTIPLICATION Par semis à 16 °C au printemps ou en place à la fin du printemps.

HAUTEUR
90 cm

ETALEMENT
45 cm

Scrophulariacées	

REHMANNIA ELATA

Type En rosette, vivace, cultivée en bisannuelle. ***Fleurs*** Légèrement pendantes, en clochettes tubulaires de 7 à 10 cm de long. Rose pourpré à gorge tachetée de rouge. De l'été à l'automne. ***Feuilles*** Ovales, lobées, dentées. Vert moyen.
• ORIGINE Régions pierreuses et bois de Chine.
• CULTURE En plates-bandes ou en jardin d'hiver.
• MULTIPLICATION Par semis entre 13 et 16 °C à la fin de l'hiver. Dans les régions aux hivers tempérés et humides, protégez les jeunes plants sous verre.
• AUTRE NOM *R. angulata.*

HAUTEUR
Jusqu'à
1,5 m

ETALEMENT
50 cm

Malvacées	LAVATERE A GRANDES FLEURS 'LOVELINESS'

LAVATERA TRIMESTRIS 'Loveliness'

Type Robuste, rameuse, poilue, annuelle. ***Fleurs*** En entonnoir de 7 à 10 cm de diam. Rose vif soutenu veiné de pourpre rosé et au centre pourpre rosé. En été. ***Feuilles*** Arrondies, légèrement lobées. Vert moyen.
• ORIGINE Horticole. On trouve cette espèce dans les régions sèches et rocailleuses de Méditerranée.
• CULTURE Demande un sol léger, bien drainé. Idéale en fleurs coupées, en plates-bandes d'annuelles ou en parterres. • MULTIPLICATION Par semis en place du milieu à la fin du printemps, ou entre 10 et 13 °C au début du printemps.

☼ ◊ ❄❄❄

HAUTEUR
1–1,2 m

ETALEMENT
45 cm

Portulacacées	

CALANDRINIA GRANDIFLORA

Type Touffue, succulente, vivace, cultivée en annuelle. ***Fleurs*** Grappes de fleurs cupulaires. Rouge pourpré à magenta. En été. ***Feuilles*** Ovales, aplaties. Vert vif.
• ORIGINE Régions sèches et rocheuses du Chili.
• CULTURE Demande un sol léger, très bien drainé, légèrement acide. Dans les régions froides, prospère en intérieur ou en jardin d'hiver. Convient pour des talus ensoleillés et secs. • MULTIPLICATION Par semis entre 16 et 18 °C au début du printemps. Les jeunes plants semés en automne seront protégés à 6 °C en hiver.

☼ ◊

Min. 6 °C

HAUTEUR
1 m

ETALEMENT
45 cm

Scrophulariacées	LINAIRE MAROCCANA 'NORTHERN LIGHTS'

LINARIA MAROCCANA 'Northern Lights'

Type Elancée, dressée, poilue, annuelle. ***Fleurs*** Petites fleurs à deux lèvres de 1,5 cm de long en grappe lâche. Blanches, roses, carmin, lavande, jaunes ou orange à la lèvre inférieure jaune ou orange. Dès l'été. ***Feuilles*** Etroites. Vert pâle.
• ORIGINE Horticole. On trouve cette espèce dans les régions sèches et ensoleillées du Maroc. • CULTURE Au soleil dans un sol léger, sableux, bien drainé. Pour des plates-bandes d'annuelles, des talus ensoleillés et secs ou dans le gravier. • MULTIPLICATION Par semis en place au début du printemps.

☼ ◊ ❄❄❄

HAUTEUR
60 cm

ETALEMENT
15 cm

Composées/Astéracées	REINE-MARGUERITE, ASTER DE CHINE SERIE ANDRELLA

CALLISTEPHUS CHINENSIS Série Andrella

Type Dressée, touffue, annuelle. ***Fleurs*** A capitule simple de 10 cm de diam. du type marguerite. Saumon rouge. De l'été à l'automne. ***Feuilles*** Ovales, moyennement dentées. Vert moyen.

• ORIGINE Horticole. • CULTURE A l'abri, sur un site ensoleillé dans un sol fertile, humide et bien drainé. Idéale en fleurs coupées, en plates-bandes d'annuelles classiques ou informelles, et en parterres. • MULTIPLICATION Par semis à 16 °C au début du printemps ou en place au milieu du printemps.

HAUTEUR 60 cm

ETALEMENT 45 cm

Malvacées	

MALOPE TRIFIDA 'Vulcan'

Type Dressée, rameuse, annuelle. ***Fleurs*** En trompette évasée de 8 cm de diam. Magenta rose vif. De l'été à l'automne. ***Feuilles*** Ovales, lobées. Vert foncé.

• ORIGINE Horticole. • CULTURE En plein soleil dans un sol humide bien drainé. Tuteurez avec des rames à pois. Convient en jardins champêtre, en plates-bandes d'annuelles ou en mixed-borders. Prospère dans les jardins côtiers et tolère la mi-ombre. • MULTIPLICATION Par semis entre 13 et 18 °C au début du printemps, ou en place au printemps.

HAUTEUR 90 cm

ETALEMENT 23 cm

Nyctaginacées	BELLE-DE-NUIT JALAPA

MIRABILIS JALAPA

Type Touffue, tubéreuse, vivace, cultivée en annuelle. ***Fleurs*** Corymbes de fleurs parfumées, en trompette de 5 cm de diam. Blanches, roses, rouges, magenta ou jaunes, souvent panachées. En été. ***Feuilles*** Ovales. Vert moyen.

• ORIGINE Sites dégagés et secs d'Amérique du sud.
• CULTURE Dans un sol fertile bien drainé. Arrosage abondant pendant la croissance. Déterrez les tubercules avant les premiers gels et conservez-les à l'abri du gel.
• MULTIPLICATION Par semis entre 13 et 18 °C au début du printemps. Par division des tubercules au printemps.

HAUTEUR 60 cm

ETALEMENT 60 cm

Boraginacées	

ECHIUM WILDPRETII

Type Robuste, ligneuse, bisannuelle. ***Fleurs*** En entonnoir sur un long capitule dense en colonne de 90 cm. ou plus. Rouge. De la fin du printemps à l'été. ***Feuilles*** Etroites lancéolées, à poils argentés, en rosette basale. Vert clair.
• ORIGINE Coteaux pierreux des îles Canaries.
• CULTURE En plein soleil dans un sol bien drainé. Spécimen sculptural dans une plate-bande. • MULTIPLICATION Par semis entre 13 et 16 °C en été. En hiver, vous la conserverez entre 5 et 7 °C. • AUTRE NOM *E. bourgaeanum*.

HAUTEUR
2 m

ETALEMENT
60 cm

Composées/Astéracées	

DAHLIA Groupe Unwins Dwarf

Type Naine, touffue, vivace à tubercules, cultivée en annuelle. ***Fleurs*** Semi-doubles ou doubles de 10 cm de diam. Du milieu de l'été à l'automne. Blanches, rouges, ou jaunes souvent teintées d'une deuxième couleur. ***Feuilles*** Ovales, dentées, divisées en folioles. Vert moyen.
• ORIGINE Horticole. • CULTURE Dans un sol fertile, humide et bien drainé. Idéale en parterres ou en fleurs coupées. • MULTIPLICATION Par semis à 16 °C au début du printemps.

HAUTEUR
60 cm

ETALEMENT
60 cm

Composées/Astéracées	REINE-MARGUERITE, ASTER DE CHINE SERIE POMPON

CALLISTEPHUS CHINENSIS Série Pompon

Type Dressée, touffue annuelle. ***Fleurs*** Petites, doubles, de type marguerite, de 8 cm de diam. Blanches, roses, rouges ou bleues. De l'été à l'automne. ***Feuilles*** Ovales, légèrement dentées. Vert moyen.
• ORIGINE Horticole. • CULTURE A l'abri sur un site ensoleillé dans un sol fertile, humide et bien drainé. Idéale en fleurs coupées, en plates-bandes d'annuelles classiques ou informelles ou en parterres. • MULTIPLICATION Par semis à 16 °C au début du printemps ou en place au milieu du printemps.

HAUTEUR
60 cm

ETALEMENT
60 cm

Convolvulacées	IPOMEE QUAMOCLIT

IPOMOEA QUAMOCLIT

Type Volubile, grimpante, annuelle. ***Fleurs*** Groupes de tubes élancés à 5 lobes ouverts. Blanches ou écarlates. Dès l'été (toute l'année dans les tropiques). ***Feuilles*** Ovales, très lobées. Vert foncé.
• ORIGINE Forêts de l'Amérique tropicale. • CULTURE Dans un sol humide, bien drainé, au soleil à l'abri du vent. Plante d'intérieur ou de jardin d'hiver dans les régions froides. • MULTIPLICATION Semez les graines pré-trempées ou pré-germées à 18 °C au printemps. Germination à la chaleur. • AUTRE NOM *Quamoclit pennata*.

Min. 7 °C

HAUTEUR
2–6 m

Scrophulariacées	

ALONSOA WARSCEWICZII

Type Touffue, vivace, cultivée en annuelle. ***Fleurs*** Eperonnées à deux lèvres de 1,5 à 2 cm de diam. en touffe lâche. Blanches ou écarlates. De l'été à l'automne. ***Feuilles*** Ovales à lancéolées, dentées. Vert foncé.
• ORIGINE Broussailles et versants pierreux du Pérou. • CULTURE Dans un sol fertile bien drainé ou dans un compost à base de terreau sous verre. • MULTIPLICATION Par semis à 18 °C au début du printemps, ou en automne pour les plantes en pots à floraison hivernale. • AUTRE NOM *A. grandiflora*.

HAUTEUR
45–60 cm

ETALEMENT
30 cm

Composées/Astéracées	GAILLARDE X GRANDIFLORA 'DAZZLER'

GAILLARDIA X *GRANDIFLORA* 'Dazzler'

Type Touffue, vivace à courte durée de vie, cultivée en annuelle. ***Fleurs*** Capitule de type marguerite, de 7 à 14 cm de large à fleurons rayonnants rouge orangé à pointes jaunes et à disque central bordeaux. Du début de l'été à l'automne. ***Feuilles*** Lancéolées, lobées ou divisées. Vert grisâtre.
• ORIGINE Horticole. • CULTURE Dans un sol fertile bien drainé, au soleil. Idéale en mixed-borders ou en fleurs coupées. • MULTIPLICATION Par semis entre 13 et 18 °C au début du printemps ou en place à la fin du printemps.

HAUTEUR
60–85 cm

ETALEMENT
45 cm

Convolvulacées	

IPOMOEA COCCINEA

Type Volubile, grimpante, annuelle. ***Fleurs*** En touffe, de 2 cm de diam. Ecarlates à gorge jaune. Dès l'été. ***Feuilles*** Cordiformes, entières ou dentées. Vert moyen à vert soutenu.
• ORIGINE Sud-est des Etats-Unis. • CULTURE Dans un sol humide, bien drainé, sur un site abrité, chaud et ensoleillé. En intérieur ou en jardin d'hiver dans les régions froides. • MULTIPLICATION Semez les graines pré-trempées ou pré-germées à 18 °C au printemps. Germination à la chaleur. • AUTRE NOM *Quamoclit coccinea*.

Min. 7 °C

HAUTEUR
2–4 m

Amaranthacées	

GOMPHRENA 'Strawberry Fields'

Type Touffue, dressée, annuelle. ***Fleurs*** Petits capitules ovoïdes de 5 cm de long, de fleurs proches du trèfle. Rouge vif. Floraison abondante de l'été à l'automne. ***Feuilles*** Ovales à étroites, poilues. Vert moyen.

• ORIGINE Horticole. • CULTURE En plein soleil dans un sol bien drainé, modérément fertile. Convient en plates-bandes d'annuelles. Idéale en fleurs coupées et séchées. • MULTIPLICATION Par semis entre 15 et 18 °C au début du printemps.

HAUTEUR
75–80 cm

ETALEMENT
30 cm

Polémoniacées	

IPOMOPSIS AGGREGATA

Type Elancée, dressée, bisannuelle. ***Fleurs*** Parfumées, tubulaires ou en entonnoir, en touffe. Blanches, roses, rouges, jaunes ou tachetées de jaune. Dès l'été. ***Feuilles*** Folioles étroites. Vert moyen.

• ORIGINE Régions sèches de la Colombie Britannique au Nouveau Mexique, aux Etats-unis.
• CULTURE Dans un sol fertile bien drainé. Idéale pour un jardin d'hiver ou un parterre d'été. Sous verre, arrosez modérément et assurez une bonne ventilation.
• MULTIPLICATION Par semis entre 13 et 16 °C au début du printemps ou au début de l'été.

HAUTEUR
Jusqu'à 1 m

ETALEMENT
30 cm

Malvacées	ROSE TREMIERE, PASSE-ROSE

ALCEA ROSEA Groupe Summer Carnival

Type Vigoureuse dressée, vivace, cultivée en annuelle. ***Fleurs*** Doubles, en entonnoir de 5 à 10 cm de diam. Blanches, rose vif, rouges ou jaunes. Tout au long de l'été. ***Feuilles*** Arrondies, légèrement lobées, poilues. Vert moyen.

• ORIGINE Horticole. • CULTURE Au soleil, dans un sol modérément fertile, bien drainé. Idéale en mixed-borders. • MULTIPLICATION Par semis à 13 °C à la fin de l'hiver ou en place au printemps. • AUTRE NOM *Althaea rosea* 'Summer Carnival'.

HAUTEUR
2–2,5 m

ETALEMENT
60 cm

Solanacées	SALPIGLOSSIS A FLEURS CHANGEANTES 'SPLASH'

SALPIGLOSSIS SINUATA 'Splash'

Type Dressée, annuelle. ***Fleurs*** En entonnoir de 5 cm de diam. à l'aisselle des feuilles supérieures. Roses, rouges, jaunes ou acajou, en harmonie de tons contrastés. ***Feuilles*** Lancéolées. Vert pâle.
• ORIGINE Horticole. • CULTURE Dans un sol humide, bien drainé, sur un site abrité. Convient dans un parterre d'été ou en plante d'intérieur avec un compost à base de terreau. • MULTIPLICATION Par semis entre 18 et 24 °C au printemps et en automne, ou à la fin de l'hiver pour les plantes en pots.

HAUTEUR
60 cm

ETALEMENT
30 cm

Euphorbiacées	RICIN COMMUN 'IMPALA'

RICINUS COMMUNIS 'Impala'

Type Compacte, dressé, arbuste, cultivé en annuelle. ***Fleurs*** En épis ovales. ***Fleurs*** femelles disposées au-dessus des fleurs mâles. Jaune verdâtre. Stigmates rouges pour les fleurs femelles. Dès l'été. ***Feuilles*** Lobées, vernissées. Rouge pourpré.
• ORIGINE Horticole. • CULTURE Convient entre les plantes d'un parterre d'été. L'ensemble de la plante est très toxique en cas d'ingestion. • MULTIPLICATION Semez les graines pré-trempées individuellement à 21 °C à la fin du printemps. Germination à 13 °C. Rempotez les plantules régulièrement jusqu'à la mise en terre.

HAUTEUR
1,2 m

ETALEMENT
60 cm

Malvacées	ROSE TREMIERE 'CHATER'S DOUBLE'

ALCEA ROSEA 'Chater's Double'

Type Dressée, vivace, cultivée en bisannuelle. ***Fleurs*** Doubles de type pivoine, de 5 à 10 cm de diam. Dans des tons vifs ou pastel de blanc, rose, rouge, pourpre, jaune ou abricot. Dès l'été. ***Feuilles*** Arrondies, poilues. Vert moyen.
• ORIGINE Horticole. • CULTURE Au soleil, dans un sol modérément fertile, bien drainé. En mixed-borders ou pour jardins champêtres. • MULTIPLICATION Par semis en place au milieu de l'été.
• AUTRE NOM *Althaea rosea* 'Chater's Double'.

HAUTEUR
2–2,5 m

ETALEMENT
60 cm

Amaranthacées	AMARANTHE HYBRIDE

AMARANTHUS HYPOCHONDRIACUS

Type Dressée, touffue, annuelle. ***Fleurs*** Panicules aplaties de 15 cm de long ou plus de minuscules fleurs plumeuses. Cramoisies. De l'été au début de l'automne. ***Feuilles*** Etroites à lancéolées. Vert foncé à vert pourpré.
• ORIGINE Sud des Etats-Unis, Inde et Chine.
• CULTURE Dans un sol fertile, humide riche en matière organique au soleil sur un site abrité et chaud. Idéale pour fleurs séchées et coupées.
• MULTIPLICATION Par semis à 20 °C au milieu du printemps.

HAUTEUR
1,2m

ETALEMENT
Jusqu'à 45 cm

Amaranthacées	AMARANTHE, QUEUE DE RENARD

AMARANTHUS CAUDATUS

Type Dressée, touffue, annuelle. ***Fleurs*** Inflorescences spiciformes pendantes de 60 cm de long de minuscules fleurs cramoisi pourpre. De l'été au début de l'automne. ***Feuilles*** Ovoïdes. Gris pâle. • ORIGINE Champs cultivés et zones désertiques d'Afrique, d'Inde et du Pérou. • CULTURE Dans un sol fertile, humide, bien drainé, sur un site abrité, chaud et ensoleillé. Pour parterres, plates-bandes et en fleurs coupées et séchées. • MULTIPLICATION Par semis à 20 °C au printemps ou en place au milieu du printemps.

HAUTEUR
1–1,5 m

ETALEMENT
45–75 cm

Composées/Astéracées	

CALOMERIA AMARANTHOIDES

Type Dressée, aromatique, vivace, cultivée en bisannuelle. ***Fleurs*** Plumeuses. Marron rosé. De l'été à l'automne. ***Feuilles*** Etroites. Vert foncé.
• ORIGINE Australie. • CULTURE Dans un sol fertile bien drainé. En intérieur ou en jardin d'hiver dans les régions froides. Sous verre, optez pour un compost à base de terreau et veillez à bien ventiler. • MULTIPLICATION Semez entre 13 et 18 °C au milieu de l'été. Protégez les plantules du gel en hiver. • AUTRE NOM *Humea elegans*.

Min. 4 °C

HAUTEUR
1,2–2 m

ETALEMENT
1 m

Chénopodiacées	BELLE-DAME 'RUBRA'

ATRIPLEX HORTENSIS var. *RUBRA*

Type Dressée, annuelle. ***Fleurs*** Minuscules aux extrémités plumeuses sur une panicule pouvant atteindre 20 cm. Vertes ou rouge brunâtre. En été. ***Feuilles*** Lancéolées, charnues, comestibles. Rouge foncé à pourpré.
• ORIGINE Zones désertiques et accidentées d'Asie. Naturalisée en Europe et en Amérique du Nord.
• CULTURE Dans un sol fertile bien drainé. Arrosage abondant en conditions sèches pour l'empêcher de monter en graine. Idéale en parterres d'été ou dans un potager. • MULTIPLICATION Par semis en place, par vagues successives du printemps au début de l'été.

HAUTEUR
1,2 m

ETALEMENT
30 cm

Convolvulacées

IPOMOEA TRICOLOR 'Flying Saucers'

Type Volubile, grimpante, annuelle. ***Fleurs*** En entonnoir de 10 cm de diam. Marbrées de blanc ou de bleu pourpré. En été. ***Feuilles*** Ovales à cordiformes. Vert clair à vert moyen.
• ORIGINE Horticole. On trouve cette espèce dans les forêts tropicales d'Amérique Centrale et d'Amérique du Sud. • CULTURE A l'abri, au soleil, dans un sol fertile, humide et bien drainé. En intérieur ou en jardin d'hiver dans les régions froides. • MULTIPLICATION Semez les graines pré-germées ou pré-trempées individuellement à 18 °C. Germination à la chaleur.

Min. 7 °C

HAUTEUR
3–4 m

Dipsacacées

DIPSACUS FULLONUM

Type Robuste, épineuse, en rosette, bisannuelle. ***Fleurs*** Inflorescences étroites ovoïdes de 3 à 8 cm de long à fleurs minuscules, blanches ou mauves. Bractées épineuses à la base. Du milieu à la fin de l'été. ***Feuilles*** Etroites à lancéolées, dentées. Vert foncé.
• ORIGINE Bois dégagés d'Europe et d'Asie.
• CULTURE Dans un sol pauvre à modérément fertile. Pour un jardin naturel ou un jardin boisé. Ses fleurs attirent les oiseaux et les abeilles. Convient en fleurs séchées. • MULTIPLICATION Par semis en place à l'automne ou au printemps. • AUTRE NOM *D. sylvestris*.

HAUTEUR
1,5–2 m

ETALEMENT
30–80 cm

Campanulacées

TRACHELIUM CAERULEUM

Type Dressée, vivace, cultivée en annuelle. ***Fleurs*** Inflorescences globuleuses de fleurs parfumées tubulaires en étoile. Blanches, ou bleu violacé soutenu. Dès l'été. ***Feuilles*** Ovales, en pointes. Vert moyen.
• ORIGINE Régions occidentales et centrales de la Méditerranée. • CULTURE Au soleil dans un sol bien drainé. Idéale en fleurs coupées. Convient entre les plantes d'un massif ou d'une mixed-border.
• MULTIPLICATION Par semis entre 13 et 16 °C au début du printemps.

HAUTEUR
1–1,2 m

ETALEMENT
30 cm

Scrophulariacées | DIGITALE POURPRE HYBRIDES EXCELSIOR

DIGITALIS PURPUREA Hybrides Excelsior

Type Robuste, en rosette, bisannuelle. ***Fleurs*** Hautes grappes de clochettes tubulaires. Blanches, roses, pourpres, ou jaune crème. Du début au milieu de l'été. ***Feuilles*** Ovales à étroites. Vert moyen.
• ORIGINE Horticole. • CULTURE Dans un sol humide, bien drainé, riche en feuilles. Idéale en fleurs coupées, pour plates-bandes ou pour jardins boisés. • MULTIPLICATION Par semis en bacs sous châssis froid ou en place. Dans les deux cas, à la fin du printemps.

HAUTEUR
1–2 m

ETALEMENT
60 cm

Composées/Astéracées	

CENTAUREA AMERICANA

Type Vigoureuse, dressée, annuelle. ***Fleurs*** Capitules de type chardon de 8 cm de diam. Pourpres ou rose violacé, au centre pâle. Du début au milieu de l'été. ***Feuilles*** Etroites à lancéolées, très pointues. Vert moyen.

• ORIGINE Plaines du sud des Etats-Unis, du centre à l'est. • CULTURE Au soleil, dans un sol léger, bien drainé. Dans un jardin sauvage ou entre les plantes d'un massif ou d'une mixed-border. • MULTIPLICATION Par semis en place au printemps.

HAUTEUR
1–1,5 m

ETALEMENT
30 cm

Caryophyllacées	NIELLE DES BLES 'PURPLE QUEEN'

AGROSTEMMA GITHAGO 'Purple Queen'

Type Dressée, poilue, annuelle. ***Fleurs*** En trompette de 5 cm de diam. à 5 pétales. Rose soutenu, souvent avec un œil blanc. En été. ***Feuilles*** Etroites à lancéolées. Gris-vert.

• ORIGINE Horticole. On trouve cette espèce dans les champs cultivées de Méditerranée. • CULTURE Dans un sol pauvre, léger, bien drainé. Pour jardins champêtres ou sauvages. • MULTIPLICATION Par semis en place au printemps, ou dès maturité.
• AUTRE NOM *A. githago* 'Milas Cerise'.

HAUTEUR
60–90 cm

ETALEMENT
30 cm

Dipsacacées	SCABIEUSE DES JARDINS SERIE COCKADE

SCABIOSA ATROPURPUREA Série Cockade

Type Dressée, bisannuelle ou vivace à courte durée de vie. ***Fleurs*** Doubles, à capitules globuleux de 5 cm de diam. Roses, rouges, pourpres ou bleues. De l'été au début de l'automne. ***Feuilles*** Basales, lobées. Vert moyen.

• ORIGINE Horticole. • CULTURE Dans un sol neutre à alcalin. Idéale en fleurs coupées ou pour jardins champêtres et sauvages. • MULTIPLICATION Par semis entre 6 et 12 °C au début du printemps ou en place au milieu du printemps.

HAUTEUR
90 cm

ETALEMENT
20–30 cm

Boraginacées	HELIOTROPE DU PEROU, FLEUR DES DAMES

HELIOTROPIUM ARBORESCENS

Type Touffu, arbuste, cultivé en annuelle. ***Fleurs*** Corymbes denses de petites fleurs parfumées. Bleu lavande ou bleu violacé soutenu. En été. ***Feuilles*** Ovales à lancéolées. Vert foncé.

• ORIGINE Régions sèches et dégagées du Pérou.
• CULTURE Dans un sol humide, bien drainé. Sous abri vitré, dans un compost à base de terreau. Idéale en parterres d'été ou en plante d'intérieur.
• MULTIPLICATION Par semis entre 16 et 18 °C au printemps. Par boutures enracinées des tiges en été.
• AUTRE NOM *H. peruvianum*.

HAUTEUR
0,5–1,2 m

ETALEMENT
30–45 cm

Composées/Astéracées	CHARDON MARIE

SILYBUM MARIANUM

Type En rosette, bisannuelle. ***Fleurs*** Légèrement parfumées, de type chardon. Rose pourpré. De l'été à l'automne. ***Feuilles*** Profondément lobées, veinées, épineuses. Vert foncé, marbré de blanc.
• ORIGINE Versants pierreux du sud-ouest de l'Europe à l'Afghanistan et Afrique du nord.
• CULTURE Dans un sol modérément fertile, bien drainé. Dans un jardin champêtre ou de fleurs sauvages ou entre les plantes d'une mixed-border.
• MULTIPLICATION Par semis en place à la fin du printemps ou au début de l'été.

☼ ◊ ❄❄❄

HAUTEUR Jusqu'à 1,5 m

ETALEMENT 60–90 cm

Légumineuses/ Papilionacées	DOLIQUE D'EGYPTE

LABLAB PURPUREUS

Type Grimpante, vivace, cultivée en annuelle. ***Fleurs*** De type pois, parfumées, de 2,5 cm de diam. sur de longues tiges. Blanches ou pourpres. De l'été à l'automne. ***Feuilles*** Ovales à triangulaires. Vert moyen.
• ORIGINE Régions broussailleuses d'Afrique tropicale. • CULTURE A l'abri sur un site chaud et ensoleillé dans un sol bien drainé. Tuteur nécessaire.
• MULTIPLICATION Par semis entre 19 et 24 °C au début du printemps. • AUTRES NOMS *Dolichos lablab, D. niger, D. purpureus.*

☼ ◊

Min. 7 °C

HAUTEUR 2–6 m

Composées/Astéracées	CHARDON AUX ANES, CHARDON D'ECOSSE

ONOPORDUM ACANTHIUM

Type En rosette, bisannuelle, à racines pivotantes. ***Fleurs*** Du type chardon, de 5 cm de diam. aux bractées épineuses sur des tiges ramifiées, poilues et ailées. Blanches ou mauve pâle. Dès l'été. ***Feuilles*** Divisées, épineuses, poilues. Gris-vert.
• ORIGINE Versants pierreux et terrains accidentés de l'Europe occidentale à l'Asie occidentale et centrale. • CULTURE Dans un sol fertile, neutre à alcalin. Parfaite en vedette dans une mixed-border.
• MULTIPLICATION Par semis en bacs sous châssis froid ou en place en automne ou au printemps.

☼ ◊ ❄❄❄

HAUTEUR Jusqu'à 3 m

ETALEMENT 1 m

Ranunculacées	PIED D'ALOUETTE DES JARDINS SERIE IMPERIAL

CONSOLIDA AJACIS Série Imperial

Type Touffue, rameuse, annuelle. ***Fleurs*** Hautes grappes de fleurs à éperon, doubles, de 4 cm de diam. Blanches, roses ou bleues. Dès l'été. ***Feuilles*** Finement découpées, plumeuses. Vert vif.
• ORIGINE Horticole. • CULTURE Dans un sol léger, fertile, bien drainé. Idéale en fleurs coupées mais aussi entre les plantes d'une mixed-border. Tuteurez avec des rames à pois. • MULTIPLICATION Par semis en place entre le printemps et le début de l'été. • AUTRE NOM *C. ambigua* Série Imperial.

☼ ◊ ❄❄❄

HAUTEUR 1,2 m

ETALEMENT 30 cm

Amaranthacées	AMARANTHOIDE 'PROFESSOR PLUM'

GOMPHRENA GLOBOSA 'Professor Plum'

Type Touffue, dressée, annuelle. ***Fleurs*** Têtes étroites et ovales de 5 cm de long portant des petites fleurs du type trèfle. Bordeaux pourpré foncé. De l'été à l'automne. ***Feuilles*** Ovoïdes, poilues. Vert moyen.
• ORIGINE Horticole. • CULTURE En plein soleil dans un sol modérément fertile. Utilisées en fleurs coupées, espacez les rangs de 15 cm. Idéale en fleurs séchées, pour une plate-bande d'annuelles ou en bordure.
• MULTIPLICATION Par semis entre 15 et 18 °C au début du printemps.

HAUTEUR 30–60 cm

ETALEMENT 30 cm

Polémoniacées	COBEE GRIMPANTE

COBAEA SCANDENS

Type Vigoureuse, persistante, grimpante, vivace, cultivée en annuelle. ***Fleurs*** Parfumées, en clochette de 5 cm de long. Vert crème évoluant vers le pourpre. ***Feuilles*** Divisées en 4 folioles étroites à ovales. Vert soutenu.
• ORIGINE Forêts et fourrés du Mexique. • CULTURE Dans un sol fertile, humide, bien drainé, sur un site abrité. Tuteur nécessaire. • MULTIPLICATION Par semis à 18 °C au printemps. On peut aussi la multiplier par bouturage herbacé. Protégez les jeunes plants sous abri vitré en hiver.

Min. 5 °C

HAUTEUR 10–20 m

Convolvulacées	IPOMEE A FEUILLES DE LIERRE

IPOMOEA HEDERACEA

Type Volubile, grimpante, à tiges poilues, annuelle. ***Fleurs*** En entonnoir, à longs pédoncules. Pourpres ou bleues, à sépales verts et pédoncule blanc. En été. ***Feuilles*** Arrondies, divisées en 3 lobes. Vert foncé.
• ORIGINE Régions broussailleuses des Etats-unis à l'Argentine. • CULTURE Sur un site ensoleillé et chaud, à l'abri du vent dans un sol humide, bien drainé. • MULTIPLICATION Semez les graines prétrempées ou pré-germées à 18 °C au printemps. Germination à la chaleur. • AUTRE NOM *Pharbitis hederacea*.

Min. 7 °C

HAUTEUR 2–3 m

Solanacées	

NICANDRA PHYSALODES

Type Vigoureuse, dressée, annuelle. ***Fleurs*** Campanulées, de 3,5 cm de diam. Bleu violacé. De l'été à l'automne. ***Feuilles*** Ovales ou lancéolées, à bords ondulés. Vert moyen. ***Fruits*** Baies globuleuses, dans un calice parcheminé rappelant une lanterne. Vert.
• ORIGINE Zones désertiques et sites dégagés du Pérou.
• CULTURE Au soleil, dans un sol fertile, humide, bien drainé. Idéale dans un jardin de fleurs sauvages ou une mixed-border. On peut faire sécher les branches et leurs fruits. • MULTIPLICATION Par semis à 15 °C au printemps ou en place au milieu du printemps.

HAUTEUR Jusqu'à 90 cm

ETALEMENT 30 cm

Composées/Astéracées	REINE-MARGUERITE, ASTER DE CHINE

Callistephus chinensis 'Compliment Light Blue'

Type Erigée, à croissance rapide, touffue annuelle. ***Fleurs*** Doubles à pétales tuyautés. Bleu clair. De l'été au début de l'automne. ***Feuilles*** Ovales. Vert moyen.
• ORIGINE Horticole. On trouve cette espèce sur les versants et les zones désertiques de Chine.
• CULTURE En plein soleil sur un site abrité dans un sol fertile, de neutre à alcalin, humide et bien drainé. Convient en fleurs coupées. • MULTIPLICATION Par semis à 16 °C au début du printemps ou en place au milieu du printemps.

HAUTEUR
70 cm

ETALEMENT
20 cm

Malvacées	

Anoda cristata 'Opal Cup'

Type Vigoureuse, dressée, touffue annuelle. ***Fleurs*** Cupulaires de 5 cm de diam. Lilas argenté clair à veines plus foncées. De l'été à l'automne. ***Feuilles*** Digitées, lobées ou non lobées, entières, ou dentées. Vert moyen marbré de pourpre.
• ORIGINE Horticole. • CULTURE Dans un sol humide, bien drainé. Tuteur nécessaire. Enlevez les fleurs fanés régulièrement. Dans un parterre, une plate-bande d'annuelles ou une mixed-border.
• MULTIPLICATION Par semis entre 13 et 15 °C au début du printemps ou en place au printemps.

HAUTEUR
Jusqu'à 1,5 m

ETALEMENT
60 cm

Légumineuses/ Papilionacées	

Lupinus nanus 'Pixie Delight'

Type Dressée ou rameuse, annuelle. ***Fleurs*** De type pois en longues grappes de 20 cm. Blanches, roses, bleues, ou lavande, parfois bicolores. En été. ***Feuilles*** Digitées, poilues, divisées en folioles. Vert moyen.
• ORIGINE Horticole. • CULTURE Dans un sol léger, sableux, légèrement acide, au soleil ou à mi-ombre. En parterres ou en plates-bandes d'annuelles. • MULTIPLICATION Semez les graines pré-trempées ou entaillées dans une pépinière au printemps.

HAUTEUR
50 cm

ETALEMENT
23 cm

Convolvulacées	

Ipomoea tricolor 'Heavenly Blue' 🏆

Type Grimpante, annuelle. ***Fleurs*** En entonnoir de 8 cm de diam. Bleu azur soutenu à gorge blanche. En été ou toute l'année dans les tropiques. ***Feuilles*** Ovales à cordiformes. Vert clair à vert moyen.
• ORIGINE Horticole. Dans les forêts tropicales d'Amérique Centrale et d'Amérique du Sud. • CULTURE Dans un sol fertile, humide, bien drainé, à l'abri sur un site chaud, ensoleillé. • MULTIPLICATION Semez les graines pré-germées ou pré-trempées individuellement à 18 °C. Germination au chaud, une baisse soudaine de température pourrait empêcher la plante de prendre.

Min. 7 °C

HAUTEUR
3–4 m

Convolvulacées	VOLUBILIS

IPOMOEA PURPUREA

Type Volubile, grimpante, annuelle. ***Fleurs*** En trompette de 6 cm de diam. Blanches, roses, magenta ou bleu pourpré, parfois striées. Dès l'été. ***Feuilles*** Ovales, entières ou lobées. Vert moyen.
• ORIGINE Incertaine. Probablement originaire du Mexique. • CULTURE Dans un sol humide, bien drainé à l'abri sur un site chaud et ensoleillé. En intérieur ou en jardin d'hiver dans les régions froides.
• MULTIPLICATION Semez les graines pré-germées ou pré-trempées à 18 °C au printemps. Germination à la chaleur. • AUTRE NOM *Convolvulus purpureus*.

Min. 7 °C

HAUTEUR
5,5 m

ETALEMENT
3 m

Labiacées /Lamiacées	

PERILLA FRUTESCENS var. *CRISPA*

Type Vigoureuse annuelle. ***Fleurs*** Groupes de petites fleurs verticillées. Blanc. En été.
Feuilles Pointues, vernissées, larges et ovales. Pourpres, vertes, ou bronze à bords dentelés.
• ORIGINE De l'Himalaya à l'est de l'Asie.
• CULTURE Dans un sol fertile, humide, bien drainé, au soleil ou à mi-ombre. Offre un beau contraste dans un parterre à motifs.
• MULTIPLICATION Par semis entre 13 et 18 °C au printemps. • AUTRE NOM *P. frutescens* var. *nankinensis*.

HAUTEUR
1 m

ETALEMENT
30 cm

Convolvulacées	BELLE-DE-JOUR 'MAJOR'

CONVOLVULUS TRICOLOR 'Major'

Type Volubile, grimpante, annuelle. ***Fleurs*** En entonnoir de 10 cm de diam. Blanches, rouges ou bleues. Dès l'été. ***Feuilles*** Ovales à lancéolées. Vert foncé.
• ORIGINE Horticole. • CULTURE Au soleil, dans un sol bien drainé, pauvre à modérément fertile. Enlevez les fleurs fanées régulièrement. Palissez la plante sur un trépied dans une plate-bande d'annuelles ou une mixed-border. Tuteur nécessaire. • MULTIPLICATION Par semis en place au printemps. • AUTRE NOM *C. minor* 'Major'.

HAUTEUR
Jusqu'à 3 m

Malvacées	ROSE TREMIERE 'NIGRA'

ALCEA ROSEA 'Nigra'

Type Dressée, vivace, cultivée en bisannuelle.
Fleurs Hautes grappes de fleurs en entonnoir, luisantes, de 5 à 10 cm de diam. Bordeaux chocolaté foncé à centre jaune. Dès l'été.
Feuilles Arrondies, moyennement lobées, poilues. Vert moyen.
• ORIGINE Horticole. • CULTURE Au soleil dans tout sol modérément fertile, bien drainé. Convient dans une mixed-border ou un jardin champêtre.
• MULTIPLICATION Par semis en place au milieu de l'été. • AUTRE NOM *Althaea rosea* 'Nigra'.

HAUTEUR
2 m

ETALEMENT
30 cm

LES ROSES ET ŒILLETS D'INDE

Le genre *Tagetes*, communément appelé soucis, roses d'Inde et œillets d'Inde, comprend environ 50 espèces d'annuelles et bisannuelles touffues, très aromatiques, et quatre grands groupes d'hybrides, dont la floraison s'enchaîne tout au long de la période entre la fin du printemps et l'automne. Les soucis Afro-French, French et Signet sont en général plus compacts et sont mieux adpatés aux bordures, mixed-borders et plates-bandes annuelles. Tous ces groupes sont parfaits pour la coupe et conviennent pour les jardinières, les suspensions et les bacs de terrasses.

African Dérivés de *T. erecta*, les roses d'Inde African sont compactes, à grandes fleurs pompons, très doubles, jusqu'à 12 cm de diamètre. Ils sont parfaits en parterres classiques.

Afro-French Dérivés de croisements entre *T. erecta* (rose d'Inde) et *T. patula* (œillet d'Inde), les Afro-French produisent de nombreuses petites fleurs, simples ou doubles, à capitules jaunes ou orange, 2,5-6 cm de diamètre.

French Dérivés de *T. patula*, les œillets d'Inde French donnent en général des capitules doubles, d'environ 5 cm de diamètre, à pétales rayonnants bigarrés, brun rougeâtre, jaunes ou orange et fleuron central de couleurs vives et variées.

Signet Dérivés de *T. tenuifolia*, les Signet donnent une profusion de petites capitules simples, jusqu'à 2,5 cm de diamètre, à fleurons jaunes ou orange.

Ils se cultivent dans tous types de terre, modérément fertile mais bien drainée, en plein soleil. Supprimez régulièrement les fleurs fanées pour prolonger la floraison et arrosez bien pendant les périodes sèches. Utilisez un compost de rempotage à base de terreau pour les plantes en bacs à l'extérieur. Arrosez bien et faites un apport hebdomadaire d'engrais liquide équilibré pendant la saison de croissance.

Semez en place en fin de printemps ou sous abri vitré à 21 °C en début d'été. Les fleurs apparaissent en quelques semaines, généralement sans problème.

T. 'Vanilla'
Type Annuelle, touffue, dressée.
Fleurs Blanc crème, en forme de marguerite, très doubles. Floraison abondante du début de printemps au début d'automne.
Feuilles Lancéolées, divisées en folioles, très dentées, brillantes. Vert foncé.
• HAUTEUR 35 cm.
• ÉTALEMENT 45 cm.

***T.* 'Vanilla'**
(African)

T. 'Gold Coins'
Type Annuelle, vigoureuse, touffue, dressée.
Fleurs Jaunes ou orange, grandes fleurs en forme de marguerite, très doubles. Tout l'été jusqu'à l'automne.
Feuilles Lancéolées, divisées en folioles, très dentées, brillantes. Vert foncé.
• HAUTEUR 90 cm.
• ÉTALEMENT 30-45 cm.

***T.* 'Gold Coins'**
(African)

T. Série Solar

Type Annuelle, touffue.
Fleurs Orange, jaune soufre ou jaune d'or, grandes fleurs à centre huppé, très doubles. Floraison abondante de la fin du printemps au début de l'automne.
Feuilles Lancéolées, divisées en folioles. Vert foncé.

- HAUTEUR 35 cm.
- ÉTALEMENT 30-40 cm.

T. Série Solar
(Afro-French)

☼ ◊ ❄

T. 'Boy-O-Boy'

Type Annuelle, compacte, touffue.
Fleurs Jaunes, jaune d'or, orange et rouge acajou, à houppe jaune ou orange soutenu. Fin de printemps et début d'été.
Feuilles Lancéolées étroites, divisées en folioles, dentées. Vert foncé.

- HAUTEUR 15 cm.
- ÉTALEMENT 30 cm.

T. 'Boy-O-Boy'
(Série Boy)
(French)

☼ ◊ ❄

T. 'Lemon Gem'

Type Annuelle, régulière, touffue, compacte.
Fleurs Jaune citron, en forme de marguerite, simples. Floraison abondante de la fin du printemps au début de l'automne.
Feuilles Lancéolées étroites, divisées en folioles. Vert foncé.

- HAUTEUR 23 cm.
- ÉTALEMENT 40 cm.

T. 'Lemon Gem'
(Série Gem)
(Signet)

☼ ◊ ❄

T. 'Naughty Marietta'

Type Annuelle, touffue, dressée, à croissance rapide.
Fleurs Jaunes, marquées de rouge bordeaux à la base des pétales, simples. De la fin du printemps au début d'automne.
Feuilles Lancéolées étroites, divisées en folioles. Vert foncé.

- HAUTEUR 30-40 cm.
- ÉTALEMENT 30 cm.

T. 'Naughty Marietta'
(French)

☼ ◊ ❄

T. 'Crackerjack'

Type Annuelle, vigoureuse, touffue, dressée.
Fleurs Dans des teintes d'orange et de jaune, grandes fleurs doubles. Tout l'été et début d'automne.
Feuilles Lancéolées, divisées en folioles, très dentées, brillantes. Vert foncé.

- HAUTEUR 60 cm.
- ÉTALEMENT 30-45 cm.

T. 'Crackerjack'
(African)

☼ ◊ ❄

T. 'Orange Winner'

Type Annuelle, compacte, touffue.
Fleurs Orange vif, à centre huppé, doubles. Tout l'été jusqu'au début d'automne.
Feuilles Lancéolées étroites, divisées en folioles, dentées. Vert foncé.

- HAUTEUR 15 cm.
- ÉTALEMENT 30 cm.

T. **'Orange Winner'**
(French)

T. 'Tangerine Gem'

Type Annuelle, compacte, touffue, dressée.
Fleurs Orange foncé, à centre plus foncé, petites fleurs simples. Floraison abondante de la fin du printemps au début d'automne.
Feuilles Lancéolées étroites, divisées en folioles. Vert foncé.

- HAUTEUR 20 cm.
- ÉTALEMENT 30 cm.

T. **'Tangerine Gem'**
(Signet)

T. Série Inca

Type Annuelle, compacte, touffue, dressée.
Fleurs D'une ou plusieurs couleurs dans les tons de jaune, orange et or, en forme de marguerite, doubles. De la fin du printemps au début d'automne.
Feuilles Divisées, lancéolées, très dentées, brillantes. Vert foncé.

- HAUTEUR 30 cm.
- ÉTALEMENT 30-45 cm.

T. **Série Inca**
(African)

T. 'Safari Gem'

Type Annuelle, touffue, dressée, à croissance rapide.
Fleurs Orange soutenu, doubles, à grands pétales. De la fin du printemps au début d'automne.
Feuilles Lancéolées étroites, divisées en folioles, dentées. Vert foncé.

- HAUTEUR 20-25 cm.
- ÉTALEMENT Jusqu'à 30 cm.

T. 'Safari Gem'
(French)

T. 'Paprika'

Type Annuelle, compacte, touffue, dressée.
Fleurs Rouge sombre bordées d'or, à centre jaune d'or, en forme de marguerite, simples. Tout l'été jusqu'au début d'automne.
Feuilles Lancéolées étroites, divisées en folioles. Vert foncé.

- HAUTEUR 15 cm.
- ÉTALEMENT 30 cm.

T. 'Paprika'
(Signet)

T. 'Zenith Orange Brown'

Type Annuelle, dense, touffue, dressée.
Fleurs Orange foncé profond, grandes fleurs doubles. De la fin du printemps au début d'automne.
Feuilles Lancéolées, divisées en folioles. Vert foncé.

- HAUTEUR 30 cm.
- ÉTALEMENT 30-40 cm.

T. 'Zenith Orange Brown'
(Afro-French)

T. 'Hero Spry'

Type Annuelle, robuste.
Fleurs Jaunes, rouges, orange ou acajou, à houppe jaune au centre. De la fin du printemps jusqu'au début d'automne.
Feuilles Lancéolées, divisées en folioles, dentées. Vert foncé.

- HAUTEUR 20-25 cm.
- ÉTALEMENT 30 cm.

T. 'Hero Spry'
(French)

T. 'Cinnabar'

Type Annuelle, robuste, touffue, à croissance rapide.
Fleurs Rouille intense, jaune rouge en dessous, en forme de marguerite, arrondies, simples. Tout l'été jusqu'au début d'automne.
Feuilles Lancéolées étroites, divisées en fines folioles, dentées. Vert foncé.

- HAUTEUR 30 cm.
- ÉTALEMENT 30 cm.

T. 'Cinnabar'
(French)

LES ZINNIAS

Le genre *Zinnia* comprend 20 espèces d'annuelles, bisannuelles et sous-arbustives, dont les plus répandues en culture sont les cultivars de *Z. elegans* et *Z. haageana*. Le charme de ces cultivars réside dans leurs capitules du style marguerite, solitaires, simples ou doubles, portés par de longues tiges. Ils donnent des fleurs de couleurs vives très variées pendant tout l'été, jusqu'au début d'automne. C'est lors des étés longs et chauds que les zinnias fleurissent le mieux. Ils sont parfaits pour les parterres d'été, les plates-bandes annuelles et les mixed-borders. Les cultivars les plus compacts sont recommandés pour les bordures, les jardinières de fenêtres et autres bacs.

Les zinnias supportent toutes sortes de sols bien drainés, y compris secs, mais pour un meilleur résultat, cultivez-les dans un sol fertile, bien drainé, dans un endroit ensoleillé et abrité. Ils apprécient peu les conditions humides, et les fleurs, surtout celles des cultivars à grandes fleurs, peuvent être abîmées par de fortes pluies. Pincez les pointes des jeunes plantes en croissance pour obtenir un type touffu. La suppression régulière des fleurs fanées prolonge la floraison. Il peut être nécessaire de tuteurer les grands cultivars.

Semez en début de printemps à 16-18 °C et gardez les jeunes plants en condition bien aérées à 16 °C minimum. Endurcissez-les et mettez-les en terre quand il n'y a plus de risque de gel. Les zinnias supportent mal que l'on dérange leurs racines. Mieux vaut les semer ou les repiquer dans des pots individuels biodégradables ou des plateaux modulaires. Sinon, semez-les en place en fin de printemps et éclaicissez les semis dès qu'ils ont la taille d'être manipulés. Evitez de déranger les racines des plantules restantes. Semez en vagues successives pour un décor fleuri plus durable.

Les zinnias ne posent pas de problème particulier, mais ils risquent le mildiou si les plantations sont trop denses ou les conditions trop humides. Le risque diminue si on les plante dans un endroit ouvert avec une bonne circulation d'air.

Z. ELEGANS
Série Peppermint Stick
Type Annuelle, vigoureuse, dressée.
Fleurs Coloris variés, forme pompon, à pétales sriés ou tachés. De l'été à l'automne.
Feuilles Ovales à lancéolées. Vert vif.
• HAUTEUR 60 cm.
• ÉTALEMENT 30 cm.

Z. elegans
Série Peppermint Stick
☼ 💧
Min. 10 °C

Z. ELEGANS
Série Thumbelina
Type Annuelle, compacte, naine. Résistante.
Fleurs Dans des teintes de rose, rouge et jaune, simples ou semi-doubles,10 cm de diam. De l'été au début d'automne.
Feuilles Ovales à lancéolées. Vert vif.
• HAUTEUR 15 cm.
• ÉTALEMENT 30 cm.

Z. elegans
Série Thumbelina
☼ 💧
Min. 10 °C

Z. ELEGANS
'Ruffles Mixed'
Type Annuelle, vigoureuse, dressée. Résistante.
Fleurs Coloris variés, style pompon, à pétales froissés, 6 cm de diam. De l'été à l'automne.
Feuilles Ovales à lancéolées. Vert vif.
• HAUTEUR 60 cm.
• ÉTALEMENT 30 cm.

Z. elegans
'Ruffles Mixed'
(Série Ruffles)
☼ 💧
Min. 10 °C

Z. ELEGANS
Série Whirlygig
Type Annuelle, vigoureuse, dressée.
Fleurs Coloris variés, avec les pointes de pétales en camaïeux contrastés, doubles, 6 cm de diam. De l'été à l'automne.
Feuilles Ovales à lancéolées. Vert vif.
• HAUTEUR 60 cm.
• ÉTALEMENT 30 cm.

Z. elegans
Série Whirlygig
☼ 💧
Min. 10 °C

Z. ELEGANS 'Envy'
Type Annuelle, vigoureuse, dressée. Supporte l'ombre.
Fleurs Vert chartreuse, grandes fleurs semi-doubles ou doubles, symétriques, à pétales légèrement tuyautés. De l'été à l'automne.
Feuilles Ovales à lancéolées. Vert pâle ou moyen.
- HAUTEUR 75 cm.
- ÉTALEMENT 30 cm.

Z. elegans **'Envy'**

☼ ◊
Min. 10 °C

Z. ELEGANS 'Belvedere'
Type Annuelle, compacte, naine. Résistante.
Fleurs Coloris vifs et variés, grandes fleurs à larges pétales, doubles. De l'été à l'automne.
Feuilles Ovales à lancéolées. Vert vif.
- HAUTEUR 30 cm.
- ÉTALEMENT 30 cm.

Z. elegans **'Belvedere'**

☼ ◊
Min. 10 °C

Z. ELEGANS 'Peter Pan Gold'
Type Annuelle, compacte, naine, à floraison hâtive.
Fleurs Jaune d'or, doubles, 10 cm de diam. En été.
Feuilles Ovales à lancéolées, un peu velues. Vert vif.
- HAUTEUR 20 cm.
- ÉTALEMENT 30 cm.

Z. elegans **'Peter Pan Gold'**
(Série Peter Pan)

☼ ◊
Min. 10 °C

Z. HAAGEANA 'Persian Carpet'
Type Annuelle, naine, compacte, touffue, dressée.
Fleurs Rouges, orange et jaunes, bicolores et tricolores, doubles et semi-doubles, 4 cm de diam. En été.
Feuilles Lancéolées. Vert moyen.
- HAUTEUR 40 cm.
- ÉTALEMENT 30 cm.

Z. haageana **'Persian Carpet'**

☼ ◊ ❄

Z. Hybrides Burpee
Type Annuelle, vigoureuse, dressée.
Fleurs Coloris vifs et variés, grandes fleurs rappelant les dahlias cactus, doubles à pétales récurvés ondulés. De l'été au début d'automne.
Feuilles Ovales à lancéolées, un peu velues. Vert vif.
- HAUTEUR 60 cm.
- ÉTALEMENT 30 cm.

Z. Hybrides Burpee
(Groupe Elegans)

☼ ◊
Min. 10 °C

Polémoniacées

GILIA CAPITATA

Type Dressée, annuelle. ***Fleurs*** Têtes globuleuses de petites fleurs de 9 mm de long. Bleu lavande. Dès l'été. ***Feuilles*** Plumeuses, divisées en folioles étroites. Vert moyen.
• ORIGINE Régions sèches et ensoleillées à l'est de l'Amérique du Nord. • CULTURE En plein soleil dans sol léger, bien drainé. Idéale en plates-bandes de fleurs sauvages ou d'annuelles ou en mixed-borders. • MULTIPLICATION Par semis en place en automne ou à la mi-printemps.

HAUTEUR
45–60 cm

ETALEMENT
20–23 cm

Asclepiadiacées

TWEEDIA CAERULEA

Type Volubile, sous-arbrisseau grimpant cultivé en annuelle. ***Fleurs*** Cupulaires à 5 pétales. Bleu ciel. De l'été au début de l'automne. ***Feuilles*** Etroites à lancéolées, duveteuses. Vert clair.
• ORIGINE Régions broussailleuses du Brésil à l'Uruguay. • CULTURE Au soleil, dans un sol humide, bien drainé. En intérieur ou en jardin d'hiver dans les régions froides. On le laissera grimper parmi d'autres arbustes. • MULTIPLICATION Par semis à 15 °C au printemps. • AUTRE NOM *Amblyopetalum caeruleum*.

Min. 3–5 °C

HAUTEUR
0,6–1 m

Linacées

LINUM USITATISSIMUM

Type Dressée, annuelle. ***Fleurs*** Grappes luxuriantes de fleurs cupulaires à 5 pétales, de 1 à 2 cm de diam. Bleu ciel très pâle. En été. ***Feuilles*** Etroites à lancéolées. Vert moyen. ***Fruits*** Capsules rondes. Couleur paille.
• ORIGINE Incertaine, probablement originaire d'Asie. • CULTURE Ses têtes donnent de belles fleurs séchées. En plein soleil dans un sol léger, modérément fertile et bien drainé. Idéale dans une plate-bande d'annuelles. • MULTIPLICATION Par semis en place au printemps ou en automne.

HAUTEUR
60–90 cm

ETALEMENT
20 cm

Malvacées	

ANODA CRISTATA 'Silver Cup'

Type Vigoureuse, érigée, étalée, annuelle ou vivace à courte durée de vie. ***Fleurs*** Solitaires, cupulaires, de 5 cm de diam. de type mauve, seules ou par paires à l'aisselle des feuilles supérieures. Dans des tons de blanc parfois teinté de bleu. De l'été à l'automne. ***Feuilles*** Ovales, lobées ou non lobées, dentées. Vert moyen.

• ORIGINE Horticole. On trouve cette espèce dans les terrains et les prairies humides ainsi que sur les sites dégagées au bord des ruisseaux du sud-ouest des Etats-Unis au Mexique, en Amérique du Sud et dans les Antilles. • CULTURE En plein soleil dans un sol humide, bien drainé, modérément fertile. Tuteur nécessaire. Enlevez régulièrement les fleurs fanées pour prolonger la floraison. *A. cristata* 'Silver Cup' est appréciée pour sa longue saison de floraison. Elle est idéale dans une mixed-border, une plate-bande d'annuelles ou entre les plantes d'un massif. Dans les régions à l'abri du gel, elle passera l'hiver protégée par un paillis épais et sec. • MULTIPLICATION Par semis sous châssis entre 13 et 15 °C au début du printemps ou en place au milieu du printemps.

HAUTEUR
1,5 m

ETALEMENT
60 cm

Commélinacées	

COMMELINA COELESTIS

Type Dressée, tubéreuse, vivace, cultivée en annuelle. ***Fleurs*** Bouquets de petites fleurs en coupe à 3 pétales. Bleu pur. De la fin de l'été à l'automne. ***Feuilles*** Lancéolées. Vert vif.
• ORIGINE Forêts d'Amérique Centrale et d'Amérique du Sud. • CULTURE Dans un sol fertile bien drainé, à l'abri sur un site chaud. Protégez-la par un paillis épais en hiver ou déterrez les tubercules à l'automne et conservez-les à l'abri du gel. • MULTIPLICATION Par semis au printemps entre 13 et 18 °C. Divisez les tubercules à maturité au printemps.

☼ 💧 ❄❄

HAUTEUR Jusqu'à 90 cm

ETALEMENT 45 cm

Labiacées/Lamiacées	

PLECTRANTHUS THYRSOIDEUS

Type Vivace, cultivée en annuelle. ***Fleurs*** En épis terminaux, fleurissant de façon sporadique toute l'année. Bleu violacé. ***Feuilles*** Cordiformes. Vert moyen.
• ORIGINE Afrique Centrale. • CULTURE Dans un sol bien drainé à mi-ombre. En intérieur ou en jardin d'hiver dans les régions froides. Idéale en parterres d'été. Sous verre, optez pour un compost à base de terreau. • MULTIPLICATION Par semis entre 19 et 24 °C en automne ou au début du printemps.
• AUTRE NOM *Coleus thyrsoideus.*

◐ 💧

Min. 4 °C

HAUTEUR Jusqu'à 90 cm

ETALEMENT Jusqu'à 60 cm

Composées/Astéracées	BLEUET, BARBEAU BLEU

CENTAUREA CYANUS

Type Dressée, annuelle. ***Fleurs*** Capitules globuleux à fleurons lobés. Bleu foncé, aux fleurons intérieurs bleu violacé. De la fin du printemps au milieu de l'été. ***Feuilles*** Lancéolées, aux revers poilues. Gris-vert.
• ORIGINE Versants secs des régions tempérées du nord. • CULTURE En plein soleil, dans un sol bien drainé, modérément fertile. Donne de belles fleurs coupées. • MULTIPLICATION Par semis en place au printemps ou en automne.

☼ 💧 ❄❄❄

HAUTEUR 20–80 cm

ETALEMENT 15 cm

Boraginacées	BOURRACHE

BORAGO OFFICINALIS

Type Touffue, rameuse, annuelle. ***Fleurs*** Cymes de fleurs en étoile de 2,5 cm de diam. Tout l'été. Bleu vif. ***Feuilles*** Lancéolées à ovales, à poils rugueux. Vert terne
• ORIGINE Régions sèches et rocailleuses d'Europe.
• CULTURE En plein soleil, dans tout sol bien drainé. Idéale dans un jardin d'herbes aromatiques. Trouve aussi sa place dans un jardin champêtre ou sauvage. Supporte les terrains secs. Les jeunes feuilles et les jeunes fleurs sont comestibles. • MULTIPLICATION Par semis en place en automne ou au printemps. Dissémination spontanée abondante.

☼ 💧 ❄❄❄

HAUTEUR 60 cm

ETALEMENT 45 cm

Graminées	

Bromus macrostachys

Type Annuelle, herbe. ***Fleurs*** Panicules denses et étroites de 20 cm de long composés d'épillets à barbes longues et bien visibles. Légèrement pourpré. En été. ***Feuilles*** Etroites, plates et douces. Vert moyen.
• ORIGINE Régions désertiques et sèches de Méditerranée. • CULTURE Au soleil dans un sol léger, bien drainé. Ses panicules qui donnent de belles compositions séchées seront coupées et séchées à l'air libre avant la pleine floraison. • MULTIPLICATION Par semis en place au printemps.

HAUTEUR
50 cm

ETALEMENT
10 cm

Graminées/Poacées	GROS MINET, QUEUE DE LIEVRE

Lagurus ovatus

Type Herbe, formant une touffe, annuelle. ***Fleurs*** Panicules denses et ovales d'épillets de 6 cm de long aux fleurs douces et poilues. En été. Gris pâle parfois teinté de pourpre. ***Feuilles*** Plates, étroites. Gris pâle.
• ORIGINE Dans le sable du littoral de Méditerranée et d'Europe méridionnale. • CULTURE En plein soleil dans un sol léger, sablonneux, bien drainé. En compositions de fleurs séchées ou entre les plantes d'un massif ou d'une mixed-border. • MULTIPLICATION Par semis en place au printemps ou en bacs sous châssis froid en automne.

HAUTEUR
50 cm

ETALEMENT
30 cm

Graminées/Poacées	ORGE BARBUE

Hordeum jubatum

Type Herbe érigée ou arquée, annuelle ou vivace. ***Fleurs*** Epis denses d'épillets de 13 cm de long à longues barbes soyeuses. Gris pâle. Du début au milieu de l'été. ***Feuilles*** dressées ou arquées, étroites. Gris pâle.
• ORIGINE Terrains accidentés du nord-est de l'Asie et d'Amérique du Nord. • CULTURE Au soleil, dans un sol léger, bien drainé, modérément fertile. En fleurs séchées, dans une plate-bande d'annuelles ou en mixed-border. • MULTIPLICATION Par semis en place au printemps ou en automne.

HAUTEUR
50 cm

ETALEMENT
30 cm

Graminées	

POLYPOGON MONSPELIENSIS

Type Herbe élancée formant une touffe, annuelle. ***Fleurs*** Têtes florales étroites, d'ovales à cylindriques, de 15 cm de long, portant des épillets barbus et soyeux. Vert évoluant vers le marron. De l'été à l'automne. ***Feuilles*** Plates, étroites et rêches. Vert moyen. • ORIGINE Prairies clairsemées d'Europe. • CULTURE Au soleil, dans un sol léger, bien drainé, modérément fertile. Dans une plate-bande d'annuelles ou une mixed-border. Donne de belles fleurs coupées ou séchées. • MULTIPLICATION Par semis en place au printemps ou en automne.

☼ 💧 ❄❄❄

HAUTEUR
Jusqu'à 60 cm

ETALEMENT
20 cm

Légumineuses/ Mimosacées	SENSITIVE

MIMOSA PUDICA

Type Buissonnante, annuelle ou vivace à courte durée de vie. ***Fleurs*** Minuscules fleurs globuleuses. Dès l'été. Rose pâle à lilas. ***Feuilles*** Divisées en folioles étroites qui se replient au contact. Vert vif. • ORIGINE Forêts d'Amérique du Nord et d'Amérique du Sud. • CULTURE Sous châssis dans un compost avec ou sans terreau, bien éclairée, protégée d'un soleil direct. En intérieur ou en jardin d'hiver dans les régions froides. Arrosage modéré. • MULTIPLICATION Par semis entre 18 et 24 °C au printemps.

☼ 💧

Min. 13 °C

HAUTEUR
30–75 cm

ETALEMENT
40–90 cm

Graminées/Poacées	GRANDE BRIZE, AMOURETTE

BRIZA MAXIMA

Type Herbe élancée, dressée, formant une touffe, annuelle. ***Fleurs*** Panicules lâches d'épillets pendants, ovales à cordiformes, de 10 cm de long. Vert évoluant vers le chamois à maturité. Fin du printemps et été. ***Feuilles*** Longues, étroites, à poils rugueux. Gris pâle.
• ORIGINE Régions désertiques de Méditerranée.
• CULTURE Au soleil dans un sol léger, modérément fertile, bien drainé. En mixed-borders ou en plates-bandes d'annuelles. Donne de belles fleurs coupées ou séchées. • MULTIPLICATION Par semis en place au printemps ou en automne.

☼ 💧 ❄❄❄

HAUTEUR
45–60 cm

ETALEMENT
25 cm

Graminées	MILLET D'ITALIE, MILLET A GRAPPES

SETARIA ITALICA

Type Herbe, robuste annuelle. ***Fleurs*** Panicules denses et lobées ressemblant à un épi, souvent pendantes. Brun crème. Dès la fin de l'été. ***Feuilles*** Etroites à lancéolées. Vert moyen. ***Fruits*** Capsules lobées, cylindriques. Jaune d'or.
• ORIGINE Régions chaudes et tempérées d'Asie.
• CULTURE Au soleil, dans un sol léger, fertile, bien drainé. Ses panicules attirent les oiseaux au jardin. On l'utilise aussi en compositions de fleurs séchées. • MULTIPLICATION Par semis en place au printemps.

☼ 💧 ❄

HAUTEUR
Jusqu'à 1,5 m

ETALEMENT
Jusqu'à 1 m

Euphorbiacées	RICIN COMMUN 'ZANZIBARENSIS'

RICINUS COMMUNIS 'Zanzibarensis'

Type Persistant, arbuste, cultivé en annuelle. ***Fleurs*** En inflorescences ovoïdes. Les fleurs mâles sont disposées au-dessus des fleurs femelles. Dès l'été. Fleurs mâles jaune verdâtre, fleurs femelles pourpre à stigmate rouge. Dès l'été. ***Feuilles*** Digitées. Vert vif. • ORIGINE Horticole. • CULTURE Dans un sol fertile, humide, bien drainé, à l'abri sur un site chaud. Entre les plantes d'un parterre classique. Toutes les parties de la plante sont toxiques. • MULTIPLICATION Semez les graines pré-trempées à 21 °C en pots individuels au printemps.

HAUTEUR 2–3 m

ETALEMENT Jusqu'à 1 m

Graminées/Poacées	HERBE DE GUINEE

PANICUM CAPILLARE

Type Herbe, formant des touffes lâches, annuelle. ***Fleurs*** Panicules denses de minuscules épillets sur des tiges élancées. Vert brunâtre. Dès l'été. ***Feuilles*** Etroites lancéolées, plates. Vert moyen. • ORIGINE Prairies d'Amérique du Nord. • CULTURE Au soleil, dans un sol modérément fertile, bien drainé. En plates-bandes d'annuelles ou en mixed-borders mais aussi en fleurs séchées. • MULTIPLICATION Par semis entre 13 et 18 °C au printemps.

HAUTEUR 0,6–1 m

ETALEMENT 60 cm

Chénopodiacées	

BASSIA SCOPARIA f. *TRICHOPHYLLA* 🏆

Type Très touffue, en cône, annuelle. ***Fleurs*** Insignifiantes. ***Feuilles*** Etroites lancéolées. Vert émeraude devenant rouges ou pourpres en automne. • ORIGINE Régions accidentées d'Asie, d'Amérique du Nord et d'Europe méridionale. • CULTURE Dans un sol fertile bien drainé, à l'abri sur un site chaud et ensoleillé. Cultivée pour son feuillage dans un parterre ou momentanément pour faire écran. • MULTIPLICATION Semez les graines en surface à 16 °C au début du printemps ou en place à la fin du printemps. • AUTRE NOM *Kochia trichophylla.*

HAUTEUR 0,3–1,5 m

ETALEMENT 30–45 cm

Labiacées/Lamiacées	CLOCHETTE D'IRLANDE

MOLUCCELLA LAEVIS

Type Dressée, rameuse, annuelle. ***Fleurs*** Verticilles de fleurs minuscules à deux lèvres dans un calice parcheminé. Blanches à bractées vertes. Dès la fin de l'été. ***Feuilles*** Grandes, ovales, dentées. Gris pâle.

• ORIGINE Versants pierreux du Caucase, de Turquie, de Syrie et d'Irak. • CULTURE Au soleil, dans un sol humide, bien drainé. En fleurs coupées ou séchées. • MULTIPLICATION Tenez les graines au frais pendant deux semaines puis semez entre 13 et 18 °C, au printemps.

HAUTEUR
60–90 cm

ETALEMENT
23 cm

Graminées/Poacées	LARME DE JOB

COIX LACRYMA-JOBI

Type Herbe formant une touffe, annuelle. ***Fleurs*** Groupes d'épillets pendants. Les épillets mâles et femelles sont séparés. Jaune verdâtre. De la fin de l'été au début de l'automne. ***Feuilles*** Etroites lancéolées, plates. Vert vif. ***Fruits*** En forme de larme ressemblant à des perles, durs et brillants. Gris pourpré.

• ORIGINE Prairies de l'Asie du sud-est. • CULTURE Dans un sol léger, bien drainé, sur un site chaud. En compositions séchées. • MULTIPLICATION Par semis entre 13 et 16 °C à la fin de l'hiver ou au début du printemps.

HAUTEUR
45–90 cm

ETALEMENT
30 cm

Graminées/Poacées	

SORGHUM BICOLOR

Type Robuste, touffue, annuelle. ***Fleurs*** Epis denses ramifiés de 60 cm de long. Rose, pourpres ou gris pâle. Dès l'été. ***Feuilles*** Etroites, plates, cireuses. Vert moyen, à nervure centrale blanche. ***Fruits*** Grandes capsules aux couleurs variées.

• ORIGINE Chine, Afrique du Sud. • CULTURE Dans un sol fertile, bien drainé. Ses épis et leurs fruits attirent les oiseaux et donnent de belles fleurs séchées. • MULTIPLICATION Par semis entre 13 et 18 °C au début du printemps. • AUTRE NOM *S. vulgare*.

HAUTEUR
2–3 m

ETALEMENT
60 cm

Graminées/Poacées	MAIS 'GRACILLIMA VARIEGATA'

ZEA MAYS 'Gracillima Variegata'

Type Dressée, annuelle à croissance rapide. ***Fleurs*** Fleurs mâles : touffes de barbes formant un épi terminal, dès l'été. Fleurs femelles : enveloppées dans une bractée aux styles soyeux, dès l'été. ***Feuilles*** Lancéolées, rayées. Vert et blanc. ***Fruits*** Ses fleurs femelles donnent un épi de graines plates. Jaune.

• ORIGINE Horticole. • CULTURE Dans un sol fertile, humide, bien drainé, à l'abri sur un site chaud et ensoleillé. • MULTIPLICATION Par semis à 18 °C à la fin de l'hiver ou au début du printemps.

HAUTEUR
90 cm

ETALEMENT
30–45 cm

Cucurbitacées	

LAGENARIA SICERARIA

Type Volubile ou grimpante, annuelle. ***Fleurs*** Solitaires, en cloche, dès l'été. Jaune crème. ***Feuilles*** Ovales à cordiformes. Vert moyen. ***Fruits*** En forme de bouteilles, lisses. On peut les faire sécher. Vert-jaune.

• ORIGINE Dans les tropiques. • CULTURE Au soleil, à l'abri, dans un sol humide, bien drainé et fertile, riche en matière organique. Faites mûrir les fruits en intérieur, dans un endroit sec. • MULTIPLICATION Semez les graines pré-trempées entre 21 et 24 °C au début du printemps.

HAUTEUR
Jusqu'à 10 m

Scrophulariacées	

VERBASCUM BOMBYCIFERUM

Type En rosette, bisannuelle ou vivace à courte durée de vie. ***Fleurs*** Grappes denses et soyeuses à tiges clairsemées de fleurs en coupe de 4 cm de diam. Jaune pâle. Floraison abondante dès l'été. ***Feuilles*** Ovales, laineuses. Blanc.

• ORIGINE Coteaux secs et pierreux de Turquie. • CULTURE Au soleil, dans un sol alcalin peu fertile, bien drainé. Se plaît dans une mixed-border. • MULTIPLICATION Par semis en bacs sous châssis froid à la fin du printemps ou au début de l'été. • AUTRE NOM *V. broussa*.

HAUTEUR
Jusqu'à 2 m

ETALEMENT
60 cm

Apiacées/Ombellifères	MACERON

SMYRNIUM PERFOLIATUM

Type Dressée, bisannuelle. ***Fleurs*** Ombelles de fleurs minuscules. Jaune verdâtre. Dès la fin du printemps. ***Feuilles*** Feuilles supérieures arrondies, perfoliées. Jaune-vert. Feuilles basales divisées. Vert pâle.
• ORIGINE Régions broussailleuses et rocailleuses et lisières des bois en Europe, Asie du sud-est et Afrique du nord. • CULTURE Dans un sol humide, bien drainé, modérément fertile, au soleil ou à mi-ombre. Convient en fleurs coupées et pour des jardins boisés ou sauvages.
• MULTIPLICATION Par semis en place au printemps ou en automne, ou en bacs sous châssis froid au printemps.

HAUTEUR
0,6–1,5 m

ETALEMENT
60 cm

Composées/Astéracées	CENTAUREE BARBEAU

AMBERBOA MOSCHATA

Type Dressée, annuelle. ***Fleurs*** Capitules parfumés de 5 cm de diam. de type bleuet, à fleurons rayonnants frangés. Blanches, roses, pourpres ou jaunes. Du printemps à l'été. ***Feuilles*** Basales lancéolées ou entières. Supérieures lobées ou divisées. Gris-vert.
• ORIGINE Turquie, Caucase. • CULTURE Au soleil, dans un sol léger bien drainé. En fleurs coupées ou dans un jardin champêtre. • MULTIPLICATION Par semis en place au printemps ou en automne, protégée sous cloche ou par semis en automne. • AUTRE NOM *Centaurea moschata*.

HAUTEUR
60 cm

ETALEMENT
23 cm

Scrophulariacées	DIGITALE JAUNE A GRANDES FLEURS

DIGITALIS GRANDIFLORA

Type Touffue, bisannuelle, ou vivace à courte durée de vie. ***Fleurs*** Grappes lâches de fleurs tubulaires. Jaune pâle veiné de brun. Du début au milieu de l'été. ***Feuilles*** Etroites à ovales, dentées. Vert moyen.
• ORIGINE Europe, Sibérie, Turquie. • CULTURE Dans un sol humide, bien drainé, riche en feuilles, à mi-ombre. En jardins boisés, en mixed-borders ou en massifs. • MULTIPLICATION Par semis en bacs sous châssis froid à la fin du printemps. Autodissémination possible. • AUTRES NOMS *D. ambigua*, *D. orientalis*.

HAUTEUR
Jusqu'à 1 m

ETALEMENT
45 cm

Scrophulariacées

VERBASCUM LYCHNITIS

Type En rosette, bisannuelle. ***Fleurs*** En coupe sur des tiges ramifiées pyramidales. Jaune crème. Du milieu à la fin de l'été. ***Feuilles*** Etroites ovales. Vert moyen, au dessous blanc.
• ORIGINE Régions rocailleuses et haies de l'Europe occidentale à l'Asie occidentale. • CULTURE Au soleil, dans un sol alcalin, peu fertile et bien drainé. En mixed-borders. • MULTIPLICATION Par semis en bacs sous châssis à la fin du printemps ou au début de l'été.

☼ ◊ ❄❄❄

HAUTEUR
Jusqu'à 1,5 m

ETALEMENT
60 cm

Scrophulariacées

VERBASCUM OLYMPICUM

Type En rosette, feutrée, vivace, meurt après la floraison (à partir de la 2e ou 3e année). ***Fleurs*** Ramilles en candélabre de fleurs en coupe de 3 cm de diam. Jaune d'or. Dès l'été. ***Feuilles*** Lancéolées, feutrées. Blanc.
• ORIGINE Coteaux pierreux et secs de Grèce.
• CULTURE Au soleil, dans un sol alcalin, peu fertile et bien drainé. En mixed-borders. • MULTIPLICATION Par semis en bacs sous châssis froid à la fin du printemps mais aussi par bouture de racines en hiver.
• AUTRE NOM *V. longifolium* var. *pannosum*.

☼ ◊ ❄❄❄

HAUTEUR
2 m

ETALEMENT
60 cm

Papavéracées

ARGEMONE MEXICANA

Type Touffue, annuelle. ***Fleurs*** Solitaires, de type pavot, de 8 cm de diam. Jaune pâle à jaune soutenu. De la fin de l'été au début de l'automne. ***Feuilles*** Piquantes, lobées. Bleu-vert veiné de blanc argenté.
• ORIGINE Régions broussailleuses et sèches du sud des Etats-Unis à l'Amérique Centrale. • CULTURE En plein soleil dans un sol peu fertile, très bien drainé, graveleux ou pierreux. Convient dans une plate-bande au terrain sec ou un jardin de rocaille. Dissémination spontanée.
• MULTIPLICATION Par semis à 18 °C en caissettes ou conteneurs individuels au début du printemps.

☼ ◊ ❄

HAUTEUR
Jusqu'à 1 m

ETALEMENT
Jusqu'à 40 cm

Onagracées	

OENOTHERA BIENNIS

Type Dressée, annuelle ou bisannuelle. ***Fleurs*** Tiges dressées de fleurs parfumées en coupe de 5 cm de diam. Jaune pâle à jaune d'or. Dès l'été. ***Feuilles*** Etroites à lancéolées, en rosettes basales. Vert moyen veiné de rouge.

• ORIGINE Régions sèches à l'est de l'Amérique du Nord. • CULTURE En plein soleil, dans un sol pauvre à modérément fertile, bien drainé. Dans une mixed-border, un massif ou un talus ensoleillé et sec. • MULTIPLICATION Par semis en bacs sous châssis froid au début du printemps.

HAUTEUR
1–1,5 m

ETALEMENT
60 cm

Composées/Astéracées	

TOLPIS BARBATA

Type Dressée, rameuse, annuelle. ***Fleurs*** De type marguerite, de 1 à 3 cm de diam. à fleurons rayonnants frangés. Jaune vif à disque central bordeaux. De la fin du printemps à l'été. ***Feuilles*** Lancéolées, surtout basales, poilues. Vert vif.

• ORIGINE Régions sablonneuses de Méditerranée.
• CULTURE Au soleil, dans un sol léger, bien drainé, modérément fertile. Dans une plate-bande d'annuelles, de fleurs sauvages ou dans une mixed-border.
• MULTIPLICATION Par semis en place au milieu du printemps.

HAUTEUR
30–60 cm

ETALEMENT
30 cm

Composées/Astéracées	

LINDHEIMERA TEXANA

Type Dressée, à tige rouge, annuelle. ***Fleurs*** Grappes lâches de fleurs en étoile de 2,5 cm de diam. Jaune pâle à jaune d'or. De la fin du printemps à l'été. ***Feuilles*** Ovales à lancéolées, feuilles basales divisées. Vert moyen.

• ORIGINE Prairies du Texas, Etats-Unis. • CULTURE Au soleil dans un sol léger, modérément fertile, bien drainé. En plates-bandes d'annuelles ou de fleurs sauvages, dans un jardin champêtre ou une mixed-border. • MULTIPLICATION Par semis en bacs sous châssis froid au début du printemps ou en place au milieu du printemps.

HAUTEUR
60 cm

ETALEMENT
30 cm

Composées/Astéracées	SOUCI DES JARDINS 'KABLOUNA'

CALENDULA OFFICINALIS Série Kablouna

Type Robuste, dressée, annuelle. ***Fleurs*** De type marguerite, de 10 cm de diam. aux fleurons centraux formant une touffe et aux pétales tubulés. Jaune, or, ou orange. De l'été à l'automne. ***Feuilles*** Oblongues, finement poilues. Vert vif.

• ORIGINE Horticole. • CULTURE Au soleil, dans tout sol bien drainé. Pour mixed-borders et jardins champêtres. • MULTIPLICATION Par semis en place au printemps ou en automne ou par semis protégée sous cloche en automne.

HAUTEUR
Jusqu'à
60 cm

ETALEMENT
30 cm

Plumbaginacées	STATICE SERIE SUNBURST (EN MELANGE)

LIMONIUM SINUATUM Série Sunburst (En mélange)

Type Dressée, vivace, cultivée en annuelle. ***Fleurs*** Grappes d'épillets de minuscules fleurs en entonnoir. Roses, abricot, bleues, ou pêche. Dès la fin de l'été. ***Feuilles*** Lancéolées, à bords ondulés, en rosette basale. Vert foncé.
• ORIGINE Horticole. • CULTURE En plein soleil, dans un sol bien drainé, modérément fertile. En fleurs coupées ou séchées. • MULTIPLICATION Par semis entre 13 et 18 °C au début du printemps.

HAUTEUR
75 cm

ETALEMENT
30 cm

Crucifères/Brassicacées	PASTEL

ISATIS TINCTORIA

Type Bisannuelle ou vivace à courte durée de vie à racines pivotantes. ***Fleurs*** Cymes de fleurs en croix à 4 pétales. Jaune. Dès le début de l'été. ***Feuilles*** Lancéolées, en rosette basale. Gris-vert.
• ORIGINE Régions désertiques d'Europe. • CULTURE Au soleil, dans un sol humide, bien drainé. Dans un jardin sauvage ou un jardin d'herbes aromatiques. En fermentant, ses feuilles contenant de l'ammoniaque libèrent un pigment bleu. • MULTIPLICATION Par semis en automne ou au printemps en bacs sous châssis froid.

HAUTEUR
Jusqu'à 1,2 m

ETALEMENT
45 cm

Solanacées	SALPIGLOSSIS A FLEURS CHANGEANTES SERIE CASINO

SALPIGLOSSIS SINUATA Série Casino

Type Compacte, floraison abondante, résistante, annuelle. ***Fleurs*** En entonnoir. Très veinées, pourpres, rouges, bleues, jaunes ou orange. De l'été à l'automne, ou sous verre dès le printemps. ***Feuilles*** Lancéolées, à bords ondulés. Vert moyen.
• ORIGINE Horticole. • CULTURE Au soleil dans un sol fertile, humide, bien drainé. Sous verre, dans un mélange à base de terreau. Idéale en parterres d'été. • MULTIPLICATION Par semis entre 18 et 24 °C au printemps. En automne ou à la fin de l'hiver pour les plantes en pots.

HAUTEUR
45–60 cm

ETALEMENT
30 cm

Papavéracées	

HUNNEMANNIA FUMARIIFOLIA 'Sunlite'

Type Vivace à croissance rapide cultivée en annuelle. ***Fleurs*** En coupe de 8 cm de diam. de type pavot aux pétales vernissés. Jaune clair. Du milieu de l'été à l'automne. ***Feuilles*** Etroites, très divisées, en 3 lobes. Bleu-vert.

• ORIGINE Horticole. • CULTURE Dans un sol modérément fertile, bien drainé, en plein soleil, à l'abri sur un site chaud. Se plaît entre les plantes d'une mixed-border ou d'un massif. • MULTIPLICATION Par semis en place au milieu du printemps.

HAUTEUR
Jusqu'à 60 cm

ETALEMENT
20 cm

Composées/Astéracées	CHRYSANTHEME DES MOISSONS

CHRYSANTHEMUM SEGETUM

Type Dressée, légèrement charnue, annuelle. ***Fleurs*** Solitaires, de type marguerite, à larges fleurons rayonnants. Jaune d'or à disque central jaune. De l'été à l'automne. ***Feuilles*** Lancéolées. Gris-vert.

• ORIGINE Terrains cultivés et accidentés de la Méditerranée. • CULTURE Au soleil, dans un sol léger, et bien drainé, de préférence sablonneux. Dans une prairie d'annuelles, ou une plate-bande d'annuelles ou de fleurs sauvages. • MULTIPLICATION Par semis en place au printemps, ou en automne, protégée sous cloche en hiver.

HAUTEUR
Jusqu'à 80 cm

ETALEMENT
30 cm

Composées/Astéracées	ANTHEMIS D'ARABIE

CLADANTHUS ARABICUS

Type Rameuse, annuelle. ***Fleurs*** Capitules de 5 cm de diam. de type marguerite à fleurons rayonnants jaune d'or et disque central jaune. Dès l'été. ***Feuilles*** Finement divisées en lobes étroits. Vert vif.

• ORIGINE Pâturages secs de l'Europe méridionale et de l'Afrique du nord-ouest. • CULTURE Au soleil dans un sol léger, bien drainé. En fleurs coupées, dans un plate-bande ensoleillée, une jardinière ou un bac. • MULTIPLICATION Par semis entre 13 et 16 °C au début du printemps, ou en place plus tard au printemps.

HAUTEUR
40–60 cm

ETALEMENT
Jusqu'à 40 cm

Composées/Astéracées	

COREOPSIS GRANDIFLORA 'Sunray'

Type Touffue, vivace généralement cultivée en annuelle. ***Fleurs*** Doubles, de type marguerite aux fleurons rayonnants inégaux. Jaune d'or soutenu. Tout l'été. ***Feuilles*** Lancéolées, lobées. Vert moyen.

• ORIGINE Horticole. • CULTURE Au soleil, dans un sol léger, bien drainé. En fleurs coupées ou entre les plantes d'une mixed-border. Coupez les fleurs fanées pour prolonger la floraison. • MULTIPLICATION Par semis entre 13 et 16 °C à la fin de l'hiver ou au début du printemps.

HAUTEUR
50–75 cm

ETALEMENT
45 cm

Composées/Astéracées	

COREOPSIS TINCTORIA

Type Dressée, à tige raide, annuelle. ***Fleurs*** Solitaires de 5 cm de diam. de type marguerite. Jaune vif, base des fleurons rayonnants rouge et disque rouge foncé. Dès l'été. ***Feuilles*** Lancéolées, ou finement divisées en folioles étroites. Vert moyen. • ORIGINE Prairies d'Amérique du Nord. • CULTURE Au soleil, dans un sol léger, bien drainé. En fleurs coupées ou en plates-bandes d'annuelles. • MULTIPLICATION Par semis en place, par vagues successives du printemps au début de l'été. • AUTRE NOM *Calliopsis tinctoria*.

HAUTEUR Jusqu'à 1,2 m

ETALEMENT 30–45 cm

Scrophulariacées	

CALCEOLARIA INTEGRIFOLIA

Type Persistante, vivace, généralement cultivée en annuelle. ***Fleurs*** Grappes de fleurs en forme de bourse de 2,5 cm de long. Jaune. Pendant l'été. ***Feuilles*** Lancéolées. Gris-vert. • ORIGINE Mexique. • CULTURE En parterres, dans un sol bien drainé, à l'abri sur un site chaud, au soleil ou à mi-ombre. • MULTIPLICATION Semez les graines en surface à 18 °C au printemps ou en automne. Protégez les plantules du gel en hiver. Egalement par boutures à talon en été. • AUTRE NOM *C. rugosa*.

HAUTEUR Jusqu'à 1,2 m

ETALEMENT 23–30 cm

Composées/Astéracées	

CHRYSANTHEMUM CORONARIUM

Type Vigoureuse, rameuse, annuelle. ***Fleurs*** Simples de 5 cm de diam. de type marguerite. Jaune vif. Du printemps à l'été. ***Feuilles*** Finement découpées comme de la fougère. Vert vif. • ORIGINE Méditerranée. • CULTURE Au soleil, dans un sol léger, fertile, bien drainé. Dans une plate-bande d'annuelles ou de fleurs sauvages ou un jardin champêtre. Tuteur nécessaire. • MULTIPLICATION Par semis à 13 °C au début du printemps, ou en place au printemps ou en automne, protégée sous cloche en hiver.

HAUTEUR Jusqu'à 80 cm

ETALEMENT Jusqu'à 40 cm

Composées/Astéracées	IMMORTELLE A BRACTEES 'DARGAN HILL MONARCH'

BRACTEANTHA BRACTEATA 'Dargan Hill Monarch'

Type Vigoureuse, annuelle ou vivace à courte durée de vie. ***Fleurs*** De type marguerite à fleurons rayonnants parcheminés. Jaune d'or. De l'été à l'automne. ***Feuilles*** Lancéolées. Gris-vert. • ORIGINE Horticole. • CULTURE Au soleil dans un sol modérément fertile, bien drainé. En fleurs coupées ou séchées. • MULTIPLICATION Par semis au printemps à 18 °C. • AUTRE NOM *Helichrysum bracteatum* 'Dargan Hill Monarch'.

HAUTEUR 60–90 cm

ETALEMENT 30 cm

Papavéracées	PAVOT CORNU

GLAUCIUM FLAVUM

Type En rosette, vivace généralement cultivée en bisannuelle, à tiges ramifiées. ***Fleurs*** De 5 cm de diam. de type pavot, à pétales très fins. Jaune d'or vif. Dès l'été. ***Feuilles*** Ovales, lobées et dentées. Bleu-vert.

• ORIGINE Régions accidentées d'Europe, des îles Canaries de l'Afrique du nord et de l'Asie occidentale. • CULTURE Dans un sol pauvre à modérément fertile, très bien drainé. En plates-bandes d'annuelles. • MULTIPLICATION Par semis en place au printemps ou en automne.

HAUTEUR
30–90 cm

ETALEMENT
45 cm

Composées/Astéracées	

COREOPSIS TINCTORIA 'Golden Crown'

Type Dressée, à tige raide, annuelle. ***Fleurs*** Solitaires de 5 cm de diam. de type marguerite. Jaune soutenu à disque central rouge brunâtre. De l'été à l'automne. ***Feuilles*** Lancéolées ou finement divisées en folioles étroites. Vert foncé.

• ORIGINE Horticole. • CULTURE Au soleil, dans un sol léger, bien drainé. En fleurs coupées ou en plates-bandes d'annuelles. • MULTIPLICATION Par semis en place, par vagues successives du printemps au début de l'été. • AUTRE NOM *Calliopsis tinctoria* 'Golden Crown'.

HAUTEUR
60 cm

ETALEMENT
20 cm

Plumbaginacées	STATICE 'FOREVER GOLD'

LIMONIUM SINUATUM 'Forever Gold'

Type Dressée, vivace, cultivée en annuelle. ***Fleurs*** Bouquets de minuscules fleurs en entonnoir de 1 cm de long. Jaune. En abondance dès la fin de l'été. ***Feuilles*** Profondément lobées, à bords ondulés, légèrement charnues, en rosette basale. Vert foncé.

• ORIGINE Horticole. • CULTURE En plein soleil, dans un sol bien drainé, modérément fertile. En fleurs coupées ou séchées. • MULTIPLICATION Par semis entre 13 et 18 °C au début du printemps.

HAUTEUR
60 cm

ETALEMENT
30 cm

Graminées/Poacées	MAIS 'STRAWBERRY CORN'

ZEA MAYS 'Strawberry Corn'

Type Dressée, annuelle à croissance rapide. ***Fleurs*** Fleurs mâles : touffes de barbes formant un épi terminal dès l'été. Vert. Fleurs femelles : styles soyeux à l'aisselle des feuilles dès l'été. Vert. ***Feuilles*** Lancéolées, arquées. Vert et blanc. ***Fruits*** Epis de graines plates. Grenat ou jaunes.

• ORIGINE Horticole. • CULTURE Dans un sol fertile, humide, bien drainé, à l'abri sur un site chaud et ensoleillé. • MULTIPLICATION Par semis à 18 °C à la fin de l'hiver ou au début du printemps.

HAUTEUR
1,2 m

ETALEMENT
60 cm

Composées/Astéracées	SOUCI DES JARDINS 'ART SHADES'

CALENDULA OFFICINALIS 'Art Shades'

Type Vigoureuse, dressée, annuelle. ***Fleurs*** Capitules doubles de 10 cm de diam. de type marguerite. Tons pastel de crème, d'abricot ou d'orangé. De l'été à l'automne. ***Feuilles*** Oblongues, finement poilues. Vert vif.
• ORIGINE Horticole. • CULTURE Au soleil dans tout sol bien drainé. En mixed-borders, en jardins champêtres ou en jardins d'herbes aromatiques. Ses fleurs sont comestibles et conviennent en fleurs coupées.
• MULTIPLICATION Par semis en place au printemps ou en automne ou par semis en automne, protégée sous cloche.

HAUTEUR
Jusqu'à
60 cm

ETALEMENT
60 cm

Composées/Astéracées	

COSMOS SULPHUREUS 'Sunset'

Type Touffue, dressée, annuelle. ***Fleurs*** En coupe de 6 cm de diam. Bronze orangé soutenu. Tout l'été. ***Feuilles*** Etroites, lobées, finement divisées. Vert moyen.
• ORIGINE Horticole. • CULTURE En plein soleil, dans un sol humide, bien drainé, modérément fertile. Parfaite en fleurs coupées mais aussi pour une plate-bande d'annuelles ou une mixed-border.
• MULTIPLICATION Par semis à 16 °C au milieu du printemps ou en place à la fin du printemps.

HAUTEUR
90 cm

ETALEMENT
45 cm

Composées/Astéracées	

RUDBECKIA HIRTA 'Goldilocks'

Type Dressée, bisannuelle ou vivace cultivée en annuelle. ***Fleurs*** Doubles ou semi-doubles de 7 cm de diam. de type marguerite. Jaune d'or orangé, à disque central brun pourpré. De l'été à l'automne. ***Feuilles*** Ovales. Vert foncé.
• ORIGINE Horticole. • CULTURE Dans un sol humide, bien drainé, modérément fertile. En fleurs coupées. • MULTIPLICATION Par semis entre 16 et 18 °C au printemps. • AUTRE NOM *R. gloriosa* 'Goldilocks'.

HAUTEUR
Jusqu'à
60 cm

ETALEMENT
30 cm

Bignogniacées	BIGNONE DU CHILI

ECCREMOCARPUS SCABER

Type Persistante grimpante, élancée, souvent cultivée en annuelle. ***Fleurs*** Grappes de fleurs tubulaires de 2,5 cm de long. Rouge orangé. Du début de l'été à l'automne. ***Feuilles*** Divisées en folioles ovales. Vert clair.
• ORIGINE Régions broussailleuses et lisières des forêts du Chili. • CULTURE Dans un sol fertile bien drainé, à l'abri sur un site ensoleillé. Pour un treillage ou s'entremêlant parmi d'autres arbustes. • MULTIPLICATION Par semis entre 13 et 16 °C à la fin de l'hiver ou au début du printemps.

HAUTEUR
3–5 m

Acanthacées	

THUNBERGIA ALATA

Type Persistante, grimpante, vivace souvent cultivée en annuelle. ***Fleurs*** En coupe de 3 à 4 cm de diam. à 5 pétales très ouverts, portées chacunes à l'aisselle des feuilles. Jaune crème, jaunes ou orange vif, au centre parfois brun pourpré. De l'été à l'automne. ***Feuilles*** Ovales à triangulaires, dentées, lobées à la base, à pétiole ailé. Vert moyen.
• ORIGINE Forêts d'Afrique tropicale. • CULTURE Prospère dans un sol fertile, humide, bien drainé, au soleil ou à mi-ombre, en situation abritée et chaude. En intérieur ou en jardin d'hiver dans les régions froides. Sous verre, optez pour un compost avec ou sans terreau. Tolère la pleine lumière mais doit être protégée d'un soleil direct. Arrosage abondant pendant la croissance, très modéré en hiver. Idéale sur un treillage, une arcade ou d'autres supports, ou s'enroulant parmi les arbustes d'une mixed-border.
• MULTIPLICATION Par semis entre 16 et 18 °C au printemps. On peut aussi la multiplier par boutures de bois tendre au début de l'été ou par boutures de bois semi-lignifié du milieu à la fin de l'été.

Min. 7–10 °C

HAUTEUR
1,5–2 m

Scrophulariacées

ALONSOA LINEARIS

Type Dressé, sous-arbrisseau cultivé en annuelle. ***Fleurs*** Grappes lâches de fleurs à éperon à 2 lèvres. Rouge brique tacheté de noir à la gorge. Tout l'été. ***Feuilles*** Etroites à lancéolées, en pointe. Vert foncé.

• ORIGINE Régions broussailleuses du Pérou et du Chili. • CULTURE Au soleil, dans un sol fertile bien drainé. Convient en parterres d'été. • MULTIPLICATION Par semis à 18 °C au début du printemps. • AUTRE NOM *A. linifolia.*

HAUTEUR Jusqu'à 1 m

ETALEMENT 30 cm

Acanthacées

THUNBERGIA GREGORII

Type Persistante, grimpante, vivace souvent cultivée en annuelle. ***Fleurs*** En coupe de 4,5 cm de diam. Orange clair. Dès l'été. ***Feuilles*** Ovales à triangulaires. Vert moyen.

• ORIGINE Afrique tropicale. • CULTURE Dans un sol fertile, humide, bien drainé, ou soleil ou à mi-ombre, en situation abritée et chaude. Idéale sur un treillage ou tout autre support. • MULTIPLICATION Par semis entre 18 et 21 °C au printemps. On peut aussi la multiplier par boutures de bois tendre au début de l'été ou par boutures de bois semi-lignifié au milieu de l'été.

Min. 10–13 °C

HAUTEUR 2,2 m

Composées/Astéracées | SOLEIL DE CALIFORNIE 'TORCH'

TITHONIA ROTUNDIFOLIA 'Torch'

Type Vigoureuse, rameuse, annuelle. ***Fleurs*** Solitaires de type dahlia sur des tiges ramifiées. Rouge orangé vif. De la fin de l'été à l'automne. ***Feuilles*** Ovales à triangulaires, entières ou à 3 lobes. Vert foncé.

• ORIGINE Horticole. • CULTURE Dans un sol modérément fertile, bien drainé. En fleurs coupées ou en mixed-borders. • MULTIPLICATION Par semis entre 13 et 18 °C du milieu à la fin du printemps ou en place à la fin du printemps.• AUTRE NOM *T. speciosa* 'Torch'.

HAUTEUR Jusqu'à 2 m

ETALEMENT 30 cm

Composées/Astéracées

RUDBECKIA HIRTA 'Rustic Dwarfs'

Type Dressée, bisannuelle ou vivace cultivée en annuelle. ***Fleurs*** Capitules de 7 cm de diam. de type marguerite. Rouge-brun, jaunes ou bronze orangé, parfois bicolores, à disque central brun pourpré. De l'été à l'automne. ***Feuilles*** Ovales. Vert foncé.

• ORIGINE Horticole. • CULTURE Dans un sol humide, bien drainé, modérément fertile. Donne de belles fleurs coupées. • MULTIPLICATION Par semis entre 16 et 18 °C au printemps. • AUTRE NOM *R. gloriosa* 'Rustic Dwarfs'.

HAUTEUR Jusqu'à 60 cm

ETALEMENT Jusqu'à 30 cm

Composées/Astéracées	IMMORTELLE A BRACTEES SERIE MONSTROSUM

BRACTEANTHA BRACTEATA Série Monstrosum

Type Vigoureuse, annuelle ou vivace à courte durée de vies. ***Fleurs*** Doubles, de type marguerite à fleurons parcheminés. Blanches, roses, rouges, jaunes ou orange. De l'été à l'automne. ***Feuilles*** Lancéolées. Gris-vert.

• ORIGINE Horticole. • CULTURE Au soleil, dans un sol modérément fertile, bien drainé. Donne de belles fleurs coupées ou séchées. • MULTIPLICATION Par semis au printemps à 18 °C. • AUTRE NOM *Helichrysum bracteatum* Série Monstrosum.

HAUTEUR Jusqu'à 90 cm

ETALEMENT 30 cm

Composées/Astéracées	CACALIE ECARLATE

EMILIA COCCINEA

Type En rosette, annuelle. ***Fleurs*** Doubles. Capitules gobuleux de 1,5 cm de diam. Portées seules ou en grappe. Ecarlate ou rouge orangé. Dès l'été. ***Feuilles*** Lancéolées. Vert grisâtre.

• ORIGINE Versants pierreux d'Afrique tropicale.
• CULTURE En plein soleil dans un sol bien drainé. En fleurs coupées ou séchées. • MULTIPLICATION Par semis à 18 °C au printemps. • AUTRES NOMS *E. flammea, E. javanica, Cacalia coccinea, C. sagittata.*

HAUTEUR 45–60 cm

ETALEMENT 30–60 cm

Composées/Astéracées	SOUCI DES JARDINS 'GEISHA GIRL'

CALENDULA OFFICINALIS 'Geisha Girl'

Type Vigoureuse, dressée, annuelle. ***Fleurs*** Doubles, de 10 cm de diam. de type marguerite à fleurons rayonnants incurvés. Orange soutenu. De l'été à l'automne. ***Feuilles*** Lancéolées à oblongues, finement poilues. Vert vif.

• ORIGINE Horticole. • CULTURE Au soleil, dans tout sol bien drainé. Dans une mixed-border, un jardin champêtre ou un jardin d'herbes aromatiques. Ses fleurs sont comestibles. Donne de belles fleurs coupées. • MULTIPLICATION Par semis en place au printemps ou en automne, ou par semis en automne protégée sous cloche.

HAUTEUR 60 cm

ETALEMENT 30–60 cm

Composées/Astéracées	

DAHLIA 'Dandy'

Type Touffue vivace, cultivée en annuelle. ***Fleurs*** Capitule de 7 cm de diam. à pétales tubulés, de type marguerite. Blanches, rouges, jaunes ou orange s'éclaircissant autour du disque. Dès l'été. ***Feuilles*** Ovales, divisées en folioles. Vert moyen.

• ORIGINE Horticole. • CULTURE En plein soleil, dans un sol fertile, bien drainé. En fleurs coupées, pour parterres ou en bacs. • MULTIPLICATION Par semis à 16 °C au début du printemps. Pincez les rameaux pour stimuler la ramification.

HAUTEUR 60 cm

ETALEMENT 60 cm

Composées/Astéracées

ARCTOTIS Hybrides Harlequin 'Torch'

Type Dressée, rameuse, vivace à croissance lente cultivée en annuelle. ***Fleurs*** De type marguerite, de 8 cm de diam. Bronze soutenu. Du milieu de l'été au début de l'automne. ***Feuilles*** Ovales, lobées, feutrées. Gris argenté.

• ORIGINE Horticole. • CULTURE Prospère en plein soleil dans un sol léger, modérément fertile, très bien drainé mais assez humide. En intérieur ou en jardin d'hiver dans les régions froides. Sous verre, optez pour un compost d'empotage à base de terreau et placez-la en pleine lumière. Arrosage modéré pendant la croissance complété par un engrais liquide équilibré toutes les deux semaines. Idéale en fleurs coupées. Convient aussi dans une plate-bande d'annuelles ou sur un talus chaud et ensoleillé.

• MULTIPLICATION Par semis à 18 °C au printemps, ou en automne pour les plantes sous verre. Il est préférable de repiquer les plantules en pots individuels de 9 cm de profondeur pour éviter des problèmes de racines au moment de la mise en terre. Pendant l'hiver, on conservera les jeunes plants sous verre à l'abri du gel. • AUTRE NOM x *Venidioarctotis* 'Torch'.

Min. 5 °C

HAUTEUR
45 cm

ETALEMENT
45 cm

Solanacées	

BROWALLIA SPECIOSA 'White Troll'

Type Compacte, touffue vivace, cultivée en annuelle. ***Fleurs*** En coupe, à 5 pétales, à l'aisselle des feuilles. Blanc pur. Dès l'été. ***Feuilles*** Etroites à ovales. Vert moyen.

• ORIGINE Horticole. • CULTURE Dans un compost à base de terreau, en pleine lumière, à l'abri du soleil direct. En intérieur ou en jardin d'hiver dans les régions froides. Arrosage modéré complété tous les mois par un engrais équilibré. • MULTIPLICATION Par semis à 18 °C au début du printemps ou à la fin de l'été pour une floraison hivernale.

Min 13 °C

HAUTEUR Jusqu'à 25 cm

ETALEMENT 25 cm

Plumbaginacées	STATICE 'ICEBERG'

LIMONIUM SINUATUM 'Iceberg'

Type Dressée, en rosette, vivace. ***Fleurs*** Grappes d'épillets de minuscules fleurs en entonnoir. Blanc pur. De l'été à l'automne. ***Feuilles*** Etroites lancéolées, lobées. Vert moyen.

• ORIGINE Horticole. • CULTURE En plein soleil, dans un sol léger, bien drainé. En fleurs coupées ou séchées. Coupez-les en plein floraison. Appartient à la série California. • MULTIPLICATION Par semis au début du printemps entre 13 et 18°C.

HAUTEUR 40 cm

ETALEMENT 30 cm

Crucifères/Brassicacées	THLASPI AMARA

IBERIS AMARA

Type Dressée, rameuse, annuelle. ***Fleurs*** Inflorescences globuleuses de petites fleurs parfumées à 4 pétales. Blanches ou blanc pourpré. Dès l'été. ***Feuilles*** Lancéolées à oblongues. Vert moyen.

• ORIGINE Terrains dégagés au sol très drainant, riche en chaux, d'Europe occidentale. • CULTURE Au soleil, dans un sol pauvre à modérément fertile, bien drainé, de neutre à alcalin. En parterres et en plates-bandes. • MULTIPLICATION Par semis en place par vagues successives au printemps ou en automne, ou à la fin de l'hiver à 16°C.

HAUTEUR 15–45 cm

ETALEMENT 15 cm

Crucifères/Brassicacées	CORBEILLE D'ARGENT 'SNOW CRYSTALS'

LOBULARIA MARITIMA 'Snow Crystals'

Type Compacte, formant un bouquet, annuelle. ***Fleurs*** Têtes arrondies et denses de petites fleurs en croix, parfumées. Blanc pur. Dès l'été. ***Feuilles*** Etroites à lancéolées. Vert grisâtre.

• ORIGINE Horticole. • CULTURE En plein soleil, dans un sol bien drainé. En parterres, en bordures ou en bacs. • MULTIPLICATION Par semis au début du printemps entre 13 et 18 °C ou en place à la fin du printemps. • AUTRE NOM *Alyssum maritimum* 'Snow Crystals'.

HAUTEUR 25 cm

ETALEMENT 20–25 cm

Boraginacées	GAZON BLANC, NOMBRIL-DE-VENUS

OMPHALODES LINIFOLIA

Type Dressée, à croissance assez rapide, élancée, rameuse, annuelle. ***Fleurs*** Grappes clairsemées et aériennes de fleurs de 1,5 cm de diam. à petits pédoncules, légèrement parfumées, sur des tiges élancées. Blanches, parfois teintées de bleu ou de bleu pâle. Floraison abondante du printemps à l'été. ***Feuilles*** Etroites lancéolées à oblongues, de 10 cm de long, à feuilles supérieures sessiles, plus petites et très étroites. Gris-vert recouvertes d'un léger duvet blanc, le plus souvent en touffes basales. • ORIGINE Terrains dégagés et secs, souvent alcalins, du sud-ouest de l'Europe. • CULTURE En plein soleil en situation dégagée dans un sol léger, bien drainé, modérément fertile, de préférence neutre à alcalin. Idéale dans une plate-bande d'annuelles ou de fleurs sauvages, entre les plantes d'une mixed-border ou d'un massif, ou dans la rocaille. En fleurs coupées ou en compositions, elle offrira le même effet aérien que le *Gypsophila elegans*. • MULTIPLICATION Par semis en place au printemps. La dissémination spontanée est souvent généreuse.

HAUTEUR
30–40 cm

ETALEMENT
15 cm

Hydrophillacées	NEMOPHILE MACULATA

NEMOPHILA MACULATA

Type Etalée, à tiges charnues, annuelle. ***Fleurs*** En coupe à long pétiole. Blanches marquées de bleu violacé. Dès l'été. ***Feuilles*** Divisées en folioles ovales. Vert vif.

• ORIGINE Versants ouest de la Sierra Nevada, Californie, Etats-Unis. • CULTURE Au soleil, dans un sol humide, bien drainé. Se plait en bordure de plate-bandes ou en bacs. Arrosage abondant pendant les périodes de sécheresse prolongées. • MULTIPLICATION Par semis en place en automne ou au début du printemps. Dissémination spontanée généreuse.

HAUTEUR
15–30 cm

ETALEMENT
15–30 cm

Composées/Astéracées	SOUCI PLUVIAL

DIMORPHOTHECA PLUVIALIS

Type Dressée, poilue, annuelle. ***Fleurs*** Capitules solitaires de 6 cm de diam. de type marguerite. Blanches à disque central brun violacé. Dès l'été. ***Feuilles*** Lancéolées, plus ou moins dentées. Vert foncé.

• ORIGINE Régions semi-arides de la Namibie et de l'Afrique du Sud. • CULTURE A l'abri dans un sol léger, bien drainé. Idéale en fleurs coupées, en parterres ou en plates-bandes. • MULTIPLICATION Par semis à 18 °C au début du printemps ou en place au milieu du printemps. • AUTRE NOM *D. annua.*

HAUTEUR
Jusqu'à 40 cm

ETALEMENT
15–30 cm

Polémoniacées	

LINANTHUS GRANDIFLORUS

Type Elancée, dressée, rameuse, annuelle. ***Fleurs*** Inflorescences denses, en entonnoir de 3 cm de diam. à pétales très ouverts. Blanches, rose lavande ou lilas, mouchetées de blanc. Du printemps à l'été. ***Feuilles*** Divisées en lobes étroits. Vert moyen.

• ORIGINE Régions sèches du sud de la Californie. • CULTURE Au soleil, dans un sol léger, bien drainé. Idéale en plates-bandes d'annuelles, de fleurs sauvages ou en mixed-borders mais aussi en fleurs coupées. • MULTIPLICATION Par semis en place au printemps.

HAUTEUR
30–50 cm

ETALEMENT
23 cm

Composées/Astéracées	

OSTEOSPERMUM 'Whirligig'

Type Sous-arbrisseau, cultivé en annuelle. ***Fleurs*** Capitules de 3 cm de diam. de type marguerite à fleurons rayonnants en forme de petites cuillères. Blanches au revers bleu ardoise autour d'un disque central bleu. De la fin du printemps à l'automne. ***Feuilles*** Lancéolées, dentées. Gris-vert.
• ORIGINE Horticole. • CULTURE A l'abri sur un site ensoleillé et chaud, dans un sol bien drainé. En fleurs coupées. • MULTIPLICATION Par semis à 18 °C au printemps. Prélevez les boutures de tige au printemps ou en été. • AUTRE NOM *O.* 'Tauranga'.

HAUTEUR
Jusqu'à 60 cm

ETALEMENT
60 cm

Euphorbiacées	EUPHORBE PANACHEE

EUPHORBIA MARGINATA

Type A tige unique, rameuse, annuelle. ***Fleurs*** Inflorescences de 5 cm de diam. de petites fleurs blanches dans un anneau de bractées. Vertes bordées, tachetées ou panachées de blanc. De la fin de l'été à l'automne. ***Feuilles*** Ovales. Vert moyen à veines et bords blancs.
• ORIGINE Amérique du Nord. • CULTURE Au soleil dans un sol léger, bien drainé. Idéale en fleurs coupées. • MULTIPLICATION Par semis en place au printemps. • AUTRE NOM *E. variegata.*

HAUTEUR
30–90 cm

ETALEMENT
30 cm

Résédacées	MIGNONNETTE, RESEDA ODORANT

RESEDA ODORATA

Type Dressée, non velue, rameuse, annuelle. ***Fleurs*** Inflorescences coniques de fleurs très parfumées, en étoile, de 7 mm de diam. Blanches, jaune verdâtre ou rouge verdâtre. De l'été au début de l'automne. ***Feuilles*** Ovales à oblongues, lobées. Vert moyen.
• ORIGINE Régions broussailleuses et coteaux pierreux d'Afrique du nord. • CULTURE Dans un sol bien drainé, alcalin, modérément fertile, au soleil ou à mi-ombre. Idéale en fleurs coupées et séchées. • MULTIPLICATION Par semis à 13 °C à la fin de l'hiver, ou en place au printemps ou en automne.

HAUTEUR
30–60 cm

ETALEMENT
23 cm

Dipsacacées	

SCABIOSA STELLATA

Type A tiges raides, rameuse, annuelle. ***Fleurs*** Capitules globuleux. Bleu pâle. Dès l'été. ***Feuilles*** Lancéolées. Vert moyen. ***Fruits*** Capsules globuleuses se formant dans les bractées. Crème argenté.
• ORIGINE Versants rocailleux ensoleillés d'Europe méridionale. • CULTURE En plein soleil dans un sol léger, modérément fertile, bien drainé, neutre à alcalin. Ses capitules donnent de belles fleurs séchées.
• MULTIPLICATION Par semis entre 6 et 12 °C au début du printemps ou en place au milieu du printemps.

HAUTEUR
Jusqu'à 45 cm

ETALEMENT
23 cm

Composées/Astéracées

BRACHYSCOME IBERIDIFOLIA 'White Splendour'

Type Etalée, annuelle. ***Fleurs*** Capitules de 4 cm de diam. de type marguerite. Blanches à disque central jaune. Dès l'été. ***Feuilles*** Divisées en folioles étroites, avec un léger duvet. Gris-vert.
• ORIGINE Horticole. • CULTURE Dans un sol fertile bien drainé, à l'abri sur un site chaud et ensoleillé ; En parterres, en bordures, en bacs ou sur un talus sec et ensoleillé. Supporte assez mal la sécheresse.
• MULTIPLICATION Par semis à 18 °C au printemps.

HAUTEUR
30 cm

ETALEMENT
35 cm

Solanacées

NIEREMBERGIA CAERULEA 'Mont Blanc'

Type Dressée, rameuse, vivace cultivée en annuelle. ***Fleurs*** En coupe de 2 cm de diam. Blanches à gorge jaune. Dès l'été. ***Feuilles*** Etroites, oblongues, en pointe. Vert vif.
• ORIGINE Horticole. • CULTURE En plein soleil, à l'abri, dans un sol léger, humide, bien drainé. En parterres ou en bordure de plates-bandes.
• MULTIPLICATION Par semis à 15 °C au printemps mais aussi par bouturage des tiges à la fin de l'été.
• AUTRE NOM *N. hippomannica* 'Mont Blanc'.

HAUTEUR
Jusqu'à 20 cm

ETALEMENT
20 cm

Composées/Astéracées

COSMOS BIPINNATUS 'Sonata White'

Type Compacte, rameuse, annuelle. ***Fleurs*** Solitaires, en coupe de 8 cm de diam. Blanc pur à centre jaune. Dès l'été. ***Feuilles*** Plumeuses, finement divisées. Vert vif.
• ORIGINE Horticole. • CULTURE Au soleil, dans un sol fertile, humide, bien drainé. En fleurs coupées, dans un plate-bande d'annuelles ou entre les plantes d'un massif ou d'une mixed-border. • MULTIPLICATION Par semis à 16 °C au printemps ou en place à la fin du printemps.

HAUTEUR
45 cm

ETALEMENT
30 cm

Composées/Astéracées

ARCTOTIS FASTUOSA 'Zulu Prince'

Type Etalée, vivace cultivée en annuelle. ***Fleurs*** De type marguerite. Jaune crème avec des zones orange et noires à la base. Du milieu de l'été à l'automne. ***Feuilles*** Ovales, profondément lobées. Blanc argenté. • ORIGINE Horticole. • CULTURE Dans un sol léger, très bien drainé, mais plutôt humide, sur un site ensoleillé et chaud. En intérieur ou dans un jardin d'hiver dans les régions froides. Idéale en fleurs coupées, en plates-bandes d'annuelles ou en mixed-borders. • MULTIPLICATION Par semis entre 16 et 18 °C au début du printemps ou par bouture de tiges en été.

☼ 💧

Min. 5 °C

HAUTEUR
30–60 cm

ETALEMENT
30 cm

Composées/Astéracées | VERGERETTE KARVINSKIANUS 'PROFUSION'

ERIGERON KARVINSKIANUS 'Profusion'

Type Rhizomateuse, vivace cultivée en annuelle. ***Fleurs*** De type marguerite de 2 cm de diam. Blanches ou roses à disque jaune. ***Feuilles*** Ovales à lancéolées, poilues. Gris-vert.
• ORIGINE Horticole. • CULTURE Dans un sol fertile, humide, bien drainé, de préférence à l'ombre à midi. Idéale en suspensions florales ou en bacs. • MULTIPLICATION Par semis en bacs sous châssis froid du début au milieu du printemps. • AUTRE NOM *E. mucronatus* 'Profusion'.

☼ 💧
❄❄❄

HAUTEUR
20–30 cm

ETALEMENT
50 cm

Composées/Astéracées

CREPIS RUBRA

Type En rosette, annuelle ou vivace à courte durée de vie. ***Fleurs*** De type pissenlit, de 2,5 cm de diam. seules ou par paires sur des tiges raides. Rouge rosé. Du printemps à l'été. ***Feuilles*** Lancéolées, dentées, poilues. Gris pâle.
• ORIGINE Versants pierreux des Balkans, du sud de l'Italie et de Grèce. • CULTURE Au soleil dans tout sol bien drainé. Dans une plate-bande d'annuelles ou une mixed-border. • MULTIPLICATION Par semis au printemps ou sous châssis froid à maturité.

☼ 💧
❄❄❄

HAUTEUR
30–40 cm

ETALEMENT
15 cm

Gentianacées	

EUSTOMA GRANDIFLORUM Série Heidi

Type Annuelle ou bisannuelle. ***Fleurs*** En clochette, satinées. Blanches, roses ou bleues, parfois bicolores. Dès l'été. ***Feuilles*** Etroites à ovales. Gris-vert.

• ORIGINE Horticole. • CULTURE Au soleil, à l'abri dans un sol bien drainé, de neutre à alcalin. En intérieur ou en jardin d'hiver dans les régions froides. • MULTIPLICATION Par semis entre 13 et 16 °C en automne ou à la fin de l'hiver. • AUTRE NOM *Lisianthus russellianus* Série Heidi.

Min. 5–7 °C

HAUTEUR 60–90 cm

ETALEMENT 30 cm

Caryophyllacées	COQUELOURDE ROSE DU CIEL

SILENE COELI-ROSA

Type Dressée, élancée, annuelle. ***Fleurs*** Grappes lâches de fleurs à corolles profondément crantées. Rose vif à cœur blanc. Dès l'été. ***Feuilles*** Etroites à lancéolées. Gris-vert.

• ORIGINE Méditerranée. • CULTURE Dans un sol bien drainé, neutre à légèrement alcalin, au soleil ou sous une ombre intermittente. • MULTIPLICATION Par semis en place en automne ou au printemps. • AUTRES NOMS *Agrostemma coeli-rosa*, *Lychnis coeli-rosa*, *Viscaria elegans*.

HAUTEUR Jusqu'à 50 cm

ETALEMENT 15 cm

Composées/Astéracées	AGERATE BLEUE 'SWING PINK'

AGERATUM HOUSTONIANUM 'Swing Pink'

Type Compacte, formant un bouquet, annuelle. ***Fleurs*** Corymbes plumeux de petits capitules. Rose. Du milieu de l'été à l'automne. ***Feuilles*** Ovales, duveteuses. Vert moyen.

• ORIGINE Horticole. • CULTURE Dans un sol humide, bien drainé, à l'abri sur un site ensoleillé. En parterres, en bordures ou en bacs. Enlevez les fleurs fanées pour stimuler une deuxième floraison. • MULTIPLICATION Par semis entre 16 et 18 °C au début du printemps.

HAUTEUR 15–20 cm

ETALEMENT 15–20 cm

Ranunculacées	PIED-D'ALOUETTE DES JARDINS SERIE DWARF ROCKET

CONSOLIDA AJACIS Série Dwarf Rocket

Type Compacte, annuelle. ***Fleurs*** Epis denses de fleurs à éperon. Blanches, roses, pourpres ou bleues. Dès l'été. ***Feuilles*** Folioles finement découpées. Vert vif.

• ORIGINE Horticole. • CULTURE Au soleil dans un sol léger, fertile, bien drainé. Pour une plate-bande d'annuelles ou une mixed-border ou entre les plantes d'un massif. Arrosage fréquent pendant les périodes sèches. Enlevez les fleurs fanées pour prolonger la floraison. Ses hampes florales sont idéales en fleurs coupées et donnent de très belles fleurs séchées. Dans ce cas, coupez les fleurs lorsque la moitié des boutons sont ouverts, dégagez la tige de ses feuilles et laissez sécher à l'envers à l'air libre dans un endroit sec et aéré. On peut aussi conserver ses fleurs dans de la silice ou du borax. • MULTIPLICATION Par semis en place du début du printemps au début de l'été. Les semis d'automne seront protégés sous cloche pendant l'hiver. Ce cultivar peut se propager spontanément mais les rejets ne seront pas toujours conformes au type, certains donneront des formes simples. • AUTRES NOMS *C. ambigua, Delphinium consolida, D. ajacis.*

☼ ◊
❄❄❄

HAUTEUR
30–50 cm

ETALEMENT
15–25 cm

LES MUFLIERS

Le genre *Antirrhinum*, appelé muflier ou gueule-de-loup, comprend 30-40 espèces d'annuelles, bisannuelles et sous- arbustives. Les plus répandues sont les cultivars de *A. majus* que nous décrivons ici. Il s'agit d'une espèce vivace, semi-rustique, ramifiée, à base ligneuse, portant des épis dressés de fleurs bilabiées odorantes. Dans les sélections cultivées, l'éventail des couleurs est large et beaucoup de fleurs sont bicolores. *A. majus* et ses cultivars sont éphémères s'ils sont cultivés en vivaces, mais ont une floraison abondante la première année après semis et atteignent le maximum de profusion si on les cultive en annuelles. Les cultivars sont répartis en trois catégories, par taille :

Grand Ils atteignent jusqu'à 1 m de haut, avec un étalement de 45 cm. Ils sont parfaits pour les fleurs coupées ou pour compléter les mixed-borders.

Moyen Ils atteignent jusqu'à 30-60 cm de haut, avec un étalement de 45 cm et sont bien adaptés aux massifs.

Nain Les cultivars de ce groupe poussent jusqu'à 60 cm de haut, avec un étalement de 30 cm. Ce sont des fleurs parfaites pour les bordures, les petits massifs et les bacs.

A cultiver dans un sol fertile, bien drainé, dans un endroit chaud et ensoleillé. Pincez les jeunes plantes quand elles atteignent 7-10 cm de haut pour leur donner un aspect buissonnant. Enlevez régulièrement les fleurs fanées pour prolonger la floraison. Les grands cultivars peuvent nécessiter un tuteurage en situation exposée.

Semez à 16-18 °C, en début de printemps, pour mettre en terre en fin de printemps ou début d'été. Sinon, semez en fin d'été ou début d'automne, et faites hiverner les jeunes plants dans une serre hors-gel, à environ 4-7 °C. Endurcissez tous les plants avant de les sortir.

Les antirrhinums sont sujets à la rouille, au mildiou et aux pucerons. Il arrive aussi que les abeilles percent les fleurs en cherchant le nectar.

A. Série Tahiti

Type Annuelle, vigoureuse, compacte. Résistante à la rouille.
Fleurs Blanches, roses, rouges, jaunes, bronze ou orange, certaines bicolores. De l'été à l'automne.
Feuilles Lancéolées, luisantes. Vert foncé.
• HAUTEUR Jusqu'à 20 cm.
• ÉTALEMENT Jusqu'à 30 cm.

A. Série Tahiti
(Nain)

A. Série Sonnet

Type Annuelle, touffue, multiflore hâtive. Résistante aux conditions humide.
Fleurs Blanches, roses, rouge carmin, cramoisies, bordeaux, jaunes ou bronze. Du début d'été à l'automne.
Feuilles Lancéolées, luisantes. Vert foncé.
• HAUTEUR 30-60 cm.
• ÉTALEMENT 30 cm.

A. Série Sonnet
(Moyen)

A. Série Coronette

Type Vigoureuse, touffue, multiflore. Résistante au climat et à la rouille.
Fleurs Teintes de blanc, rose, écarlate, pourpre, jaune citron ou orange saumon, régulières, en épi dense. De l'été à l'automne.
Feuilles Lancéolées, luisantes. Vert foncé.
• HAUTEUR 65 cm.
• ÉTALEMENT 45 cm.

A. Série Coronette
(Grand)

A. 'Magic Carpet Mixed'

Type Annuelle, vigoureuse, touffue, très ramifiée.
Fleurs Blanches, roses, rouge carmin, cramoisies, bordeaux, jaunes ou bronze, tubulaires larges. Floraison abondante du début d'été à l'automne.
Feuilles Lancéolées, luisantes. Vert foncé.
• HAUTEUR 15 cm.
• ÉTALEMENT 30 cm.

A. 'Magic Carpet Mixed'
(Nain)

A. Série Princess

Type Vivace, dressée, ramifiée, cultivée en annuelle.
Fleurs Cramoisies, striées de blanc, à œil jaune, tubulaires, bilabiées. Floraison abondante de l'été à l'automne.
Feuilles Lancéolées, luisantes. Vert foncé.
• HAUTEUR 45 cm.
• ÉTALEMENT 45 cm.

A. Série Princess
(Moyen)

A. 'Bells'

Type Vivace à floraison hâtive, cultivée en annuelle.
Fleurs Cramoisies, arrondies, bilabiées, ressemblant à la jacinthe, en grappe dressée. Floraison abondante de l'été à l'automne.
Feuilles Lancéolées, luisantes. Vert profond.
• HAUTEUR 20-30 cm.
• ÉTALEMENT 30 cm.

A. 'Bells'
(Nain)

A. Série Madame Butterfly

Type Annuelle, vigoureuse, dressée, multiflore.
Fleurs Roses, rouges, jaunes, abricot, pêche ou orange, doubles, ressemblant à l'azalée, en grande grappe dense. De l'été à l'automne.
Feuilles Lancéolées, luisantes. Vert foncé.
• HAUTEUR 60-75 cm.
• ÉTALEMENT 45 cm.

A. Série Madame Butterfly
(Grand)

A. Série Royal Carpet

Type Annuelle, vigoureuse, buissonnante, compacte. Résistante à la rouille.
Fleurs Blanches, rose pâle à rose foncé, rouges à bronze, ou dans les nuances de jaune. Du début d'été à l'automne.
Feuilles Lancéolées, luisantes. Vert foncé.
• HAUTEUR 20 cm.
• ÉTALEMENT 30 cm.

A. Série Royal Carpet
(Nain)

A. 'Trumpet Serenade'

Type Annuelle, vigoureuse, compacte, dressée.
Fleurs Bicolores, dans un mélange de teintes pastel, en trompette, ouvertes. De l'été à l'automne.
Feuilles Lancéolées, luisantes. Vert foncé.
• HAUTEUR 30 cm.
• ÉTALEMENT 30 cm.

A. 'Trumpet Serenade'
(Nain)

A. Série Fleurs de jacinthe

Type Annuelle, vigoureuse, très dressée, floraison abondante.
Fleurs Diverses teintes chaudes, grandes, larges, ouvertes, en grappe dense, ressemblant à la jacinthe. De l'été à l'automne.
Feuilles Lancéolées, luisantes. Vert foncé.
• HAUTEUR 45 cm.
• ÉTALEMENT 45 cm.

A. Série Fleurs de jacinthe
(Moyen)

A. Série Floral Carpet

Type Annuelle, vigoureuse, compacte.
Fleurs Rose vif, rose pourpré, régulières, homogènes, grappes de longue durée. Du début d'été à l'automne.
Feuilles Lancéolées, luisantes. Vert foncé.
• HAUTEUR 20 cm.
• ÉTALEMENT Jusqu'à 30 cm.

A. Série Floral Carpet
(Nain)

LES BÉGONIAS

L'immense diversité du genre *Begonia* comprend quelques 900 espèces d'annuelles, bisannuelles, arbustives et grimpantes, dont beaucoup sont cultivées comme plantes d'intérieur ou de jardin d'hiver. Les bégonias Semperflorens décrits ici sont des hybrides vivaces à feuillage persistant, dérivés de croisements entre *B. cucullata* var. *hookeri*, *B. schmidtiana*, et autres espèces. Dans les régions sujettes au gel, ils sont généralement cultivés comme des annuelles et peuvent entrer dans la composition de massifs, bordures, ou dans toutes sortes de plantations en bacs, y compris les jardinières de fenêtre et les suspensions. On peut aussi les cultiver comme des vivaces en plantes d'intérieur.

Les bégonias Semperflorens ont tous des tiges très ramifiées, succulentes, des feuilles arrondies vertes ou bronze, avec des petites fleurs, simples ou doubles, jusqu'à 2,5 cm de diamètre, écloses tout au long de l'été.

A cultiver dans un sol fertile, neutre à acide, bien drainé, riche en matière organique. Ils fleurissent bien à mi-ombre et supportent le soleil, mais il faut les protéger du soleil direct à midi. Pour la culture sous abri vitré ou en plante d'intérieur, faites-les pousser dans du compost de rempotage à base de terreau ou sans terreau, en pleine lumière mais abrités du soleil direct. Assurez une bonne ventilation. Arrosez modérément et apportez un engrais liquide équilibré toutes les semaines pendant la période de pleine croissance. En hiver, maintenez le support de culture juste humide à une température constante de 10-15 °C.

Semez en surface en début de printemps à 21 °C. On peut mélanger les graines très fines avec du sable blanc fin pour une germination régulière. Sinon, prélevez des boutures au printemps. Endurcissez les jeunes plantes et ne les sortez que lorsque tout risque de gel est passé.

Les plantes sont sujettes aux chenilles, thrips, charançons de la vigne, à la pourriture grise (*Botrytis*), au mildiou et à la pourriture des tiges.

B. 'Olympia White'
Type Vivace, touffue, compacte, très ramifiée, à racine ligneuse. Résistante.
Fleurs Blanc pur, simples, à forme régulière. Floraison abondante tout l'été.
Feuilles Arrondies. Vert moyen.
- HAUTEUR 20 cm.
- ÉTALEMENT 20 cm.

B. 'Olympia White'
(Série Olympia)
(Semperflorens)
Min. 13 °C

B. Série Cocktail
Type Vivace à feuillage persistant, compacte, à racine ligneuse.
Fleurs Dans des nuances de blanc, rose ou rouge, certaines bicolores. Tout l'été.
Feuilles Arrondies, luisantes. Vert bronze sombre.
- HAUTEUR 20-30 cm.
- ÉTALEMENT 30 cm.

B. Série Cocktail
(Semperflorens)
Min. 13 °C

B. Série Coco

Type Vivace à feuillage persistant, touffue, très compacte, à racine ligneuse.
Fleurs Bicolores, dans des nuances de blanc, rose, rouge ou écarlate, régulières, simples. Tout l'été.
Feuilles Arrondies, luisantes. Bronze.
- HAUTEUR 15-20 cm.
- ÉTALEMENT 15-20 cm.

B. Série Coco
(Semperflorens)

Min. 13 °C

B. 'Organdy'

Type Vivace à feuillage persistant, compacte, à racine ligneuse. Résistante.
Fleurs Nuances mélangées de blanc, rose et écarlate, simples. Tout l'été.
Feuilles Arrondies, cireuses, luisantes. Vertes ou bronze.
- HAUTEUR 15 cm.
- ÉTALEMENT 15 cm.

B. 'Organdy'
(Semperflorens)

Min. 13 °C

B. Devon Gems

Type Vivace à feuillage persistant, compacte. Résistante.
Fleurs Dans des nuances de blanc, rose ou rouge, grandes fleurs simples.
Feuilles Arrondies, cireuses, luisantes. Bronze et brun chocolaté.
- HAUTEUR 15-18 cm.
- ÉTALEMENT 15-18 cm.

B. Devon Gems
(Semperflorens)

Min. 13 °C

B. 'Olympia Red'

Type Vivace à feuillage persistant, compacte, touffue, à racine ligneuse, cultivée en annuelle. Résistante.
Fleurs Rouges, simples, à forme régulière. Floraison abondante de l'été à l'automne.
Feuilles Arrondies. Vert moyen.
- HAUTEUR 20 cm.
- ÉTALEMENT 20 cm.

B. 'Olympia Red'
(Série Olympia)
(Semperflorens)

Min. 13 °C

B. 'Red Ascot'

Type Vivace à feuillage persistant, compacte, à racine ligneuse, multiflore.
Fleurs Rouge cramoisi uni, petites fleurs simples. Floraison abondante tout l'été.
Feuilles Arrondies, luisantes. Vert émeraude vif.
- HAUTEUR 15 cm.
- ÉTALEMENT 15 cm.

B. 'Red Ascot'
(Semperflorens)

Min. 13 °C

LES ŒILLETS

Le genre *Dianthus* comprend plus de 300 espèces d'annuelles, bisannuelles, vivaces à feuillage persistant et sous-arbustives. Celles qui sont cultivées en annuelles sont dérivées de *D. caryophyllus*, l'œillet sauvage, ou de *D. chinensis*, l'œillet de Chine. Ce sont de vraies vivaces ou bisannuelles mais éphémères. Elles ont une floraison abondante la première année après le semis et produisent en général plus de fleurs si elles sont cultivées en annuelles. *D. barbatus* (œillet de Poète) est une vivace éphémère ou, plus souvent, une bisannuelle bien que de nombreux cultivars fleurissent la première année si on les sème en fin d'hiver ou début de printemps.

Les cultivars décrits ici sont cultivés pour leurs fleurs très parfumées, écloses en début d'été et début d'automne. Ils existent en bisannuelles et en annuelles et sont parfaits pour les plates-bandes. Ils peuvent combler les espaces d'une mixed-border, d'un massif ou être plantés en masse dans une bordure annuelle.

A cultiver dans un sol découvert, bien drainé, neutre à alcalin, dans un endroit chaud et ensoleillé. Avant de planter, répandez une couche d'un engrais granulé équilibré, à la dose indiquée par le fabricant. Enlevez souvent les fleurs fanées pour prolonger la floraison. Les bisannuelles sur lesquelles on supprime immédiatement les fleurs fanées peuvent fleurir une seconde fois. Les cultivars de *D. barbatus* doivent être tuteurés s'ils se trouvent dans un endroit exposé et dans une terre très fertile.

Semez les annuelles à 13-15 °C en début de printemps. Semez les bisannuelles à l'extérieur en fin de printemps ou sous abri vitré en début de printemps, comme les annuelles. Endurcissez-les et plantez-les dans leur site définitif en début d'été.

Les plantes peuvent souffrir des limaces, et une infestation de pucerons peut transmettre des viroses ou la fusariose. La rouille est aussi un risque grave pour les feuilles des cultivars de *D. barbatus*.

D. CARYOPHYLLUS
Série Knight
Type Vivace, naine, touffue, cultivée en annuelle.
Fleurs Blanches, doubles, inflorescences lâches sur des tiges rigides. Floraison abondante à partir de l'été.
Feuilles Aplaties, molles. Vert moyen.
- HAUTEUR 30 cm.
- ÉTALEMENT 23 cm.

D. caryophyllus
Série Knight
Œillet des fleuristes

☼ ◊ ❄❄❄

D. CHINENSIS
Groupe Heddewigii
Type Vivace ou bisannuelle, éphémère, touffue, cultivée en annuelle.
Fleurs Blanches, roses ou rouges, certaines à œil pourpre, petites, simples, odorantes, frangées ou non. Floraison abondante en été.
Feuilles Lancéolées. Vert pâle à moyen.
- HAUTEUR 25-30 cm.
- ÉTALEMENT 30 cm.

D. chinensis
Groupe Heddewigii
Œillet de Chine

☼ ◊ ❄❄❄

D. BARBATUS
Série Monarch
Type Vivace, éphémère, touffue, cultivée en bisannuelle.
Fleurs Blanches, roses, cramoisies ou pourpres, mouchetées ou avec un œil, simples, odorantes. Fin de printemps ou début d'été.
Feuilles Lancéolées. Vert foncé.
- HAUTEUR 60 cm.
- ÉTALEMENT 30 cm.

D. barbatus
Série Monarch
Œillet de Poète

☼ ◊ ❄❄❄

D. CHINENSIS 'Fire Carpet'

Type Vivace, touffue, compacte, régulière, cultivée en annuelle.
Fleurs Ecarlate vif uni, simples, en bouquets terminaux. De début jusqu'à fin d'été.
Feuilles Lancéolées. Vert moyen.
- HAUTEUR 20 cm.
- ÉTALEMENT 30 cm.

D. chinensis
'Fire Carpet'
(Série Carpet)
Œillet de Chine
☼ ◊ ❄❄❄

D. 'Telstar Crimson'

Type Vivace éphémère, touffue, cultivée en annuelle ou bisannuelle.
Fleurs Cramoisies, simples, en bouquets terminaux, résistantes. Floraison abondante en été.
Feuilles Lancéolées. Gris-vert sombre.
- HAUTEUR 20 cm.
- ÉTALEMENT 23 cm.

***D.* 'Telstar Crimson'**
(Série Telstar)
☼ ◊ ❄❄❄

D. BARBATUS Série Roundabout

Type Vivace, compacte, touffue, cultivée en annuelle ou bisannuelle.
Fleurs Teintes de blanc ou rose, avec un œil ou bicolores, simples, odorantes. De début à fin d'été.
Feuilles Lancéolées. Vert foncé.
- HAUTEUR 20 cm.
- ÉTALEMENT 30 cm.

D. barbatus
Série Roundabout
Œillet de poète
☼ ◊ ❄❄❄

D. CHINENSIS Série Baby Doll

Type Vivace ou bisannuelle, compacte, touffue, cultivée en annuelle.
Fleurs Nuances mélangées de blanc, rose ou cramoisi, grandes fleurs simples. Floraison abondante en été.
Feuilles Lancéolées. Vert pâle à moyen.
- HAUTEUR 15-20 cm.
- ÉTALEMENT 20 cm.

D. chinensis
Série Baby Doll
Œillet de Chine
☼ ◊ ❄❄❄

Composées/Astéracées	

RHODANTHE CHLOROCEPHALA ssp. *ROSEA*

Type Mince, érigée, annuelle. ***Fleurs*** De type marguerite, de 2,5 à 8 cm de diam. entourées de bractées parcheminées. Disque jaune et bractées blanches ou roses. Dès l'été. ***Feuilles*** Etroites. Gris-vert.
• ORIGINE Régions arides au sud-ouest de l'Australie.
• CULTURE En plein soleil, dans un sol léger, bien drainé, peu fertile. Pour fleurs séchées. • MULTIPLICATION Par semis à 16 °C au printemps. • AUTRES NOMS *Acroclinium roseum, Helipterum roseum.*

HAUTEUR
30–60 cm

ETALEMENT
15 cm

Crucifères/Brassicacées	THLASPI SERIE FAIRY

IBERIS UMBELLATA Série Fairy

Type Annuelle, buissonnante. ***Fleurs*** Corymbes aplatis de petites fleurs parfumées en croix. Blanches, roses, lilas pourpré ou rouge rosé. Du printemps à l'été. ***Feuilles*** Etroites à lancéolées. Vert moyen.
• ORIGINE Horticole. • CULTURE En plein soleil, dans un sol pauvre à modérément fertile, humide et bien drainé. Pour parterres, bordures, et en bacs.
• MULTIPLICATION Par semis en place en automne ou au printemps.

HAUTEUR
15–30 cm

ETALEMENT
23 cm

Papavéracées	PAVOT DE CALIFORNIE SERIE BALLERINA

ESCHSCHOLZIA CALIFORNICA Série Ballerina

Type Tapissante, annuelle. ***Fleurs*** Doubles ou semi-doubles, à cannelures, en coupe peu profonde. Roses, rouges, jaunes ou orange. Dès l'été. ***Feuilles*** Lancéolées, finement découpées. Vert moyen.
• ORIGINE Horticole. • CULTURE En plein soleil dans un sol pauvre, bien drainé. Pour fleurs coupées, en plates-bandes d'annuelles ou en mixed-borders.
• MULTIPLICATION Par semis en place au printemps, par vagues successives pour un tapis permanent.

HAUTEUR
30 cm

ETALEMENT
15 cm

Solanacées	

SCHIZANTHUS PINNATUS 'Hit Parade'

Type Dressée, annuelle. ***Fleurs*** Tubulaires, à deux lèvres. Blanches, roses, rouges, pourpres ou jaunes, aux marques contrastées. Du printemps à l'automne. ***Feuilles*** Lancéolées, finement découpées. Vert vif.
• ORIGINE Horticole. • CULTURE Dans un sol fertile, humide, bien drainé, à l'abri en plein soleil. En intérieur ou jardin d'hiver dans les régions froides. Idéale en fleurs coupées, en parterres ou en bacs.
• MULTIPLICATION Par semis à 16 °C au milieu du printemps.

Min. 5 °C

HAUTEUR
23–30 cm

ETALEMENT
23–30 cm

Composées/Astéracées	REINE-MARGUERITE, ASTER DE CHINE SERIE MILADY

CALLISTEPHUS CHINENSIS Série Milady

Type Touffue, annuelle. ***Fleurs*** Doubles, de type chrysanthème. Blanches, rose vif, rouges, écarlates ou bleues. De la fin de l'été à l'automne. ***Feuilles*** Ovales à triangulaires, dentées. Vert moyen.
• ORIGINE Horticole. • CULTURE A l'abri dans un sol fertile, humide, bien drainé, de neutre à alcalin. Cultivées pour parterres.
• MULTIPLICATION Par semis à 16 °C au début du printemps.

HAUTEUR 30 cm

ETALEMENT 25 cm

Composées/Astéracées	REINE-MARGUERITE, ASTER DE CHINE

CALLISTEPHUS CHINENSIS Série Thousand Wonders

Type Touffue, compacte, annuelle. ***Fleurs*** Doubles, de type chrysanthème. Blanches, roses, rouges, pourpres ou bleues. De l'été à l'automne. ***Feuilles*** Ovales à triangulaires. Vert moyen.
• ORIGINE Horticole. • CULTURE A l'abri dans un sol fertile, humide, bien drainé, de neutre à alcalin. Idéale pour parterres et en bacs.
• MULTIPLICATION Par semis à 16 °C au début du printemps.

HAUTEUR 20 cm

ETALEMENT 30 cm

Plumbaginacées	STATICE, LAVANDE DE MER

LIMONIUM SINUATUM

Type Dressée, vivace, cultivée en annuelle. ***Fleurs*** Grappes d'épillets de minuscules fleurs en entonnoir jusqu'à 1,5 cm de long. Blanches, roses ou bleues. De la fin de l'été à l'automne. ***Feuilles*** Etroites à lancéolées, à bords ondulés, en rosette basale. Vert soutenu.
• ORIGINE Régions côtières de Méditerranée.
• CULTURE En fleurs séchées, on les coupera juste avant la pleine floraison. Préfère un sol sablonneux, bien drainé, au soleil. • MULTIPLICATION Par semis entre 13 et 18 °C au début du printemps.

HAUTEUR 40 cm

ETALEMENT 30 cm

Apocynacées	PERVENCHE DE MADAGASCAR 'PINK PERIWINKLE'

CATHARANTHUS ROSEUS 'Pink Periwinkle'

Type Persistante, vivace. ***Fleurs*** En coupe plate. Rose vif. Du printemps à l'été. ***Feuilles*** Etroites ovales, vernissées. Vert moyen à vert foncé.
• ORIGINE Horticole. • CULTURE Au soleil, dans un sol fertile bien drainé. En intérieur ou en jardin d'hiver dans les régions froides. Idéale pour parterres. • MULTIPLICATION Par semis à 18 °C au début du printemps mais aussi par boutures de bois tendre en été. • AUTRE NOM *Vinca rosea* 'Pink Periwinkle'.

Min. 5–7 °C

HAUTEUR 30–60 cm

ETALEMENT 30–60 cm

Crucifères/Brassicacées	JULIENNE DE MAHON, GIROFLEE DE MAHON

MALCOLMIA MARITIMA

Type Rameuse, annuelle. ***Fleurs*** Grappes clairsemées de petites fleurs en croix très parfumées de 1 cm de diam. Dans des tons de rouge ou de pourpre. Du printemps à l'automne. ***Feuilles*** Ovales, dentées ou entières. Vert moyen.

• ORIGINE Terres désertiques de Méditerranée.

• CULTURE Dans un sol modérément fertile, bien drainé, au soleil à l'ombre à midi. Se plaît entre les plantes d'un massif ou d'une mixed-border. • MULTIPLICATION Par semis en place, par vagues successives dès la fin du printemps. Dissémination spontanée.

HAUTEUR
20–40 cm

ETALEMENT
10–15 cm

Crucifères/Brassicacées	CHOU D'ORNEMENT

BRASSICA OLERACEA

Type Dressée, à racines pivotantes, annuelle, cultivée pour son feuillage ornemental en hiver. ***Fleurs*** Insignifiantes. ***Feuilles*** Arrondies à ovales, entières ou frangées, en rosettes serrées ou lâches, jusqu'à 45 cm. Gris-vert ou bleu-vert panaché de blanc, de rose ou de rouge.

• ORIGINE Horticole. • CULTURE Au soleil, dans un sol alcalin bien drainé. Pour plates-bandes, parterres et en bacs. La couleur de son feuillage se révélera pleinement par des températures inférieures à 10 °C.

• MULTIPLICATION Par semis en place au printemps.

HAUTEUR
45 cm

ETALEMENT
45 cm

Caryophyllacées	SILENE A BOUQUETS 'ELECTRA'

SILENE ARMERIA 'Electra'

Type Velue et collante, annuelle ou bisannuelle. ***Fleurs*** Têtes denses de fleurs de 1,5 cm de diam. aux pétales légèrement échancrés. Dès la fin de l'été. Rose carmin soutenu. ***Feuilles*** Oblongues ou lancéolées. Gris-vert.

• ORIGINE Horticole. • CULTURE Dans un sol modérément fertile, bien drainé de neutre à alcalin, au soleil ou sous une ombre intermittente. Dans une plate-bande d'annuelles ou une mixed-border.

• MULTIPLICATION Par semis en place en automne ou au printemps.

HAUTEUR
30 cm

ETALEMENT
15 cm

Labiacées/Lamiacées	

SOLENOSTEMON SCUTELLARIOIDES

Type Persistante, vivace cultivée en annuelle, pour son feuillage. ***Fleurs*** Insignifiantes. ***Feuilles*** Ovales, dentées. Vert clair à vert foncé, aux motifs dans des tons de blanc, rose, rouge, pourpre ou jaune.

• ORIGINE Horticole. • CULTURE Dans un sol fertile riche en matière organique au soleil ou à mi-ombre. En intérieur ou en jardin d'hiver dans les régions froides. • MULTIPLICATION Par semis à 24 °C au début du printemps. • AUTRE NOM *Coleus blumei* var. *verschaffeltii.*

Min. 4 °C

HAUTEUR
Jusqu'à 60 cm

ETALEMENT
60 cm

Caryophyllacées	COQUELOURDE ROSE DU CIEL 'ROSE ANGEL'

SILENE COELI-ROSA 'Rose Angel'

Type Dressée, mince, annuelle. ***Fleurs*** Grappes lâches de fleurs de 2,5 cm de diam. aux pétales profondément échancrés. Incarnat foncé. Dès l'été. ***Feuilles*** Etroites à lancéolées. Gris-vert.

• ORIGINE Horticole. • CULTURE Dans un sol bien drainé, de neutre à légèrement alcalin, au soleil ou sous une ombre intermittente. • MULTIPLICATION Par semis en place en automne ou au printemps. • AUTRES NOMS *Agrostemma coeli-rosa* 'Rose Angel', *Lychnis coeli-rosa* 'Rose Angel'.

HAUTEUR 30 cm

ETALEMENT 15 cm

Onagracées	

CLARKIA 'Arianna'

Type Mince, dressée, annuelle. ***Fleurs*** Inflorescences de fleurs semi-doubles formant une rosette, à pétales plissés et ondulés. Incarnat foncé. A partir de l'été et au début de l'automne. ***Feuilles*** Lancéolées. Vert moyen.

• ORIGINE Horticole. • CULTURE Dans un sol modérément fertile, humide, bien drainé, légèrement acide, au soleil ou à mi-ombre. En fleurs coupées ou dans une plate-bande d'annuelles. • MULTIPLICATION Par semis en place au début du printemps ou en automne. Protégez les jeunes plantes sous cloche en hiver.

HAUTEUR 45 cm

ETALEMENT 30 cm

Portulacacées	

CALANDRINIA UMBELLATA 'Amaranth'

Type Compacte, buissonnante, vivace cultivée en annuelle. ***Fleurs*** Grappes de fleurs en coupe dirigées vers le haut. Magenta cramoisi soutenu. Dès l'été. ***Feuilles*** Etroites à lancéolées. Gris-vert.

• ORIGINE Horticole. • CULTURE En plein soleil, dans un sol très bien drainé, légèrement acide, riche en matière organique. En bordures, en plates-bandes d'annuelles ou en bacs. Idéale en pots. • MULTIPLICATION Par semis entre 16 et 18 °C au début du printemps.

HAUTEUR 20 cm

ETALEMENT 15–20 cm

Scrophulariacées

CALCEOLARIA Série Monarch (Grandiflora)

Type Touffue, annuelle ou bisannuelle. ***Fleurs*** Grappes denses de fleurs en forme de bourse. Rouges ou jaunes souvent mouchetées. A partir du printemps ou en été. ***Feuilles*** Ovales, légèrement velues. Vert clair.
• ORIGINE Horticole. • CULTURE Dans un sol léger, acide, modérément fertile, au soleil ou à mi-ombre. Pour parterres, en serre ou en plante d'intérieur temporaire. • MULTIPLICATION Semez les graines en surface à 18 °C à la fin de l'été ou au printemps.

HAUTEUR 30 cm

ETALEMENT 25 cm

Malvacées

ABELMOSCHUS MOSCHATUS Série Pacific

Type Régulière, touffue, vivace. ***Fleurs*** De type hibiscus. Roses ou écarlates à centre blanc. En été. ***Feuilles*** Larges et ovales, lobées. Vert moyen.
• ORIGINE Horticole. • CULTURE Au soleil, dans un sol fertile bien drainé, au soleil. En intérieur ou en jardin d'hiver dans les régions froides. Pour parterres ou plates-bandes d'annuelles.
• MULTIPLICATION Par semis en place du milieu à la fin du printemps, ou au début du printemps entre 10 et 13 °C.

Min 5 °C

HAUTEUR 30–40 cm

ETALEMENT 40 cm

Scrophulariacées | NEMESIE STRUMOSA SERIE CARNIVAL

NEMESIA STRUMOSA Série Carnival

Type Touffue, rameuse, annuelle. ***Fleurs*** Inflorescences de fleurs à deux lèvres. Blanches, roses, pourpres, jaunes, bronze ou orange, toutes veinées de pourpre. Du milieu à la fin de l'été. ***Feuilles*** Lancéolées, légèrement poilues. Vert moyen.
• ORIGINE Horticole. • CULTURE Au soleil, dans un sol légèrement acide, modérément fertile, humide et bien drainé. En parterres et en bacs. Arrosage généreux en périodes de sécheresse.
• MULTIPLICATION Par semis à 15 °C du début à la fin du printemps.

HAUTEUR 17–23 cm

ETALEMENT 10–15 cm

Composées/Astéracées

DAHLIA 'Rigoletto'

Type Buissonnante, tubéreuse, vivace cultivée en annuelle. ***Fleurs*** Doubles, jusqu'à 7 cm de diam. Dans une gamme de couleurs variées dont le blanc, le rose, le rouge, le jaune ou l'orange. De l'été à l'automne. ***Feuilles*** Divisées en folioles étroites. Vert moyen.
• ORIGINE Horticole. • CULTURE En plein soleil, dans un sol fertile, humide, bien drainé. Idéale en fleurs coupées, en parterres ou en bacs. • MULTIPLICATION Par semis à 16 °C à la fin de l'hiver ou au début du printemps.

HAUTEUR 38 cm

ETALEMENT 38 cm

Composées/Astéracées

DAHLIA Hybrides Coltness

Type Compacte, buissonnante, tubéreuse, vivace cultivée en annuelle. ***Fleurs*** Simples de 5 à 7 cm de diam. de type marguerite. Dans une gamme de couleurs vives dont le blanc, le rose, le pourpre, le rouge, ou le jaune. De l'été à l'automne. ***Feuilles*** Divisées en folioles étroites. Vert moyen à vert foncé.

• ORIGINE Horticole. • CULTURE Dans un sol fertile, humide, bien drainé, riche en matière organique en situation dégagée et ensoleillée. Cultivée pour parterres cette plante convient aussi pour d'autres plantations groupées, en bordure de plates-bandes, entre les plantes d'un massif ou d'une mixed-border ou en bacs. Ses fleurs coupées tiennent bien en vase. Pour une floraison optimale, apportez-lui un engrais riche en azote toutes les semaines au début de l'été puis un engrais riche en potasse chaque semaine du milieu de l'été au début de l'automne. Pincez l'extrémité des pousses des jeunes plantes pour les faire buissonner. Il n'est pas nécessaire d'ébourgeonner ou de couper les dahlias cultivés pour parterres mais on enlèvera régulièrement les fleurs fanées pour prolonger la floraison. • MULTIPLICATION Par semis à 16 °C à la fin de l'hiver ou au début du printemps.

HAUTEUR
45 cm

ETALEMENT
45 cm

Tropéolacées	CAPUCINE 'EMPRESS OF INDIA'

TROPAEOLUM 'Empress of India'

Type Naine, touffue, annuelle. ***Fleurs*** Semi-doubles à éperon, de 6 cm de diam. Rouge velouté soutenu. De l'été à l'automne. ***Feuilles*** Arrondies à réniformes, à bords ondulés. Vert soutenu.

• ORIGINE Horticole. • CULTURE En plein soleil, dans un sol humide, bien drainé, pauvre à modérément fertile. En plates-bandes d'annuelles ou en bacs. Dans un sol trop riche les feuilles se développeront aux dépens des fleurs. • MULTIPLICATION Par semis entre 13 et 16 °C au début du printemps ou en place au milieu du printemps.

HAUTEUR
30 cm

ETALEMENT
45 cm

Lythracées	

CUPHEA × *PURPUREA* 'Firefly'

Type Sous-arbrisseau buissonnant cultivé en annuelle. ***Fleurs*** Epis terminaux de fleurs à deux pétales, de 3 cm de long. Rouge cerise. Du printemps à l'automne. ***Feuilles*** Ovales à lancéolées. Vert foncé.

• ORIGINE Horticole. • CULTURE Dans un sol modérément fertile, bien drainé, au soleil ou à mi-ombre. Utilisée en parterres. • MULTIPLICATION Par semis entre 13 et 16 °C au début du printemps ou en place à la fin du printemps. • AUTRES NOMS *C. llavea* 'Firefly', *C. llavea* var. *miniata* 'Firefly', *C. miniata* 'Firefly'.

HAUTEUR
30–60 cm

ETALEMENT
23–45 cm

Crucifères/Brassicacées	GIROFLEE JAUNE, RAVENELLE 'BLOOD RED'

ERYSIMUM CHEIRI 'Blood Red'

Type Sous-arbrisseau, persistant, vivace cultivé en bisannuelle. ***Fleurs*** Grappes de fleurs parfumées en croix de 2,5 cm de diam. Rouge sombre. Dès le printemps. ***Feuilles*** Lancéolées. Vert foncé.

• ORIGINE Horticole. • CULTURE Au soleil, dans un sol pauvre à modérément fertile, bien drainé, de neutre à alcalin. Pour plates-bandes et parterres. • MULTIPLICATION Par semis en pépinière de la fin du printemps au début de l'été. • AUTRE NOM *Cheiranthus cheiri* 'Blood Red'.

HAUTEUR
45 cm

ETALEMENT
45 cm

Linacées	LIN A GRANDES FLEURS 'RUBRUM'

LINUM GRANDIFLORUM 'Rubrum'

Type Mince, rameuse, annuelle. ***Fleurs*** Bouquets clairsemés de fleurs en coupe plate de 4 cm de diam. Cramoisi luisant. Dès l'été. ***Feuilles*** Ovales à lancéolées. Gris-vert.

• ORIGINE Horticole. • CULTURE En plein soleil dans un sol bien drainé, modérément fertile, riche en matière organique. Pour une plate-bande d'annuelles ou entre les plantes d'un massif ou d'une mixed-border. • MULTIPLICATION Par semis en place en automne ou au printemps.

HAUTEUR
Jusqu'à
45 cm

ETALEMENT
15 cm

Amaranthacées	

AMARANTHUS TRICOLOR 'Illumination'

Type Dressée, touffue, annuelle, cultivée pour son feuillage. ***Fleurs*** Minuscules fleurs sans intérêt décoratif en épis axillaires ou terminaux aplatis. Vertes ou rouges. De l'été au début de l'automne. ***Feuilles*** Etroites à ovales, dépassant parfois 20 cm. Vermeil luisant, marquées quand elles sortent d'un ton doré qui contraste ou s'harmonise avec le bronze ou le brun cuivré des feuilles plus anciennes.

• ORIGINE Horticole. • CULTURE Dans un sol humide, bien drainé, modérément fertile à l'abri sur un site ensoleillé et chaud. Arrosage régulier pendant les périodes de sécheresse. Sous abri vitré, placez-la en pleine lumière et optez pour un compost d'empotage avec ou sans terreau. Arrosage abondant pour les plantes en bacs pendant la pleine croissance. Cette plante se plaira dans un parterre ou d'autres plantations groupées mais aussi entre les plantes d'un massif. Se plaît aussi en bac, à l'extérieur, dans un patio abrité, ou en intérieur et dans un jardin d'hiver. • MULTIPLICATION Par semis à 20 °C au milieu du printemps.

☼ ◇ ❄

HAUTEUR
45 cm

ETALEMENT
30 cm

Amaranthacées

CELOSIA ARGENTEA 'Jewel Box' (En mélange)

Type Rameuse, annuelle. ***Fleurs*** Ressemblant à du corail. Roses, rouges, jaunes ou or. Dès l'été. ***Feuilles*** Ovales à lancéolées. Gris pâle.
• ORIGINE Horticole. • CULTURE Cultivée comme plante en pots dans un compost à base de terreau, en pleine lumière. Placez-la légèrement à l'ombre lorsqu'elle est en fleurs. Arrosage modéré et apport d'engrais liquide équilibré toutes les deux semaines. Appartient au groupe Cristata. • MULTIPLICATION Par semis à 18 °C du début à la fin du printemps.

HAUTEUR
23 cm

ETALEMENT
23 cm

Labiacées /Lamiacées

SOLENOSTEMON SCUTELLARIOIDES 'Brightness'

Type Persistante, vivace, cultivée en annuelle. ***Fleurs*** Insignifiantes. ***Feuilles*** Ovales. Rouille.
• ORIGINE Horticole. • CULTURE dans un sol fertile, humide et bien drainé, riche en matière organique, au soleil ou à mi-ombre. En intérieur ou en jardin d'hiver dans les régions froides. Enlevez les fleurs dès leur apparition. • MULTIPLICATION Par semis à 24 °C au début du printemps. • AUTRE NOM *Coleus blumei* 'Brightness'.

Min. 4°C (39°F)

HAUTEUR
45 cm

ETALEMENT
30 cm

Labiacées /Lamiacées

SOLENOSTEMON SCUTELLARIOIDES Série Wizard

Type Persistante, vivace cultivée en annuelle. ***Fleurs*** Insignifiantes. ***Feuilles*** Ovales. Vert clair aux motifs blancs, roses, rouges, pourpres ou jaunes.
• ORIGINE Horticole. • CULTURE Dans un sol fertile, humide, bien drainé, riche en matière organique, au soleil ou à l'ombre. En intérieur ou en jardin d'hiver dans les régions froides. • MULTIPLICATION Par semis à 24 °C au début du printemps. • AUTRE NOM *Coleus blumei* Série Wizard.

Min. 4 °C

HAUTEUR
Jusqu'à 20 cm

ETALEMENT
30 cm

Composées/Astéracées	AGERATE BLEUE 'BAVARIA'

AGERATUM HOUSTONIANUM 'Bavaria'

Type Compacte, buissonnante, annuelle. ***Fleurs*** Corymbes plumeux de 5 à 10 cm de diam. de petites fleurs blanches ou lavande. Du milieu de l'été à l'automne. ***Feuilles*** Ovales, légèrement velues. Vert moyen.

• ORIGINE Horticole. • CULTURE Dans un sol humide, bien drainé, modérément fertile, sur un site abrité et ensoleillé. En parterres, en bordures et en bacs. Enlevez les fleurs fanées pour stimulez une deuxième floraison. • MULTIPLICATION Par semis entre 16 et 18 °C au début du printemps.

HAUTEUR
25 cm

ETALEMENT
25 cm

Plumbaginacées	STATICE, LAVANDE DE MER SUWOROWII

PSYLLIOSTACHYS SUWOROWII

Type En rosette, annuelle. ***Fleurs*** Hampes ramifiées dépassant parfois 20 cm de petites fleurs mauve pâle. De l'été au début de l'automne. ***Feuilles*** Lancéolées. Vert clair.

• ORIGINE Plaines sablonneuses d'Asie Centrale.
• CULTURE Dans un sol léger, humide, bien drainé, à l'abri sur un site chaud et ensoleillé. Pour fleurs coupées et séchées. • MULTIPLICATION Par semis à 21 °C au printemps. • AUTRES NOMS *Limonium suworowii, Statice suworowii.*

HAUTEUR
30–45 cm

ETALEMENT
30 cm

Scrophulariacées	LINAIRE MAROCCANA 'FAIRY LIGHTS'

LINARIA MAROCCANA 'Fairy Lights'

Type Mince, dressée, annuelle. ***Fleurs*** Hampes élancées de petites fleurs à deux lèvres de 1,5 cm de longs. Roses, rouges, pourpres ou jaunes à gorge blanche. Dès l'été. ***Feuilles*** Etroites. Vert clair.

• ORIGINE Horticole. • CULTURE En plein soleil, dans un sol léger, modérément fertile, bien drainé, de préférence sablonneux. Pour une plate-bande d'annuelles, un talus ensoleillé ou dans une zone de gravier. • MULTIPLICATION Par semis en place au début du printemps. Dissémination spontanée.

HAUTEUR
20 cm

ETALEMENT
15 cm

Composées/Astéracées	AGERATE BLEUE 'ADRIATIC'

AGERATUM HOUSTONIANUM 'Adriatic'

Type Compacte, touffue, annuelle. ***Fleurs*** Corymbes plumeux de 5 à 10 cm de diam. de petites fleurs bleu clair. Du milieu de l'été à l'automne. ***Feuilles*** Ovales, avec un léger duvet. Vert moyen.

• ORIGINE Horticole. • CULTURE A l'abri, dans un sol fertile, humide mais bien drainé, sur un site ensoleillé. Pour parterres, bordures ou en bacs. Appartient à la Série Pacifique.
• MULTIPLICATION Par semis entre 16 et 18 °C au début du printemps.

HAUTEUR
15–20 cm

ETALEMENT
15–20 cm

LES IMPATIENTES

Le genre *Impatiens*, ou impatiente, comprend quelques 850 espèces d'annuelles rustiques à gélives, de vivaces à feuillage persistant et de sous-arbustives. Les *Impatiens* les plus cultivées sont dérivées de l'annuelle gélive *I. balsamina* et de la vivace à feuillage persistant gélive *I. walleriana*. Ces dernières sont cultivées comme des annuelles car elles n'hivernent pas dans les régions sujettes au gel et c'est la première année qu'elles sont le plus florifères. Elles ont tendance à monter en tige quand on les cultive comme des vivaces.

Le succès des *Impatiens* réside dans la profusion de leurs petites fleurs éperonnées, à 5 pétales, écloses tout l'été. Ces fleurs déclinent une palette de couleurs vives, du blanc aux nuances de rose, rouge, pourpre, violet et orange. Souvent leurs feuilles sont également décoratives. Les cultivars d'*Impatiens* sont bien adaptés aux massifs et aux bacs extérieurs, suspensions et jardinières de fenêtres. La plupart des cultivars font aussi de bonnes plantes d'intérieur ou de jardin d'hiver.

A cultiver dans un sol fertile, bien drainé, humide, à mi-ombre, à l'abri des vents forts. Les cultivars supportent le soleil une partie de la journée mais doivent êtres protégés d'un soleil de midi trop violent. Sous abri vitré, utilisez un compost de rempotage sans terreau ou à base de terreau. La lumière peut être vive mais filtrée. Arrosez modérément, et apportez un engrais liquide équilibré une à deux fois par mois au printemps et en été. En hiver, arrosez avec parcimonie, sans apport d'engrais.

Semez au début du printemps à 16-18 °C. Endurcissez les plantes avant de les planter à l'extérieur. On peut multiplier les cultivars de *I. walleriana* et du groupe New Guinea par bouturage de tiges au printemps ou au début de l'été.

Les plantules sont très sensibles à l'excès d'humidité, et les boutons de fleurs risquent la pourriture grise (*Botrytis*) en conditions humides.

I. BALSAMINA

Type Annuelle, ramifiée, velue.
Fleurs Blanches, roses, rouges ou pourpres, en forme de coupe, éperonnées, solitaires ou en bouquets de 2-3 fleurs. De l'été au début d'automne.
Feuilles Ovales étroites à lancéolées étroites, profondément dentées. Vert pâle.
- HAUTEUR 75 cm.
- ÉTALEMENT 45 cm.

I. balsamina
Balsamine

Min. 5 °C

I. Série Super Elfin

Type Vivace, sous-arbustive, naine, régulière, cultivée en annuelle.
Fleurs Blanches, roses, rouges, violettes ou orange, grandes fleurs aplaties, parfois picotées ou de teintes pastel. Tout l'été.
Feuilles Ovales à lancéolées, dentées. Vert moyen.
- HAUTEUR 25 cm.
- ÉTALEMENT 25 cm.

***I.* Série Super Elfin**

Min. 10 °C

I. 'Deco Pink'

Type Vivace, sous-arbustive, cultivée en annuelle.
Fleurs Rose moyen, à œil rose foncé, éperonnées, à 5 pétales, solitaires ou en bouquets. A partir de l'été.
Feuilles Ovales à lancéolées, légèrement dentées. Vert bronze.
- HAUTEUR Jusqu'à 20 cm.
- ÉTALEMENT Jusqu'à 20 cm.

***I.* 'Deco Pink'**
(Série Deco)

Min. 10 °C

I. Groupe New Guinea

Type Vivace sous-arbustive, cultivée en annuelle.
Fleurs Blanches, roses, écarlates, lavande, saumon, orange, certaines bicolores. Floraison abondante de l'été au début d'automne.
Feuilles Lancéolées, panachées. Vert moyen.
- HAUTEUR 35 cm.
- ÉTALEMENT 30 cm.

***I.* Groupe New Guinea**

Min. 10 °C

I. Série Rosette

Type Vivace sous-arbustive, cultivée en annuelle.
Fleurs Blanches, roses, rouges ou orange, aplaties, doubles ou semi-doubles. Du début d'été à l'automne.
Feuilles Ovales à lancéolées, dentées. Vert moyen.
- HAUTEUR 30 cm.
- ÉTALEMENT 30 cm.

I. **Série Rosette**

Min. 10 °C

I. 'Lipstick'

Type Vivace, sous-arbustive, naine, régulière, cultivée en annuelle.
Fleurs Vermillon, aplaties, solitaires ou en bouquets. Tout l'été jusqu'au début d'automne.
Feuilles Ovales à lancéolées, dentées. Vert frais.
- HAUTEUR 20 cm.
- ÉTALEMENT 20 cm.

I. **'Lipstick'**
(Série Super Elfin)
Balsamine Lipstick

Min. 10 °C

I. Série Confection

Type Vivace sous-arbustive, cultivée en annuelle.
Fleurs Roses, rouges ou orange, aplaties, doubles ou semi-doubles. De l'été à l'automne.
Feuilles Ovales à lancéolées, dentées. Vert profond.
- HAUTEUR 23-30 cm.
- ÉTALEMENT 23-30 cm.

I. **Série Confection**
Balsamine

Min. 10 °C

I. 'Red Star'

Type Vivace sous-arbustive, cultivée en annuelle.
Fleurs Rouge vif, à centre étoilé blanc, petites, aplaties, solitaires ou en bouquets. Du printemps à l'automne.
Feuilles Ovales à lancéolées, dentées.Vert frais.
- HAUTEUR 15 cm.
- ÉTALEMENT 15 cm.

I. **'Red Star'**
(Série Novette)

Min. 10 °C

I. Série Novette

Type Vivace sous-arbustive, cultivée en annuelle.
Fleurs Rose saumon, rouges ou orange, certaines avec une marque centrale bicolore ou étoilée, aplaties. Du printemps à l'automne.
Feuilles Ovales à lancéolées, dentées.Vert frais.
- HAUTEUR 15 cm.
- ÉTALEMENT 15 cm.

I. **Série Novette**

Min. 10 °C

I. 'Tempo Lavender'

Type Vivace, sous-arbustive, naine, régulière, cultivée en annuelle.
Fleurs Roses, rouges, bleu lavande, violettes ou orange, certaines bicolores et picotées, aplaties, solitaires ou en bouquets. A partir de l'été.
Feuilles Ovales à lancéolées, dentées.Vert moyen.
- HAUTEUR 23 cm.
- ÉTALEMENT 23 cm.

I. **'Tempo Lavender'**
(Série Tempo)

Min. 10 °C

I. BALSAMINA 'Blackberry Ice'

Type Annuelle, peu ramifiée.
Fleurs Pourpres, tachées de blanc, éperonnées, en forme de coupe, doubles. Floraison abondante de l'été jusqu'au début d'automne.
Feuilles Ovales à lancéolées étroites, profondément dentées. Vert pâle.
- HAUTEUR 70 cm.
- ÉTALEMENT 45 cm.

I. balsamina
'Blackberry Ice'
Balsamine

Min. 5 °C

I. BALSAMINA Série Tom Thumb

Type Annuelle, naine, légèrement poilue.
Fleurs Blanches, roses, écarlates ou violettes, grandes fleurs doubles ressemblant au camélia. Floraison abondante de l'été au début d'automne.
Feuilles Ovales à lancéolées étroites, profondément dentées. Vert pâle.
- HAUTEUR 30 cm.
- ÉTALEMENT 30 cm.

I. balsamina
Série Tom Thumb
Balsamine

Min. 5 °C

Les tabacs

Le genre *Nicotiana* comprend quelques 67 espèces d'annuelles, bisannuelles et vivaces. Ces plantes ont des feuilles lancéolées, ou ovales larges, souvent poilues et collantes. Les feuilles poussent en général en rosette basale. Les fleurs sont tubulaires, en trompette ou en coupe, en bouquets, écloses de l'été à l'automne. Elles sont souvent odorantes et beaucoup exhalent leur parfum la nuit. Dans bien des cas, elles s'ouvrent tôt le matin ou la nuit. Quelques-unes restent ouvertes pendant la journée si elles sont plantées à mi-ombre. Les fleurs des cultivars de *N.* x *sanderae* sont aplaties, orientées vers le haut et restent ouvertes en plein ensoleillement. Les nicotianas fleurissent abondamment dès la première année après les semis et mieux vaut les cultiver comme des annuelles. Cependant, avec la protection d'un paillis, ces vivaces éphémères peuvent parfois hiverner dans des régions où la température descend rarement beaucoup en dessous de 5 °C.

Toutes les nicotianas décrites ici sont remarquablement florifères et résistent à la fois à la chaleur et à l'humidité. Le contact avec le feuillage peut irriter la peau.

Les nicotianas décorent bien les plates-bandes annuelles et comblent les espaces dans les mixed-borders et massifs. Les cultivars compacts sont parfaits en bacs. Les spécialistes de la décoration florale les utilisent beaucoup, surtout ceux à fleurs jaunes.

A cultiver dans un sol fertile, bien drainé, en plein soleil, à mi-ombre ou ombre intermittente. Les grands cultivars peuvent nécessiter un support discret dans les situations exposées.

Semez en surface à 18 °C en début ou milieu de printemps. Les nicotianas ont besoin de lumière pour germer. Endurcissez les jeunes plantes avant de les planter à l'extérieur, quand le risque de gel est passé.

Utilisez des défenses biologiques ou des insecticides pour protéger les plantes des pucerons, du mildiou ou de la pourriture grise (*Botrytis*).

N. x *SANDERAE*
Série Domino

Type Annuelle, compacte, dressée, collante.
Fleurs Dans les teintes de blanc, rouge, cramoisi, pourpre ou jaune citron, parfois à œil blanc, en trompette. De l'été à l'automne.
Feuilles Oblongues à ovales étroites. Vert moyen.
• HAUTEUR 30-45 cm.
• ÉTALEMENT 30-40 cm.

N.* x *sanderae
Série Domino

N. x *SANDERAE*
'Salmon Pink'

Type Annuelle, compacte, dressée, collante.
Fleurs Rose saumon, en trompette, revers orienté vers le haut, jusqu'à 8 cm de long. De l'été à l'automne.
Feuilles Ovoïdes. Vert moyen.
• HAUTEUR 30-45 cm.
• ÉTALEMENT 30-40 cm.

N.* x *sanderae
'Salmon Pink'
(Série Domino)

N. x *SANDERAE*
'Havana Apple Blossom'

Type Annuelle, compacte, dressée, collante.
Fleurs Blanches, teintées de rose, revers des pétales roses, en trompette, en bouquets lâches. De l'été à l'automne.
Feuilles Oblongues à ovales étroites. Vert moyen.
• HAUTEUR 35 cm.
• ÉTALEMENT 30-40 cm.

N.* x *sanderae
'Havana Apple Blossom'
(Série Havana)

N. x *SANDERAE*
Série Nikki
Type Annuelle, dressée, multiflore, collante.
Fleurs En couleurs uniques ou mélangées, blanc et nuances de rose, rouge ou pourpre, en trompette, parfumées. De l'été à l'automne.
Feuilles Obovales à ovales étroites. Vert moyen.
• HAUTEUR 38 cm.
• ÉTALEMENT 30-40 cm.

N. x *sanderae*
Série Nikki

N. x *SANDERAE*
Série Sensation
Type Annuelle, dressée, multiflore, collante.
Fleurs Blanches, blanc verdâtre, teintées de rose, rouge, cramoisi ou pourpre, en trompette évasée, parfumées. De l'été à l'automne.
Feuilles Oblongues ovales étroites. Vert moyen.
• HAUTEUR 60-90 cm.
• ÉTALEMENT 30 cm.

N. x *sanderae*
Série Sensation

N. *LANGSDORFFII*
Type Annuelle, rameuse, collante. Floraison abondante.
Fleurs Vert pomme, tubulaires, corolles évasées à 5 lobes, en bouquets pendants, de 5 cm de long. De l'été à l'automne.
Feuilles Grandes, ovales, en rosette basale. Vert moyen.
• HAUTEUR Jusqu'à 1,5 m.
• ÉTALEMENT Jusqu'à 35 cm.

N. langsdorffii

N. 'Lime Green'
Type Annuelle, dressée, collante. Floraison abondante.
Fleurs Jaune verdâtre vif, grappes de grandes fleurs, en trompette évasée, jusqu'à 12 cm de long, odorantes de nuit. Floraison abondante de début ou fin d'été jusqu'à l'automne.
Feuilles Oblongues. Vert moyen.
• HAUTEUR 60 cm.
• ÉTALEMENT 25 cm.

N. 'Lime Green'

LES PAVOTS

Entre les 70 espèces de pavots annuels, bisannuels et vivaces qui composent le genre *Papaver*, les annuelles décrites ici sont parmi celles qui offrent la plus belle récompense pour le peu de problèmes qu'elles posent. Leurs fleurs, en coupe ou en calice, offrent des couleurs vives tout au long de l'été. Dans la plupart des cas, surtout les cultivars de *P. somniferum*, les capsules de graines « en salière », sont parfaites dans les compositions de fleurs séchées. Dans de bonnes conditions, beaucoup de cultivars se dissémineront spontanément si on laisse les capsules suivre leur évolution naturelle. Les fleurs de la bisannuelle *P. croceum* et de ses cultivars, les pavots d'Islande, sont idéales en fleurs coupées. La plupart des pavots participent au charme des jardins informels ou champêtres, des plates-bandes annuelles et des mixed-borders.

Les vigoureux cultivars à grandes fleurs de *P. somniferum* se marient bien avec les vivaces et complètent idéalement une mixed-border ou une plate-bande herbacée. Toutes les parties des cultivars de *P. somniferum* sont potentiellement nocives et peuvent causer des maux d'estomac en cas d'ingestion.

A cultiver dans tout sol peu ou modérément fertile, bien drainé, en plein soleil. Ils ont rarement besoin d'un tuteur ou autre support, même les grands cultivars. Supprimez les fleurs fanées pour éviter la dissémination. Pour une composition, il faut couper les fleurs des pavots d'Islande juste avant que les boutons ne commencent à se colorer et ébouillanter les tiges coupées.

Semez les annuelles en place, au printemps ou au début de l'été, ou en automne. Dans les régions sujettes à des gels rigoureux, protégez les plantules issues des semis d'automne avec une cloche. Semez les bisannuelles en place en fin de printemps ou début d'été.

Les diverses plantes du genre *Papaver* décrites ici sont très sensibles aux attaques de pucerons, de flétrissement fongique et, en climat humide, de mildiou.

P. RHOEAS
Série Shirley (double)
Type Annuelle, dressée, tomenteuse.
Fleurs Blanches, et dans des nuances de rose, rouge, cramoisi, jaune ou saumon, parfois bicolores, en coupe, doubles. A partir de l'été.
Feuilles Finement découpées, duveteuses. Vert clair.
• HAUTEUR 60 cm.
• ÉTALEMENT 30 cm.

P. rhoeas
Série Shirley (double)
Coquelicot double
☼ ◊ ❄❄❄ 🏆

P. RHOEAS
'Mother of Pearl'
Type Annuelle, ramifiée, tomenteuse.
Fleurs Rose pâle, rose pêche, gris perle ou bleu mauve, parfois mouchetées ou zonées, en coupe. A partir de l'été.
Feuilles Finement découpées, duveteuses. Vert clair.
• AUTRE NOM *P. rhoeas* 'Fairy Wings'.
• HAUTEUR 35 cm.
• ÉTALEMENT 25 cm.

P. rhoeas
'Mother of Pearl'
Coquelicot
☼ ◊ ❄❄❄

P. RHOEAS Série Shirley (simple)

Type Annuelle, dressée, tomenteuse.
Fleurs Blanches et dans des nuances de rose, rouge, cramoisi ou saumon, parfois bicolores, solitaires, en coupe. En été.
Feuilles Finement découpées, duveteuses. Vert clair.
• HAUTEUR 60 cm.
• ÉTALEMENT 30 cm.

P. rhoeas
Série Shirley (simple)
Coquelicot

P. SOMNIFERUM 'Hen and Chickens'

Type Annuelle, érigée.
Fleurs Blanches, roses, rouges ou pourpre mauve, à taches sombres, en coupe. A partir de l'été.
Feuilles Etroites, profondément lobées. Vert bleuté.
• CONSEIL A cultiver surtout pour leurs péricarpes.
• HAUTEUR 0,6-1 m.
• ÉTALEMENT 30-45 cm.

P. somniferum
'Hen and Chickens'
Pavot à opium

P. COMMUTATUM 'Ladybird'

Type Annuelle, dressée, amifiée.
Fleurs Rouge cramoisi brillant, à taches centrales noires, satinées, régulières, simples, solitaires, en coupe, 8 cm de diam. En été.
Feuilles Finement découpées en segments lancéolés, duveteuses. Vert moyen.
• HAUTEUR 45 cm.
• ÉTALEMENT 15 cm.

P. commutatum
'Ladybird'

P. CROCEUM 'Champagne Bubbles'

Type Vivace, touffue, cultivée en bisannuelle.
Fleurs Dans les teintes de rose, rouge, abricot ou jaune, en coupe. A partir de l'été.
Feuilles Finement découpées, velues. Vert bleuté.
• AUTRE NOM *P. nudicaule* 'Champagne Bubbles'.
• HAUTEUR 45 cm.
• ÉTALEMENT 15 cm.

P. croceum
'Champagne Bubbles'
Pavot d'Islande

P. CROCEUM 'Summer Breeze'

Type Vivace, érigée, touffue, velue, cultivée en bisannuelle.
Fleurs Blanches, jaunes, jaune d'or ou orange, tubulaires. A partir de l'été.
Feuilles Lancéolées à ovales, velues. Vert bleuté.
• AUTRE NOM *P. nudicaule* 'Summer Breeze'.
• HAUTEUR 30-35 cm.
• ÉTALEMENT Jusqu'à 15 cm.

P. croceum
'Summer Breeze'
Pavot d'Islande

Solanacées

SCHIZANTHUS PINNATUS

Type Dressée, buissonnante, à croissance plutôt rapide, annuelle. ***Fleurs*** Grappes clairsemées de fleurs tubulaires, à deux lèvres, à la bouche évasée, de 8 cm de diam. Proposée dans une gamme de couleurs variées dont le blanc, le rose, le rouge, le pourpre, un violet marqué de jaune, ou d'autres tonalités contrastées, à gorge jaune. Floraison abondante du printemps à l'automne. ***Feuilles*** Lancéolées, finement découpées, ressemblant à la fougère. Vert vif.

• ORIGINE Versants rocailleux et secs et canyons du Chili. • CULTURE Dans un sol fertile, humide, bien drainé, à l'abri en plein soleil. En intérieur ou jardin d'hiver dans les régions froides. Idéale en fleurs coupées, en parterres, dans une plate-bande d'annuelles ou en bacs dans un patio ou dans une cour. Sous abri vitré, optez pour un compost d'empotage à base de terreau. Prospère en pleine lumière mais protégée d'un soleil direct. Arrosage modéré complété par un engrais riche en potasse toutes les deux semaines. • MULTIPLICATION Par semis à 16 °C au milieu du printemps.

Min. 5 °C

HAUTEUR
20–50 cm

ETALEMENT
23–30 cm

Composées/Astéracées

BRACHYSCOME IBERIDIFOLIA 'Purple Splendour'

Type Etalée, annuelle. ***Fleurs*** De type marguerite, de 4 cm de diam. Pourpre à disque central foncé. Dès l'été. ***Feuilles*** Finement divisées, avec un léger duvet. Gris-vert.
• ORIGINE Horticole. • CULTURE Dans un sol fertile, bien drainé, à l'abri sur un site chaud et ensoleillé. Appréciée en parterres, bordures ou en bacs mais se plaira aussi sur un talus ensoleillé. • MULTIPLICATION Par semis à 18 °C au printemps.

HAUTEUR
30 cm

ETALEMENT
30 cm

Scrophulariacées

COLLINSIA GRANDIFLORA

Type Touffue, à tiges minces, annuelle. ***Fleurs*** Ver-:icilles de fleurs à deux lèvres assymétriques. Lèvre supérieure rose pourpre pâle. Lèvre inférieure bleu pourpré soutenu. Du printemps à l'été. ***Feuilles*** Ovales à étroites lancéolées. Vert moyen.
• ORIGINE Amérique du Nord occidentale. • CULTURE En plates-bandes d'annuelles, en mixed-borders ou dans un jardin sauvage. En plein soleil, dans un sol humide, bien drainé, riche en matière organique.
• MULTIPLICATION Par semis en place en automne ou au début du printemps.

HAUTEUR
15–30 cm

ETALEMENT
20–30 cm

Gentianacées

EXACUM AFFINE

Type Touffue, annuelle ou vivace persistante à courte durée de vie. ***Fleurs*** Parfumées, en coupe peu profonde. Blanches, roses, ou bleu lavande, aux étamines jaunes. Dès l'été. ***Feuilles*** Ovales, luisantes. Vert moyen.
• ORIGINE Aux bords des cours d'eau du Yémen.
• CULTURE En plante d'intérieur temporaire ou en jardin d'hiver dans un compost d'empotage à base de terreau. Supporte la pleine lumière. Arrosage abondant pendant la croissance. • MULTIPLICATION Par semis à 18 °C au début du printemps.

Min. 7–10 °C

HAUTEUR
23–30 cm

ETALEMENT
23–30 cm

Campanulacées | CAMPANULE A GROSSES FLEURS 'BELLS OF HOLLAND'

CAMPANULA MEDIUM 'Bells of Holland'

Type Touffue, bisannuelle. ***Fleurs*** Touffes de fleurs simples en clochette de 4 cm de long. Nuances de blanc, de rose ou de bleu. Floraison abondante du printemps à l'été. ***Feuilles*** Ovales à lancéolées. Vert moyen.
• ORIGINE Horticole. • CULTURE Dans un sol fertile, de neutre à alcalin, humide et bien drainé au soleil ou à mi-ombre. En fleurs coupées, dans une plate-bande d'annuelles ou une mixed-border. • MULTIPLICATION Par semis en bacs sous châssis froid au printemps.

HAUTEUR
40–45 cm

ETALEMENT
30 cm

Plumbaginacées	STATICE, LAVANDE DE MER SERIE PETITE BOUQUET

LIMONIUM SINUATUM Série Petite Bouquet

Type Compacte, vivace cultivée en annuelle. ***Fleurs*** Grappes d'épillets de minuscules fleurs en entonnoir. Pourpre rosé. Floraison abondante de l'été à l'automne. ***Feuilles*** Etroites à lancéolées. Vert moyen.
• ORIGINE Horticole. • CULTURE En plein soleil, dans un sol léger, bien drainé. Pour fleurs coupées et séchées. • MULTIPLICATION Par semis au début du printemps entre 13 et 18 °C.

HAUTEUR
30 cm

ETALEMENT
23 cm

Labiacées/Lamiacées	

DRACOCEPHALUM MOLDAVICA

Type Buissonnante, dressée, aromatique, annuelle. ***Fleurs*** Hampes verticillées ressemblant à un épi portant de petites fleurs tubulaires à deux lèvres de type sauge de 2,5 cm de long. Bleu violacé. Dès l'été. ***Feuilles*** Etroites lancéolées, ovales, ou triangulaires. Gris-vert.
• ORIGINE Europe, Asie Centrale, Sibérie, Chine.
• CULTURE Dans un sol modérément fertile, bien drainé, au soleil ou à mi-ombre. Entre les plantes d'un massif ou d'une mixed-border. • MULTIPLICATION Par semis en place au milieu du printemps.
• AUTRE NOM *D. moldavicum*.

HAUTEUR
30–60 cm

ETALEMENT
30 cm

Boraginacées	

ECHIUM VULGARE Hybrides Naines

Type Dressée, touffue, bisannuelle. ***Fleurs*** Grappes denses et courtes de clochettes évasées. Blanches, roses, pourpres ou bleu lilas. Dès le début de l'été. ***Feuilles*** Etroites lancéolées, à poils drus. Vert moyen.
• ORIGINE Horticole. • CULTURE dans une plate-bande de fleurs sauvages, une mixed-border, ou en parterres. Au soleil, dans un sol bien drainé, modérément fertile, riche en matière organique.
• MULTIPLICATION Par semis entre 13 et 16 °C en été.

HAUTEUR
30–45 cm

ETALEMENT
30 cm

Solanacées	

NIEREMBERGIA CAERULEA 'Purple Robe'

Type Dressée, vivace, cultivée en annuelle. ***Fleurs*** En coupe de 2 cm de diam. Bleu violacé soutenu. Dès l'été. ***Feuilles*** Etroites oblongues, en pointe. Vert vif.
• ORIGINE Horticole. • CULTURE En parterres ou en bordures. A l'abri, dans un sol humide, bien drainé. • MULTIPLICATION Par semis à 15 °C au printemps mais aussi par boutures de tiges à la fin de l'été. • AUTRE NOM *N. hippomannica* 'Purple Robe'.

☼ 💧 ❄❄❄

HAUTEUR
20 cm

ETALEMENT
20 cm

Composées/Astéracées	

PERICALLIS × *HYBRIDA* 'Spring Glory'

Type Touffue, vivace cultivée en annuelle. ***Fleurs*** Capitules de 8 cm de diam. de type marguerite. Roses, carmin, bleues ou cuivre. De l'hiver au printemps. ***Feuilles*** Cordiformes. Vert moyen.
• ORIGINE Horticole. • CULTURE Dans un compost à base de terreau, à la lumière. En intérieur ou en jardin d'hiver dans les régions froides. Arrosage modéré. • MULTIPLICATION Par semis entre 13 et 18 °C du printemps au milieu de l'été. • AUTRES NOMS *Cineraria cruentus*, *C.* × *hybrida*.

☼ 💧

Min. 7 °C

HAUTEUR
20 cm

ETALEMENT
25 cm

Crucifères/Brassicacées	

ORYCHOPHRAGMUS VIOLACEUS

Type Dressée, annuelle ou bisannuelle. ***Fleurs*** Bouquets de fleurs en croix de 2,5 cm de diam. Violet. De la fin du printemps au début de l'été. ***Feuilles*** Feuilles basales finement divisées et feuilles entières enserrant la tige. Gris pâle.
• ORIGINE Terres incultes ou en jachère de Chine.
• CULTURE Dans un sol fertile, bien drainé, à l'abri sur un site chaud et ensoleillé. En parterres et en bacs. • MULTIPLICATION Par semis en place au printemps ou au début de l'été mais aussi en automne dans les régions à l'abri du gel.

☼ 💧 ❄

HAUTEUR
30–60 cm

ETALEMENT
30 cm

Convolvulacées	BELLE DE JOUR 'BLUE FLASH'

CONVOLVULUS TRICOLOR 'Blue Flash'

Type Etalée, annuelle ou vivace à courte durée de vie. ***Fleurs*** En entonnoir ouvert de 4 cm de large. Bleu intense à centre jaune et blanc. Tout l'été. ***Feuilles*** Ovales à lancéolées. Vert foncé.
• ORIGINE Horticole. • CULTURE Dans un sol pauvre, bien drainé, à l'abri sur un site chaud et ensoleillé. Sur un talus sec et ensoleillé ou en bordure de plates-bandes. • MULTIPLICATION Par semis en place au milieu du printemps. • AUTRE NOM *C. minor* 'Blue Flash'.

☼ 💧 ❄❄❄

HAUTEUR
20–30 cm

ETALEMENT
20 cm

Scrophulariacées	

TORENIA FOURNIERI Série Clown

Type Compacte annuelle. ***Fleurs*** Tubulaires à deux lèvres à bouche évasée. Blanches, roses, pourpre foncé, ou bleu lavande marquées de jaune à la gorge. En été. ***Feuilles*** Ovales, en pointe. Gris pâle.

• ORIGINE Horticole. • CULTURE Dans un sol fertile, humide, bien drainé, à mi-ombre. En intérieur ou en jardin d'hiver dans les régions froides. Convient en parterres. • MULTIPLICATION Par semis à 18 °C au milieu du printemps.

Min. 5 °C

HAUTEUR
20–25 cm

ETALEMENT
15–23 cm

Scrophulariacées	

TORENIA FOURNIERI

Type Dressée, annuelle. ***Fleurs*** Tubulaires à deux lèvres. Bleu lilas aux lèvres pourpre foncé et à la gorge marquée de jaune. En été. ***Feuilles*** Ovales. Gris pâle.

• ORIGINE Régions boisées d'Asie tropicale et d'Afrique. • CULTURE Dans un sol fertile, humide, bien drainé, à mi-ombre. En intérieur ou en jardin d'hiver dans les régions froides. • MULTIPLICATION Par semis à 18 °C au milieu du printemps.

Min. 5 °C

HAUTEUR
30 cm

ETALEMENT
15–23 cm

Boraginacées	HELIOTROPE DU PEROU, FLEUR DES DAMES

HELIOTROPIUM ARBORESCENS 'Marine'

Type Arbuste compact à courte durée de vie cultivé en annuelle. ***Fleurs*** Bouquets denses de 15 cm de diam. de fleurs tubulaires et parfumées. Bleu violacé soutenu. Dès l'été. ***Feuilles*** Ovales à lancéolées, gaufrées. Irritation possible de la peau et des yeux à son contact. Vert foncé.

• ORIGINE Horticole. • CULTURE En plein soleil dans tout sol fertile, humide et bien drainé. Idéale en parterres ou en bacs. • MULTIPLICATION Par semis entre 16 et 18 °C au printemps.

HAUTEUR
Jusqu'à 45 cm

ETALEMENT
30–45 cm

Plumbaginacées	STATICE, LAVANDE DE MER SERIE FORTRESS

LIMONIUM SINUATUM Série Fortress

Type Dressée, en rosette vivace généralement cultivée en annuelle. ***Fleurs*** Grappes amples d'épillets de minuscules fleurs en entonnoir. Blanches, magenta, pourpres, bleu vif, jaunes ou abricot. De l'été à l'automne. ***Feuilles*** Etroites à lancéolées, lobées. Vert moyen.

• ORIGINE Horticole. • CULTURE Dans un sol léger, bien drainé, en plein soleil. Convient en fleurs séchées et coupées. • MULTIPLICATION Par semis au début du printemps entre 13 et 18 °C.

HAUTEUR
Jusqu'à 60 cm

ETALEMENT
30 cm

Scrophulariacées	NEMESIE STRUMOSA 'KLM'

NEMESIA STRUMOSA 'KLM'

Type Touffue, rameuse, annuelle. ***Fleurs*** Inflorescences de fleurs à deux lèvres de 2,5 cm de diam. Bicolores bleues et blanches, à gorge jaune et rose. Du milieu à la fin de l'été. ***Feuilles*** Lancéolées, légèrement poilues. Vert moyen.
• ORIGINE Horticole. • CULTURE Dans un sol modérément fertile, légèrement acide, humide et bien drainé. En parterres et en bacs. Arrosage abondant pendant les périodes sèches. • MULTIPLICATION Par semis à 15 °C du début à la fin du printemps.

HAUTEUR
18–30 cm

ETALEMENT
10–15 cm

Polémoniacées	

GILIA TRICOLOR

Type Formant une touffe, annuelle. ***Fleurs*** Solitaires ou en grappe, en forme de coupe plates de 1,5 cm de diam. Violet pâle. De la fin du printemps à la fin de l'été. ***Feuilles*** Finement divisées. Vert vif.
• ORIGINE Prairies à l'ouest de l'Amérique du Nord.
• CULTURE En plein soleil dans un sol modérément fertile, bien drainé. Idéale dans une plate-bande de fleurs sauvages ou d'annuelles, dans une mixed-border ou sur un talus sec et ensoleillé. • MULTIPLICATION Par semis en place en automne ou au printemps.

HAUTEUR
30–45 cm

ETALEMENT
23 cm

Boraginacées	VIPERINE COMMUNE 'BLUE BEDDER'

ECHIUM VULGARE 'Blue Bedder'

Type Dressée, touffue, bisannuelle. ***Fleurs*** Grappes denses et courtes de clochettes évasées. Bleu ciel évoluant vers un rose bleuté. Dès le début de l'été. ***Feuilles*** Etroites lancéolées, à poils durs. Vert moyen.
• ORIGINE Horticole. • CULTURE Au soleil, dans un sol bien drainé, modérément fertile, riche en matière organique. Dans une plate-bande de fleurs sauvages, une mixed-border ou en parterres. • MULTIPLICATION Par semis entre 13 et 16 °C en été.

HAUTEUR
Jusqu'à 45 cm

ETALEMENT
30 cm

Campanulacées	ETOILE DE MARIE, ETOILE DE BETHLEEM 'STELLA BLUE'

CAMPANULA ISOPHYLLA 'Stella Blue'

Type Tapissante, vivace, souvent cultivée en annuelle. ***Fleurs*** Inflorescences lâches de fleurs en étoiles de 3,5 cm de diam. Bleu violacé tendre. Dès l'été. ***Feuilles*** Cordiformes, dentées. Vert clair.
• ORIGINE Horticole. • CULTURE Dans un sol fertile bien drainé, au soleil ou sous une ombre intermittente. Pour suspensions florales ou d'autres bacs. Appartient aux Hybrides Krystal. • MULTIPLICATION Par semis à 15 °C à la fin de l'hiver mais aussi par boutures de tiges au début du printemps.

HAUTEUR
15–20 cm

ETALEMENT
30 cm

Ranunculacées	NIGELLE DE DAMAS, CHEVEUX DE VENUS SERIE PERSIAN JEWEL

NIGELLA DAMASCENA Série Persian Jewel

Type Mince, érigée, annuelle à croissance rapide. ***Fleurs*** Solitaires, en coupe de 4,5 cm de diam. composées de sépales ressemblant à des pétales et de deux vrais pétales bilabiés, aux pointes finement découpées. Blanches, rose vif, rose soutenu, bleu ciel, ou bleu violacé soutenu, entourées d'une fine collerette vert vif. Parfois proposées en teintes séparées. Floraison abondante dès l'été. ***Feuilles*** Ovales, finement découpées. Vert vif. ***Fruits*** Renflés, arrondis, à 10 segments aux styles persistants. • ORIGINE Horticole. On trouve cette espèce dans les régions rocailleuses et les champs en jachère d'Europe et d'Afrique du nord. • CULTURE Au soleil dans tout sol bien drainé. Dans un jardin champêtre ou entre les plantes d'une plate-bande d'annuelles ou d'une mixed-border. Ses fleurs coupées tiennent bien en vase. Ses follicules donnent de belles compositions séchées pour l'hiver. Dissémination spontanée généreuse. • MULTIPLICATION Par semis en place au milieu du printemps ou en automne.

☼ ◊ ❄❄❄

HAUTEUR
40 cm

ETALEMENT
23 cm

Solanacées	

BROWALLIA SPECIOSA 'Blue Troll'

Type Compacte, touffue, vivace cultivée en annuelle. ***Fleurs*** En coupe plate de 5 cm de diam., à 5 lobes à l'aisselle des feuilles. Bleu clair. Dès l'été. ***Feuilles*** Ovales. Vert moyen.
• ORIGINE Horticole. • CULTURE En pleine lumière, dans un compost à base de terreau. A protéger d'un soleil direct. En parterres, en plante d'intérieur temporaire ou en jardin d'hiver. Arrosage modéré complété par un apport mensuel d'engrais équilibré. • MULTIPLICATION Par semis à 18 °C au début du printemps, ou à la fin de l'été pour une floraison hivernale.

Min 13 °C

HAUTEUR
Jusqu'à 25 cm

ETALEMENT
25 cm

Composées/Astéracées	AGERATE BLEUE 'BLUE MINK'

AGERATUM HOUSTONIANUM 'Blue Mink'

Type Vigoureuse, annuelle. ***Fleurs*** Capitules plumeux arrondis de 5 à 10 cm de diam. de petites fleurs bleu pastel. Du milieu de l'été à l'automne. ***Feuilles*** Ovales, légèrement velues. Vert moyen.
• ORIGINE Horticole. • CULTURE A l'abri, dans un sol fertile, humide, bien drainé, sur un site ensoleillé. En parterres, en bordures et en bacs. • MULTIPLICATION Par semis entre 16 et 18°C au début du printemps.

HAUTEUR
20–30 cm

ETALEMENT
20–30 cm

Ranunculacées	NIGELLE DE DAMAS 'MISS JEKYLL'

NIGELLA DAMASCENA 'Miss Jekyll'

Type Mince, annuelle. ***Fleurs*** Semi-doubles, en coupe aplatie de 4,5 cm de diam. au-dessus d'une collerette de feuilles finement divisées. Bleu ciel. Dès l'été. ***Feuilles*** Finement découpées. Vert vif. ***Fruits*** Follicules enflés à styles persistants.
• ORIGINE Horticole. • CULTURE Au soleil, dans tout sol bien drainé. Dans un jardin champêtre, une plate-bande d'annuelles ou une mixed-border ou en fleurs coupées. Dissémination spontanée généreuse.
• MULTIPLICATION Par semis en place au milieu du printemps ou en automne.

HAUTEUR
45 cm

ETALEMENT
23 cm

Scrophulariacées	

NEMESIA STRUMOSA 'Blue Gem'

Type Touffue, rameuse, annuelle. ***Fleurs*** Inflorescences de fleurs simples à deux lèvres de 2,5 cm de diam. Bleu vif à gorge blanche. Du milieu à la fin de l'été. ***Feuilles*** Lancéolées, légèrement velues. Vert moyen.
• ORIGINE Horticole. • CULTURE Au soleil, dans un sol modérément fertile, bien drainé et légèrement acide. Pour parterres et en bacs. Arrosage généreux pendant les périodes de sécheresse. • MULTIPLICATION Par semis à 15 °C du début à la fin du printemps.

HAUTEUR
20–25 cm

ETALEMENT
10–15 cm

Solanacées

NOLANA PARADOXA

Type Etalée, rampante, à tiges charnues, annuelle ou vivace. ***Fleurs*** En trompette évasée à 5 pétales, de 5 cm de diam. solitaires ou en bouquets à l'aisselle des feuilles. Ses fleurs ne s'ouvriront pleinement qu'au soleil. Bleu ciel à œil blanc et à gorge jaune crème. Dès l'été. ***Feuilles*** Inversement lancéolées, sessiles en rosette basale. Ovales pour les feuilles supérieures. Vert moyen.
• ORIGINE Horticole. On trouve cette espèce dans les régions arides et côtières du Chili et du Pérou.
• CULTURE En plein soleil dans un sol modérément fertile, bien drainé, sur un site chaud. Pour suspensions florales, jardinières, ou bacs ou dans une plate-bande d'annuelles ou une mixed-border. On peut aussi la cultiver en plante d'intérieur temporaire. Sous verre, optez pour un compost d'empotage à base de terreau. Tolère la pleine lumière. Bonne ventilation nécessaire. Arrosage modéré. • MULTIPLICATION Par semis entre 13 et 15 °C au début du printemps ou en place à la fin du printemps. On peut semez les graines en automne pour une floraison des plantes en pots au printemps.

HAUTEUR
15–20 cm

ETALEMENT
15–20 cm

Hydrophillacées | NEMOPHILE MENZIESII

NEMOPHILA MENZIESII

Type Annuelle à tiges charnues. ***Fleurs*** Solitaires, n coupe de 4 cm de diam. Bleu vif teinté de bleu oncé et centre bleu pâle. Dès l'été. ***Feuilles*** Finenent divisées. Gris-vert.
• ORIGINE Californie, Etats-Unis. • CULTURE Dans ın sol fertile, humide, bien drainé, au soleil ou à mimbre. En bordures ou en bacs. • MULTIPLICATION ar semis en place au début du printemps ou en utomne. Dissémination spontanée généreuse.
• AUTRE NOM *N. insignis.*

HAUTEUR
20 cm

ETALEMENT
30 cm

Composées/Astéracées

FELICIA BERGERIANA

Type Tapissante, annuelle. ***Fleurs*** Solitaires de 3 cm de diam. de type marguerite, à fleurons rayonnants élancés. Bleu vif à disque central jaune. Floraison abondante en été. Bleu vif. ***Feuilles*** Lancéolées, légèrement velues. Gris-vert.
• ORIGINE Terrains dégagés et ensoleillés d'Afrique du Sud. • CULTURE Au soleil, dans un sol pauvre à modérément fertile, bien drainé. Pour parterres, plates-bandes, jardinières ou en bacs. Résiste bien au vent. • MULTIPLICATION Par semis à 18 °C au printemps.

HAUTEUR
25 cm

ETALEMENT
25 cm

Composées/Astéracées

BRACHYSCOME IBERIDIFOLIA

ype Etalée, annuelle. ***Fleurs*** De type marguerite, e 4 cm de diam. Blanches, rose violacé, bleu pourpré disque central jaune. Dès l'été. ***Feuilles*** Finement ivisées, légèrement velues. Gris-vert.
ORIGINE Prairies humides à l'ouest et au sud e l'Australie. • CULTURE Dans un sol fertile bien rainé, à l'abri sur un site ensoleillé et chaud. Pour arterres, bordures, bacs ou pour talus secs et ensoillés. • MULTIPLICATION Par semis à 18 °C au rintemps.

HAUTEUR
Jusqu'à
45 cm

ETALEMENT
35 cm

Boraginacées

CYNOGLOSSUM AMABILE 'Firmament'

Type Dressée, touffue annuelle ou bisannuelle. ***Fleurs*** Inflorescences de fleurs pendantes, de 1 cm de diam. de type myosotis. Bleu ciel. Dès la fin de l'été. ***Feuilles*** Ovales à lancéolées, poilues. Gris-vert.
• ORIGINE Horticole. • CULTURE Dans un sol humide, modérément fertile et bien drainé au soleil ou à mi-ombre. Dans une plate-bande d'annuelles ou entre les plantes d'un massif ou d'une mixed-border.
• MULTIPLICATION Par semis en place au milieu du printemps.

HAUTEUR
40 cm

ETALEMENT
Jusqu'à
30 cm

LES PÉLARGONIUMS

Le genre *Pelargonium* comprend quelques 230 espèces, principalement des vivaces à feuillage persistant, quelques succulentes, sous-arbustives et arbustives. On cultive peu d'espèces pures ; les plus répandues sont les nombreux cultivars appelés communément, mais de façon impropre, géraniums. Ils sont dérivés de croisements complexes entre une vingtaine d'espèces. Les pélargoniums dérivés de *P. crispum* produisent l'été des ombelles de fleurs en entonnoir. Les types à feuille de lierre ont des feuilles charnues, lobées et sont soit compacts à entre-nœuds courts, soit retombants. Le pélargonium zonale, plus récent, comprend des cultivars à fleurs simples, de type homogène, destinés aux plates-bandes d'été ou aux bacs. Ils offrent des couleurs éclatantes tout au long de l'été. A la différence des cultivars plus anciens, sur lesquels on pratique le bouturage demi-aoûté, ils fleurissent abondamment la première année après le semis et restent conformes au coloris et au type.

Les pélargoniums peuvent hiverner en conditions hors gel mais ils se développent avec vigueur. Les cultiver comme des annuelles permet d'économiser de l'espace en serre l'hiver de réduire les coûts de chauffage et de les protéger de la pourriture ou du pied noir.

A cultiver dans un sol fertile, bien drainé, neutre à alcalin, en plein soleil. Enlevez régulièrement les fleurs fanées. En bacs, utilisez un compost de rempotage sans terreau ou à base de terreau. Arrosez modérément pendant la croissance. Appliquez un engrais liquide équilibré tous les 10-14 jours à partir du printemps ou du début d'été, passez à un engrais fort en potasse quand ils commencent à fleurir.

Semez en fin d'hiver ou début de printemps à 16-18 °C. Maintenez une température constante après les semis et pendant la croissance. Les fluctuations de température provoquent un retard de germination et une croissance médiocre.

Les plantes sont sujettes aux charançons des vignes, cicadelles, pucerons, chenilles, pourriture grise (*Botrytis*) et pourriture des tiges.

P. Série Horizon
Type Vivace, compacte, buissonnante, cultivée en annuelle. Résistante à l'humidité.
Fleurs Blanches, roses ou rouges, simples, en ombelle jusqu'à 12 cm de diam. Du début d'été à l'automne.
Feuilles Arrondies. Vert moyen, à zones plus foncées.
• HAUTEUR 30 cm.
• ÉTALEMENT 25 cm.

***P.* Série Horizon**
(Par semis, zonale)

☼ ◊
Min. 2 °C

P. Série Breakaway
Type Vivace, compacte, régulière, cultivée en annuelle.
Fleurs Rouges ou rose saumon, petites, simples, en ombelle ouverte, à tiges dressées, horizontales et retombantes. De l'été à l'automne.
Feuilles Petites, arrondies. Vert moyen.
• HAUTEUR 25 cm.
• ÉTALEMENT 25 cm.

***P.* Série Breakaway**
(Par semis, zonale)

☼ ◊
Min. 2 °C

P. Série Multibloom
Type Vivace, buissonnante, à floraison hâtive, cultivée en annuelle. Résistante à l'humidité.
Fleurs Blanches, roses ou rouges, certaines avec un œil, simples, en ombelle. De l'été à l'automne.
Feuilles Arrondies. Vert moyen, à zones plus foncées.
• HAUTEUR Jusqu'à 30 cm.
• ÉTALEMENT 30 cm.

***P.* Série Multibloom**
(Par semis, zonale)

☼ ◊
Min. 2 °C

P. 'Raspberry Ripple'
Type Vivace, à feuillage persistant,très buissonnante, cultivée en annuelle.
Fleurs Blanc rosé, maculées de rouge, simples, en large trompette, jusqu'à 3 cm de diam. Floraison par à-coups tout l'été.
Feuilles Arrondies, aromatiques. Vert moyen.
• HAUTEUR 30 cm.
• ÉTALEMENT 30 cm.

***P.* 'Raspberry Ripple'**
(Par semis, zonale)

☼ ◊
Min. 2 °C

ᴾ. 'Summer ʃhowers'

ʼype Vivace, ramifiée, ampante, cultivée en nnuelle.
ʼleurs Blanches, roses, ouges ou bleu lavande, imples, en ombelle.)e l'été à l'automne.
ʼeuilles Lobées, style ierre, charnues, fermes, ernissées. Vert moyen.
HAUTEUR 60 cm.
ÉTALEMENT 90 cm.

P. **'Summer Showers'**
(Par semis, à feuilles de lierre)
☼ 💧
Min. 2 °C

ʼ. Série Sensation

ʼype Vivace, buisson-ante, compacte, cultivée n annuelle. Résistante à humidité.
ʼleurs Roses, rouges u orange, certaines avec n œil, en teintes uniques u mélangées, simples, en mbelle. Du début d'été l'automne.
ʼeuilles Arrondies. Vert ıoyen, à zones plus foncées.
HAUTEUR 30 cm.
ÉTALEMENT 25 cm.

P. **Série Sensation**
(Par semis, zonale)
☼ 💧
Min. 2 °C

ʼ. 'Cherry Orbit'

ype Vivace, ramifiée, à oraison hâtive, cultivée ı annuelle.
ʼleurs Blanches, roses, uge cerise violacé, écar-tes ou orange, simples, ı ombelle, jusqu'à 14 cm e diam. Du début d'été l'automne.
ʼeuilles Arrondies. Vert ıoyen, finement zonées.
HAUTEUR 35 cm.
ÉTALEMENT 25 cm.

P. **'Cherry Orbit'**
(Série Orbit)
(Par semis, zonale)
☼ 💧
Min. 2 °C

ʼ. Série Tornado

ype Vivace, compacte, gulière, cultivée en ınuelle.
leurs Blanches ou lilas, nples, en ombelle, squ'à 12 cm de diam., à urtes tiges rampantes. e l'été à l'automne.
euilles Lobées, fermes, ıarnues, style lierre, ernissées. Vert moyen.
HAUTEUR 25 cm.
ÉTALEMENT 20 cm.

P. **Série Tornado**
(Par semis, à feuilles de lierre)
☼ 💧
Min. 2 °C

P. Série Video

Type Vivace, naine, buissonnante, compacte, cultivée en annuelle.
Fleurs Roses, rouges ou rose saumon, en teintes uniques ou mélangées, simples, en ombelle, jusqu'à 10 cm de diam. De l'été à l'automne.
Feuilles Arrondies. Vert foncé, fortement zonées.
- HAUTEUR 20 cm.
- ÉTALEMENT 18 cm.

P. **Série Video**
(Par semis, zonale)
☼ 💧
Min. 2 °C 🏆

P. 'Rose Diamond'

Type Vivace, buisson-nante, cultivée en annuelle. Résistante.
Fleurs Roses ou rouges, simples, ombelle en dôme, 12 cm de diam. De l'été à l'automne.
Feuilles Arrondies. Vert moyen, à zone bronze.
- HAUTEUR 30-60 cm.
- ÉTALEMENT 30-60 cm.

P. **'Rose Diamond'**
(Série Diamond)
(Par semis, zonale)
☼ 💧
Min. 2 °C

P. 'Orange Appeal'

Type Vivace, buisson-nante, florifère, cultivée en annuelle.
Fleurs Orange vif, simples, en ombelle jusqu'à 7 cm de diam. De l'été à l'automne.
Feuilles Arrondies. Vert vif.
- HAUTEUR 30-40 cm.
- ÉTALEMENT 30 cm.

P. **'Orange Appeal'**
(Par semis, zonale)
☼ 💧
Min. 2 °C

Les pétunias

Le genre *Petunia* comprend quelques 40 espèces d'annuelles et vivaces, dont les cultivars modernes dérivés de *P. axillaris*, *P. integrifolia*, et *P. violacea* sont les plus cultivés. Les pétunias ont une floraison abondante de la fin du printemps à la fin d'automne, de fleurs simples ou doubles, froissées, en trompette. Le choix des coloris va du blanc aux nuances de rose, rouge, pourpre, bleu violacé et jaune, beaucoup veinés de teintes plus sombres. Certaines sont picotées et quelques-unes ont un halo ou une gorge de teinte contrastée. Les cultivars modernes se divisent en deux grandes catégories :

Grandiflora Les fleurs des Grandifloras font jusqu'à 10 cm de diamètre et souffrent du vent et de la pluie. Ils se plaisent davantage dans des suspensions en situation abritée ou dans un jardin d'hiver frais.

Multiflora Ils font de plus petites fleurs, d'environ 5 cm de diamètre et résistent mieux aux intempéries que les Grandifloras. On les utilise dans les agencements de parterres, dans les bordures annuelles et dans tous types de bacs.

A cultiver dans un sol léger, modérément fertile, bien drainé, à l'abri des forts vents. Les pétunias supportent les régions côtières et les sols pauvres. Les sols riches favorisent la croissance des feuilles au détriment des fleurs. Enlevez régulièrement les fleurs fanées. En bacs, utilisez un compost de rempotage sans terreau ou à base de terreau. Arrosez abondamment pendant la croissance et appliquez un engrais fort en potasse tous les quinze jours quand ils commencent à fleurir.

Semez à 13-18 °C au printemps ou en automne. Faites hiverner les jeunes plantes sous abri vitré. Endurcissez-les avant de les mettre en pleine terre, quand le risque de gel est passé. Pour multiplier les pétunias Surfinia, faites un bouturage demi-aoûté et faites hiverner sous abri vitré.

Les plantes sont sujettes aux pucerons, limaces, viroses, y compris le virus de la pomme de terre.

P. Série Surfinia (blanc)
Type Annuelle, vigoureuse, ramifiée. Résistante.
Fleurs Blanches, en trompette, 10 cm de diam. Floraison abondante de l'été à l'automne.
Feuilles Ovales. Vert moyen.
• HAUTEUR 23-40 cm.
• ÉTALEMENT 30-90 cm.

P. Série Surfinia (blanc)
(Grandiflora)

☼ ◊ ❄

P. Série Recoverer
Type Annuelle, buissonnante, ramifiée.
Fleurs Blanches et coloris variés, également panachées, en trompette, 10 cm de diam. De l'été à l'automne.
Feuilles Ovales. Vert moyen à foncé.
• HAUTEUR 15-30 cm.
• ÉTALEMENT 30 cm.

P. Série Recoverer
(Grandiflora)

☼ ◊ ❄

P. Série Victorious
Type Annuelle, buissonnante, ramifiée.
Fleurs Coloris vifs et variés, doubles, à pétales très froissés, en trompette, jusqu'à 10 cm de diam. Floraison abondante de l'été à l'automne.
Feuilles Ovales. Vert moyen.
• HAUTEUR 15-30 cm.
• ÉTALEMENT 30 cm.

P. Série Victorious
(Grandiflora)

☼ ◊ ❄

P. Série Bonanza
Type Annuelle, vigou-
:euse, dense. Floraison
ıbondante.
Fleurs Tons de blanc, rose,
ouge, pourpre, violet ou
bleu, souvent fortement
veinées, doubles, en
entonnoir, 5 cm de diam.
Floraison abondante de
'été à l'automne.
Feuilles Ovales. Vert
noyen.
• HAUTEUR 15-30 cm.
ÉTALEMENT 30 cm.

P. Série Bonanza
(Multiflora)

P. 'Plum Pudding'
Type Annuelle, dense,
talée. Résistante.
Fleurs Tons de rose
lense, pourpre, bleu ou
aune, à centre foncé et
eines saillantes, simples,
cm de diam. De l'été à
automne.
euilles Ovales. Vert
noyen.
HAUTEUR 20 cm.
ÉTALEMENT 30-45 cm.

P. 'Plum Pudding'
(Multiflora)

. Série Junior
ype Annuelle, naine,
ompacte, touffue.
leurs Blanches, roses,
uges ou bleues, en
ompette, 2,5 cm de diam.
e l'été à l'automne.
euilles Ovales. Vert
oyen.
CONSEIL Idéale en
ıspensions et bacs.
HAUTEUR 10-15 cm.
ÉTALEMENT 15 cm.

P. Série Junior
(Multiflora)

**. Série Resisto
ose vif)**
ype Annuelle, buis-
nnante, ramifiée.
ésistante à la pluie.
eurs Rose vif, simples,
trompette, 5 cm de
am. Floraison abondante
l'été à l'automne.
uilles Ovales. Vert
oyen.
HAUTEUR 15-30 cm.
ÉTALEMENT 30 cm.

**P. Série Resisto
(rose vif)**
(Multiflora)

**P. Série Falcon
(En mélange)**
Type Annuelle, buis-
sonnante, ramifiée.
Fleurs Couleurs
mélangées, certaines
veinées ou bicolores,
simples, en trompette,
10 cm de diam. De l'été
à l'automne.
Feuilles Ovales. Vert
moyen.
• HAUTEUR 23-30 cm.
• ÉTALEMENT 30 cm.

**P. Série Falcon
(En mélange)**
(Grandiflora)

P. 'Rose Star'
Type Annuelle, étalée, à
floraison hâtive. Résistante
à la pluie.
Fleurs Rose vif, et
diverses autres teintes, à
étoile centrale blanche, en
trompette, 10 cm de diam.
De l'été à l'automne.
Feuilles Ovales. Vert
moyen.
• HAUTEUR 30 cm.
• ÉTALEMENT 30-90 cm.

P. 'Rose Star'
(Série Ultra)
(Grandiflora)

P. Série Pirouette
Type Annuelle, buis-
sonnante, dense.
Fleurs Bicolores, dans
des tons puissants et
francs, pétales à bords
froissés, doubles, en
trompette, 7-10 cm
de diam. De l'été à
l'automne.
Feuilles Ovales. Vert
moyen.
• HAUTEUR 38 cm.
• ÉTALEMENT 45 cm.

P. Série Pirouette
(Grandiflora)

P. Série Star

Type Annuelle, buissonnante, ramifiée.
Fleurs Coloris variés, pétales à large rayure centrale blanche, simples, en trompette, 10 cm de diam. De l'été à l'automne.
Feuilles Ovales. Vert moyen.

- HAUTEUR 15-30 cm.
- ÉTALEMENT 30 cm.

***P.* Série Star**
(Grandiflora)

P. Série Resisto (rouge)

Type Annuelle, buissonnante, ramifiée. Résistante à la pluie.
Fleurs Rouge vif, en trompette, simples, 5 cm de diam. Floraison abondante de l'été à l'automne.
Feuilles Oval. Vert moyen.

- HAUTEUR 15-30 cm.
- ÉTALEMENT 30 cm.

***P.* Série Resisto (rouge)**
(Multiflora)

P. 'Mirage Velvet'

Type Annuelle, dense, étalée. Résistante à l'humidité.
Fleurs Rouge intense, à centre foncé, simples, en trompette, 7 cm de diam. Floraison abondante de l'été à l'automne.
Feuilles Ovales. Vert moyen à foncé.

- HAUTEUR 25 cm.
- ÉTALEMENT 30 cm.

***P.* 'Mirage Velvet'**
(Série Mirage)
(Multiflora)

P. Série Falcon 'Salmon'

Type Annuelle, buissonnante, ramifiée.
Fleurs Rose saumon, simples, en trompette, 10 cm de diam. De l'été à l'automne.
Feuilles Ovales. Vert moyen.

- HAUTEUR 23-30 cm.
- ÉTALEMENT 30 cm.

***P.* Série Falcon 'Salmon'**
(Grandiflora)

P. 'Horizon Red Halo'

Type Annuelle, dense, étalée.
Fleurs Rouges, à gorge blanche et jaune, simples, 5 cm de diam. Floraison abondante de l'été à l'automne.
Feuilles Ovales. Vert moyen. De l'été à l'automne.

- HAUTEUR 35 cm.
- ÉTALEMENT 30-90 cm.

***P.* 'Horizon Red Halo'**
(Série Horizon)
(Multiflora)

P. 'Purple Wave'

Type Annuelle, dense, retombante. Floraison abondante.
Fleurs Magenta éclatant, à centre foncé, simples, en trompette large, 5 cm de diam. De l'été à l'automne.
Feuilles Ovales. Vert moyen.

- HAUTEUR 45 cm.
- ÉTALEMENT 30-90 cm.

***P.* 'Purple Wave'**
(Multiflora)

P. Série Resisto
Type Annuelle, buis-
onnante, ramifiée.
Résistante à la pluie.
Fleurs Teintes variées,
imples, en trompette,
cm de diam. Floraison
bondante de l'été à
'automne.
Feuilles Ovales. Vert
noyen.
• HAUTEUR 15-30 cm.
• ÉTALEMENT 30 cm.

P. Série Resisto
(Multiflora)

☼ ◊ ❄

***P.* 'Lavender Storm'**
Type Annuelle, dense, compacte, très ramifiée. Résistante à l'humidité.
Fleurs Lavande, à réseau veiné, grandes fleurs en coupe, 10 cm de diam. Floraison abondante tout l'été.
Feuilles Ovales. Vert moyen.
• HAUTEUR 25 cm.
• ÉTALEMENT 45 cm.

P. 'Lavender Storm'
(Grandiflora)

☼ ◊ ❄

P. 'Sugar Daddy'
Type Annuelle, buis-
onnante, très ramifiée.
Fleurs Pourpres, à veines
ombres, froissées, en
rompette, 10 cm de diam.
Floraison abondante tout
été jusqu'à l'automne.
Feuilles Ovales. Vert
noyen.
HAUTEUR 35 cm.
ÉTALEMENT 30-90 cm.

P. 'Sugar Daddy'
Série Daddy)
Grandiflora)

☼ ◊ ❄

P. 'Mirage Lavender'

Type Annuelle, dense, étalée.
Fleurs Bleu lavande pâle, à réseau veiné, simples, 7 cm de diam. Floraison abondante de l'été à l'automne.
Feuilles Ovales. Vert moyen.
- HAUTEUR 30 cm.
- ÉTALEMENT 30-90 cm.

***P.* 'Mirage Lavender'**
(Série Mirage)
(Multiflora)

P. 'Blue Frost'

Type Annuelle, buissonnante, ramifiée.
Fleurs Bleu violet, à bords blancs larges légèrement froissés, simples, en trompette, 10 cm de diam. De l'été à l'automne.
Feuilles Ovales. Vert moyen.
- HAUTEUR 15-30 cm.
- ÉTALEMENT 30 cm.

***P.* 'Blue Frost'**
(Grandiflora)

P. Série Fantasy (En mélange)

Type Annuelle, naine, compacte, dense. Résistante.
Fleurs Ivoire, roses, rouges, bleues ou saumon, en trompette. De l'été à l'automne.
Feuilles Ovales. Vert moyen à foncé.
- HAUTEUR 23-30 cm.
- ÉTALEMENT 23-30 cm.

***P.* Série Fantasy (En mélange)**
(Multiflora)

P. Série Carpet

Type Annuelle, dense, compacte, étalée.
Fleurs Blanches et nuances de rose, rouge, pourpre, jaune ou orange, simples, en trompette large. De l'été à l'automne.
Feuilles Ovales. Vert moyen.
- HAUTEUR 20-25 cm.
- ÉTALEMENT 30-90 cm.

***P.* Série Carpet**
(Multiflora)

P. 'Brass Band'

Type Annuelle, ramifiée, étalée. Résistante.
Fleurs Jaune crème, à centre plus foncé, à bords froissés, simples, jusqu'à 5 cm de diam. De l'été à l'automne.
Feuilles Ovales. Vert moyen.
- HAUTEUR 25-30 cm.
- ÉTALEMENT 30 cm.

***P.* 'Brass Band'**
(Multiflora)

Boraginacées	BUGLOSSE CAPENSIS 'BLUE ANGEL'

ANCHUSA CAPENSIS 'Blue Angel'

Type Compacte, dressée, bisannuelle parfois cultivée en annuelle. ***Fleurs*** Grappes lâches de fleurs en coupe de 9 mm de diam. Bleu outremer. Dès l'été. ***Feuilles*** Etroites lancéolées, à poils rugueux. Vert moyen.
• ORIGINE Horticole. • CULTURE En plein soleil, dans un sol humide, bien drainé, modérément fertile. Pour parterres, plate-bandes ou bacs. • MULTIPLICATION Par semis entre 13 et 16 °C à la fin de l'hiver ou au début du printemps.

HAUTEUR
20 cm

ETALEMENT
20 cm

Hydrophillacées	

PHACELIA CAMPANULARIA

Type Dressée, touffue, aromatique, annuelle. ***Fleurs*** Grappes clairsemées de fleurs en clochette dirigées vers le haut, de 2,5 cm de diam. Blanches ou bleu foncé. De la fin du printemps à l'été. ***Feuilles*** Ovales, dentées. Vert foncé.
• ORIGINE Californie du sud, Etats-Unis. • CULTURE Au soleil dans tout sol fertile, bien drainé. Dans un parterre ou un jardin champêtre. Ses fleurs attirent les abeilles. • MULTIPLICATION Par semis en place au printemps ou en automne.

HAUTEUR
15–30 cm

ETALEMENT
15 cm

Solanacées	

BROWALLIA SPECIOSA 'Vanja'

Type Compacte, buissonnante, vivace. ***Fleurs*** En coupe à 5 lobes. Bleu soutenu à œil blanc. Dès l'été. ***Feuilles*** Ovales. Vert moyen.
• ORIGINE Horticole. • CULTURE En pleine lumière, dans un compost à base de terreau. En parterres, en intérieur ou en jardin d'hiver pour les régions froides. Arrosage modéré complété chaque mois par un engrais équilibré. • MULTIPLICATION Par semis à 18 °C au début du printemps, ou à la fin de l'été pour une floraison hivernale.

Min 13 °C

HAUTEUR
Jusqu'à 25 cm

ETALEMENT
25 cm

Boraginacées	

MYOSOTIS SYLVATICA 'Music'

Type Vigoureuse, dressée, bisannuelle. ***Fleurs*** Inflorescences denses de fleurs en coupe de 9 à 10 mm de diam. Bleu pourpré à œil jaune. Dès le printemps et au début de l'été. ***Feuilles*** Ovales à lancéolées. Vert vif.
• ORIGINE Horticole. • CULTURE Sur un site ensoleillé ombragé à la mi-journée ou à mi-ombre, dans un sol modérément fertile, humide, bien drainé. Pour parterres. • MULTIPLICATION Par semis en bacs sous châssis froid ou en pépinière, au début de l'été.

HAUTEUR
25 cm

ETALEMENT
25 cm

Convolvulacées	BELLE-DE-JOUR 'ROYAL ENSIGN'

CONVOLVULUS TRICOLOR 'Royal Ensign'

Type Buissonnante, annuelle. ***Fleurs*** En entonnoir. Bleu soutenu à œil blanc et jaune. Dès l'été. ***Feuilles*** Ovales à lancéolées. Vert foncé. • ORIGINE Horticole. • CULTURE Dans un sol pauvre à modérément fertile, sur un site chaud et ensoleillé. Pour suspensions florales et talus ensoleillés. • MULTIPLICATION Par semis en place au milieu du printemps ou en automne. • AUTRE NOM *C. minor* 'Royal Ensign'.

HAUTEUR
30 cm

ETALEMENT
30 cm

Composées/Astéracées	CINERAIRE MARITIME 'SILVER DUST'

SENECIO CINERARIA 'Silver Dust'

Type Buissonnant, arbuste à feuillage persistant, cultivé en annuelle. ***Fleurs*** En inflorescences lâches, de type marguerite, sortant dès le deuxième été après les semailles. Jaune moutarde. ***Feuilles*** Très découpées, laciniées, très velues. Blanc.
• ORIGINE Horticole. • CULTURE Au soleil, dans un sol bien drainé. Son feuillage est idéal pour créer un effet de masse dans le motif d'un parterre. • MULTIPLICATION Par semis au printemps entre 19 et 24 °C. • AUTRE NOM *Cineraria maritima* 'Silver Dust'.

HAUTEUR
30 cm

ETALEMENT
30 cm

Composées/Astéracées	CINERAIRE MARITIME 'CIRRUS'

SENECIO CINERARIA 'Cirrus'

Type Buissonnant, arbuste à feuillage persistant, cultivé en annuelle. ***Fleurs*** En inflorescences lâches, de type marguerite, sortant dès le deuxième été après les semailles. Jaune moutarde. ***Feuilles*** Ovales, dentées ou lobées. Blanches ou vert argenté.
• ORIGINE Horticole. • CULTURE Au soleil, dans un sol bien drainé. Utilisé pour créer un effet de masse dans le motif d'un parterre. • MULTIPLICATION Par semis au printemps entre 19 et 24 °C. • AUTRE NOM *Cineraria maritima* 'Cirrus'.

HAUTEUR
30 cm

ETALEMENT
30 cm

Dipsacacées	

Scabiosa stellata 'Paper Moon'

Type Dressée, rameuse, annuelle. ***Fleurs*** Solitaires, globuleuses. Les fleurons centraux qui forment un dome ressemblant à une pelotte à épingles sont entourés de fleurons plus grands. Rose crème. Dès l'été. ***Feuilles*** Ovales à lancéolées, divisées. Vert moyen. ***Fruits*** Capsules rondes de 8 cm de diam. formées à partir de bractées en coupe, parcheminées, qui s'élargissent après la floraison. Translucides, aux bractées vertes et marron au centre.
• ORIGINE Horticole. On trouve cette espèce dans les prairies sèches et sur les versants rocailleux d'Europe méridionale. • CULTURE Dans un sol modérément fertile, bien drainé, de neutre à alcalin, sur un site chaud et ensoleillé. Ses capsules sont idéales dans une composition séchée d'hiver. Coupez-les et laissez-les sécher à l'air libre suspendues la tête en bas dans un endroit bien ventilé à l'abri des rayons du soleil. Cette espèce se plait dans une mixed-border, une plate-bande d'annuelles ou de fleurs sauvages où ses fleurs attireront les abeilles et les papillons. • MULTIPLICATION Par semis entre 6 et 12 °C au début du printemps, ou en place au milieu du printemps.

☼ ◊
❄❄❄

HAUTEUR
Jusqu'à 45 cm

ETALEMENT
23 cm

Graminées/Poacées

BRIZA MINOR

Type Herbe en touffe très lâche, annuelle. ***Fleurs*** Panicules pendantes d'épillets ovales de 5 mm de long sur une tige mince. Dès l'été. Gris pâle souvent teinté de pourpre virant au jaune pâle à maturité. ***Feuilles*** Etroites, à poils rugueux. Gris pâle.
• ORIGINE Prairies d'Europe et Asie occidentale.
• CULTURE Au soleil, dans un sol bien drainé. Ses panicules font de belles fleurs coupées, séchées et à teindre. • MULTIPLICATION Par semis en place au printemps ou en automne.

HAUTEUR
45 cm

ETALEMENT
25 cm

Graminées/Poacées

AGROSTIS NEBULOSA

Type Herbe en touffe, annuelle. ***Fleurs*** Petits épillets en verticilles sur une grappe de 15 cm de long. Blanc. Floraison abondante en été. ***Feuilles*** Etroites, plates. Vert moyen.
• ORIGINE Prairies du Maroc et de la Péninsule ibérienne. • CULTURE En plein soleil, dans tout sol bien drainé. Ses épillets donnent de belles fleurs coupées et séchées. Au premier plan d'une mixed-border ou d'une plate-bande d'annuelles. Enlevez les fleurs fanées pour empêcher une dissémination spontanée.
• MULTIPLICATION Par semis en place au printemps.

HAUTEUR
35 cm

ETALEMENT
20 cm

Graminées/Poacées

LAMARCKIA AUREA

Type Herbe en touffe très lâche, annuelle. ***Fleurs*** Epillets dirigés vers le bas, disposés unilatéralement sur un épi de 7 cm de long. Jaune d'or. Dès l'été. ***Feuilles*** Lancéolées et enroulées sur elles-mêmes. Vert vif.
• ORIGINE Terrains dégagés de Méditerranée.
• CULTURE Au soleil, dans un sol léger, sablonneux, bien drainé. Pour une plate-bande d'annuelles ou une mixed-border mais aussi pour fleurs coupées et séchées. • MULTIPLICATION Par semis en place par vagues successives du début à la fin du printemps.

HAUTEUR
30 cm

ETALEMENT
25 cm

Composées/Astéracées

OSTEOSPERMUM 'Buttermilk' 🏆

Type Sous-arbrisseau à feuillage persistant, dressé, cultivé en annuelle. ***Fleurs*** De type marguerite, de 5 cm de diam. Fleurons rayonnants jaune primevère, à base blanche et au revers jaune bronze. De la fin du printemps à l'automne. ***Feuilles*** Lancéolées. Vert moyen.
• ORIGINE Horticole. • CULTURE Dans un sol léger, bien drainé, à l'abri sur un site chaud et ensoleillé. En plates-bandes d'annuelles ou en mixed-borders. • MULTIPLICATION Par boutures semi-ligneuses à la fin de l'été. Les fleurs issues des graines ne seront pas conformes au type.

☼ 💧
❄❄

HAUTEUR
Jusqu'à 60 cm

ETALEMENT
60 cm

Composées/Astéracées

LONAS ANNUA

Type Vigoureuse, buissonnante, annuelle. ***Fleurs*** Inflorescences denses de 12 cm de diam. de fleurs ressemblant à des boutons. Jaune d'or. Dès l'été. ***Feuilles*** Finement divisées. Vert moyen.
• ORIGINE Sud-ouest de la Méditerranée.
• CULTURE En plein soleil, pour une plate-bande d'annuelles ou une mixed-border dans tout sol modérément fertile, bien drainé. Idéale en fleurs coupées et séchées. • MULTIPLICATION Par semis au printemps entre 15 et 18 °C. • AUTRE NOM *L. inodora.*

☼ 💧
❄❄❄

HAUTEUR
30–45 cm

ETALEMENT
23 cm

Composées/Astéracées | SOUCI DES JARDINS 'LEMON QUEEN'

CALENDULA OFFICINALIS 'Lemon Queen'

Type Compacte, annuelle. ***Fleurs*** Doubles, de type marguerite. Jaune citron. De l'été à l'automne. ***Feuilles*** Lancéolées à oblongues. Vert vif.
• ORIGINE Horticole. • CULTURE Au soleil, dans tout sol modérément fertile, bien drainé. Pour fleurs coupées, en parterres ou en bacs. Pincez les bourgeons pour stimuler la floraison latérale, ce qui donnera de beaux bouquets. • MULTIPLICATION Par semis en place au printemps ou en automne.

☼ 💧
❄❄❄

HAUTEUR
Jusqu'à 45 cm

ETALEMENT
45 cm

Loasacées	BARTONIA DOREE

MENTZELIA LINDLEYI

Type Dressée, touffue, annuelle. ***Fleurs*** Inflorescences de fleurs à 5 pétales, parfumées la nuit, de 5 à 9 cm de diam. portées à l'aisselle des feuilles. Jaune d'or. Dès l'été. ***Feuilles*** Finement découpées. Vert moyen à gris-vert.
• ORIGINE Régions sèches, sablonneuses ou rocailleuses de Californie, Etats-Unis. • CULTURE En plein soleil, dans un sol léger, bien drainé. Pour une plate-bande d'annuelles ou une mixed-border. • MULTIPLICATION Par semis en place au printemps .
• AUTRE NOM *Bartonia aurea.*

HAUTEUR
15–70 cm

ETALEMENT
23 cm

Composées/Astéracées	

SANVITALIA PROCUMBENS

Type Rampante, tapissante annuelle. ***Fleurs*** Simples, de type marguerite, de 2 cm de diam. Jaune à disque central noir. De l'été à l'automne. ***Feuilles*** Ovales en pointe. Vert moyen.
• ORIGINE Régions sèches et rocailleuses du Mexique. • CULTURE Au soleil, dans un sol modérément fertile, bien drainé, riche en matière organique. Pour une plate-bande d'annuelles, une mixed-border, une suspension florale ou tout autre bac. • MULTIPLICATION Par semis en place au printemps ou en automne.

HAUTEUR
Jusqu'à
20 cm

ETALEMENT
Jusqu'à
45 cm

Composées/Astéracées	

COREOPSIS GRANDIFLORA 'Early Sunrise'

Type Touffue, vivace, souvent cultivée en annuelle. ***Fleurs*** Semi-doubles, de type marguerite, de 6 cm de diam. Jaune d'or teinté de jaune orangé à la base. De la fin du printemps à la fin de l'été. ***Feuilles*** Lancéolées. Vert moyen.
• ORIGINE Horticole. • CULTURE Dans un sol fertile, bien drainé. En plates-bandes d'annuelles, en mixed-borders ou en fleurs coupées. • MULTIPLICATION Par semis entre 13 et 16 °C du milieu à la fin de l'hiver.

HAUTEUR
45 cm

ETALEMENT
45 cm

Composées/Astéracées

THYMOPHYLLA TENUILOBA

Type Vigoureuse, rameuse, annuelle. ***Fleurs*** De type marguerite, de 1,5 cm de diam. Jaune vif. Du printemps à l'été. ***Feuilles*** Finement découpées, ressemblant à de la fougère, aromatiques. Vert vif. • ORIGINE Versants secs et prairies du Texas et du Mexique. • CULTURE Au soleil, dans un sol léger, bien drainé. Pour une plate-bande d'annuelles, une mixed-border, une suspension florale ou tout autre bac. • MULTIPLICATION Par semis entre 10 et 13 °C au printemps.

HAUTEUR
30 cm

ETALEMENT
30 cm

Scrophulariacées

CALCEOLARIA Série Anytime

Type Compacte, bisannuelle. ***Fleurs*** En forme de bourse, sortant 16 semaines après les semailles. Existe en rouge, jaune ou bicolore. ***Feuilles*** Ovales. Vert moyen.
• ORIGINE Horticole. • CULTURE Dans un compost à base de terreau, sous une lumière vive mais filtrée. En plante d'intérieur. Arrosage abondant complété chaque mois par un engrais équilibré. • MULTIPLICATION Par semis en surface à 18 °C à tout moment de l'année.

HAUTEUR
20 cm

ETALEMENT
20 cm

Composées/Astéracées

BIDENS FERULIFOLIA 'Golden Goddess'

Type Vivace à courte durée de vie cultivée en annuelle. ***Fleurs*** En étoile, de type marguerite. Jaune d'or à disque jaune foncé. Du milieu de l'été à l'automne. ***Feuilles*** Finement divisées. Vert tendre. • ORIGINE Horticole. • CULTURE Au soleil, dans un sol léger, modérément fertile, humide, bien drainé. Pour une plate-bande d'annuelles ou une mixed-border, dans une zone de graviers, ou pour suspension florale ou tout autre bac. • MULTIPLICATION Par semis entre 13 et 18 °C au printemps.

HAUTEUR
30 cm

ETALEMENT
30 cm

Composées/Astéracées

LAYIA PLATYGLOSSA

Type Buissonnante, à tiges charnues, annuelle. ***Fleurs*** De type marguerite, de 5 cm de diam. Fleurons jaunes à pointes blanches autour d'un disque jaune d'or soutenu. De l'été à l'automne. ***Feuilles*** Etroites, dentées ou découpées. Gris-vert. • ORIGINE Prairies de Californie, Etats-Unis. • CULTURE Dans un sol bien drainé sur un site ensoleillé. En mixed-borders ou en plates-bandes d'annuelles. • MULTIPLICATION Par semis en place au printemps ou en automne. • AUTRE NOM *L. elegans*.

HAUTEUR
30–45 cm

ETALEMENT
25–30 cm

Composées/Astéracées	

GAZANIA 'Talent Yellow'

Type Persistante, vivace cultivée en annuelle. ***Fleurs*** Solitaires, de type marguerite de 6 cm de diam. Jaune vif. De l'été à l'automne. ***Feuilles*** Lancéolées, feutrées. Vert moyen.
• ORIGINE Horticole. • CULTURE Dans un sol léger, sablonneux, bien drainé. Pour plates-bandes ou en bacs. Appartient à la Série Talent. • MULTIPLICATION Par semis entre 18 et 20 °C à la fin de l'hiver ou au début du printemps mais aussi par boutures à talon à la fin de l'été. Protégez-la sous verre pendant l'hiver.

HAUTEUR
25 cm

ETALEMENT
25 cm

Crucifères/Brassicacées	GIROFLEE JAUNE, RAVENELLE, VIOLIER

ERYSIMUM CHEIRI 'Golden Bedder'

Type Persistante, vivace cultivée en bisannuelle. ***Fleurs*** Petites ombelles de fleurs en croix, parfumées, de 2,5 cm de diam. Jaune d'or. Dès le printemps. ***Feuilles*** Lancéolées. Vert foncé.
• ORIGINE Horticole. • CULTURE Au soleil, dans un sol alcalin, fertile, bien drainé. Pour parterres de printemps. Appartient à la Série Bedder. • MULTIPLICATION Par semis en pépinière entre la fin du printemps et le début de l'été. • AUTRE NOM *Cheiranthus cheiri* 'Golden Bedder'.

HAUTEUR
23–30 cm

ETALEMENT
23 cm

Crucifères/Brassicacées	GIROFLEE JAUNE, RAVENELLE, VIOLIER

ERYSIMUM CHEIRI Série Fair Lady

Type Persistante, vivace cultivée en bisannuelle. ***Fleurs*** Petites ombelles de fleurs en croix, parfumées, de 2,5 cm de diam. Tons pastels de blanc, rose, rose saumon, rouge ou jaune. Dès le printemps. ***Feuilles*** Lancéolées. Vert foncé.
• ORIGINE Horticole. • CULTURE Au soleil, dans un sol alcalin, fertile, bien drainé. Pour parterres de printemps. • MULTIPLICATION Par semis en pépinière entre la fin du printemps et le début de l'été. • AUTRE NOM *Cheiranthus cheiri* Série Fair Lady.

HAUTEUR
30 cm

ETALEMENT
25 cm

Scrophulariacées	

LINARIA RETICULATA 'Crown Jewels'

Type Dressée, annuelle. ***Fleurs*** En éperon à deux lèvres irrégulières, en grappe évasée. Rouges, bordeaux, orange ou jaune d'or. De la fin du printemps à l'été. ***Feuilles*** Etroites. Vert bleuté.
• ORIGINE Horticole. • CULTURE Au soleil, dans un sol léger, modérément fertile, bien drainé, de préférence sablonneux. Entre les plantes d'un massif ou d'une mixed-border. • MULTIPLICATION Par semis en place au début du printemps. Dissémination spontanée possible.

HAUTEUR
23 cm

ETALEMENT
23 cm

Amaranthacées

CELOSIA ARGENTEA 'Century Yellow'

Type Vigoureuse, rameuse, buissonnante, vivace cultivée en annuelle. ***Fleurs*** Petites, en panaches plumeux de 25 cm de long. Jaune d'or orangé. Dès l'été. ***Feuilles*** Ovales à lancéolées. Gris pâle. • ORIGINE Horticole. • CULTURE Dans un sol fertile, humide, bien drainé, sur un site chaud en plein soleil protégé des vents violents. Convient pour un parterre d'été mais aussi en plante d'intérieur temporaire ou dans un jardin d'hiver. Ses panaches donnent de belles fleurs coupées et peuvent être utilisés dans des compositions de fleurs fraîches ou séchées. Arrosage intensif pendant les périodes de sécheresse prolongée. Sous abri vitré, optez pour un compost d'empotage à base de terreau et un lieu bien ventilé et lumineux mais ombragé pendant la pleine floraison pour prolonger la floraison. Arrosage prudent et modéré complété par un engrais liquide équilibré tous les quinze jours pendant la pleine croissance. • MULTIPLICATION Par semis à 18 °C entre le début et la fin du printemps.

HAUTEUR
45 cm

ETALEMENT
30 cm

LES PRIMEVÈRES

Le genre *Primula* comprend quelques 400 espèces d'annuelles, bisannuelles, vivaces, rustiques à gélives, dont certaines à feuillage persistant. Toutes ont des feuilles en rosette basale et des fleurs tubulaires, en cloche, ou aplaties style primevère. Les primevères cultivées en annuelles ou bisannuelles incluent les cultivars semi-rustiques de *P. malacoides* et *P. obconica*, surtout utilisés en plantes d'intérieur. Les plus répandus sont les hybrides de primevères et les cultivars de polyanthus. Les cultivars de primevère ont des fleurs à courte tige émergeant juste au-dessus de la rosette basale. Les cultivars de polyanthus, dérivés de *P. amoena*, *P. elatior*, *P. juliae*, *P. veris*, et *P. vulgaris*, produisent des fleurs en ombelle sur des hampes robustes.

Ces deux groupes de cultivars fleurissent au printemps ou de l'hiver au printemps s'ils ont poussé en serre froide. Les cultivars de primevère et de polyanthus sont très divers et peuvent avoir un feuillage persistant, semi-persistant ou caduc. Ils sont aussi divers dans la rusticité puisque certaines séries à semis se cultivent comme plantes d'intérieur ou de jardin d'hiver. Leurs exigences de culture peuvent se diviser en deux groupes :

Culture 1 En plein soleil ou mi-ombre, dans un sol modérément fertile, assez humide mais bien drainé.

Culture 2 En serre froide ou comme plante d'intérieur, dans un mélange à 4 parts de compost de rempotage à base de terreau pour une part de gros sable et une part de terreau de feuilles. Ils supportent une lumière vive filtrée. Arrosez abondamment et appliquez un engrais liquide équilibré, à demi-dose une fois par semaine pendant la croissance.

Semez en surface au printemps, à 16 °C. Mettez en terre au début de l'automne dans le site définitif de floraison.

Les plantes sont assez sujettes aux pucerons, limaces, charançons de la vigne, viroses et pourriture grise (*Botrytis*).

P. OBCONICA
'Libre Mixed'
Type Vivace, en rosette, régulière, cultivée en annuelle.
Fleurs Blanches, roses, rouges, bleues, saumon ou abricot, verticillées, en coupe, 2,5-5 cm de diam. De l'hiver au printemps.
Feuilles Grossières, ovales, dentées. Vert moyen.
• CULTURE 2.
• HAUTEUR 30 cm.
• ÉTALEMENT 30 cm.

***P. obconica* 'Libre Mixed'**

P. OBCONICA
'Appleblossom'
Type Vivace, en rosette, régulière, cultivée en annuelle.
Fleurs Rose pâle, teintées de rose saumon, verticillées, en coupe, 2,5-5 cm de diam. De l'hiver au printemps.
Feuilles Grossières, ovales, dentées. Vert moyen.
• CULTURE 2.
• HAUTEUR 20 cm.
• ÉTALEMENT 25 cm.

***P. obconica* 'Appleblossom'**

P. MALACOIDES
'Bright Eyes'
Type Vivace, cultivée en annuelle.
Fleurs Blanches, roses, carmin ou pourpre, à œil jaune, parfois bicolores, verticillées, simples, 1 cm de diam. De l'hiver au printemps.
Feuilles Ovales, duveteuses. Vert pâle.
• CULTURE 2.
• HAUTEUR 25 cm.
• ÉTALEMENT 20 cm.

***P. malacoides* 'Bright Eyes'**

P. Série Cowichan
Type Vivace, en rosette, cultivée en bisannuelle.
Fleurs Rouges, pourpres, bordeaux, bleues ou jaunes, veloutées, en coupe, 5 cm de diam. De l'hiver au printemps.
Feuilles Ovales, fortement veinées. Vert foncé.
• CULTURE 1.
• HAUTEUR 30 cm.
• ÉTALEMENT 30 cm.

***P.* Série Cowichan**

P. Pacific Giants Mixed

Type Vivace, naine, en rosette, cultivée en bisannuelle.
Fleurs Blanches, roses, rouges, bleues ou jaunes, en coupe. Floraison abondante de l'hiver au printemps.
Feuilles Ovales. Vert moyen.
• CULTURE 1.
• HAUTEUR 15-30 cm.
• ÉTALEMENT 20 cm.

P. Pacific Giants Mixed
(Série Pacific)
Primevère naine

P. 'Dania'

Type Vivace, en rosette, cultivée en bisannuelle.
Fleurs Dans des nuances de rose, rouge et or, certaines bicolores, en coupe, 2,5 cm de diam. Au printemps.
Feuilles Lancéolées, ridées. Vert moyen.
• CULTURE 2.
• HAUTEUR 15 cm.
• ÉTALEMENT 20 cm.

P. 'Dania'

P. OBCONICA 'Cantata Lavender'

Type Vivace, en rosette, cultivée en annuelle.
Fleurs Blanches, roses, rouges ou bleu lavande, verticillées, en coupe 2,5 cm de diam. De l'hiver au printemps.
Feuilles Ovales, grossières, dentées. Vert moyen.
• CULTURE 2.
• HAUTEUR 25 cm.
• ÉTALEMENT 25 cm.

P. obconica 'Cantata Lavender'

P. Série Crescendo

Type Vivace, en rosette, cultivée en bisannuelle.
Fleurs Blanches, roses, rouges, jaunes ou bleues, en coupe, 2,5 cm de diam. De l'hiver au printemps.
Feuilles Ovales, plissées. Vert moyen à foncé.
• CULTURE 1 ou 2.
• HAUTEUR 15 cm.
• ÉTALEMENT 20 cm.

P. Série Crescendo

P. Série Joker

Type Vivace, en rosette, cultivée en bisannuelle.
Fleurs Teintes très variées, à œil jaune, certaines bicolores, en coupe, 4,5 cm de diam. Au printemps.
Feuilles Lancéolées, ridées. Vert moyen.
• CULTURE 2.
• HAUTEUR 10 cm.
• ÉTALEMENT 20 cm.

P. Série Joker

LES SAUGES

Le genre *Salvia* comprend environ 900 espèces d'annuelles, bisannuelles, vivaces herbacées à feuillage persistant et arbustives. Les *Salvia* portent des grappes dressées, plus ou moins continues, ou des bouquets, de fleurs bilabiées. La lèvre supérieure de chaque fleur est érigée, en casque, la lèvre inférieure étalée. Les fleurs présentent souvent des calices colorés, tubulaires, en cloche ou en entonnoir, et de grandes bractées en forme de feuille.

Certaines plantes appartenant à ce genre peuvent décorer divers types de jardin, entre autres les cultivars de *S. coccinea* et *S. splendens*, qui restent éphémères en tant que vivaces et sont en général cultivés comme des annuelles. Ces cultivars fleurissent en abondance et vite la première année après le semis et offrent des couleurs éclatantes pendant des mois que ce soit en bacs, en parterre ou comme élément d'une mixed-border. Les cultivars de l'annuelle *S. viridis* conviennent en mixed-borders et sont parfaits en plantations informelles, de style champêtre. Elles font de belles fleurs coupées ou séchées pour les compositions d'hiver.
Les cultivars et les variantes de la bisannuelle *S. sclarea* sont cultivés comme des bisannuelles et fleurissent tout au long de l'été jusqu'à l'automne, ajoutant leurs couleurs aux plates-bandes ou mixed-borders ensoleillées et à toutes les compositions informelles.

A cultiver dans un sol léger, modérément fertile, bien drainé, riche en matière organique, en plein soleil ou dans une ombre légère et intermittente.

Semez les annuelles entre le début et le milieu du printemps à 18 °C. Pincez les pousses quand les jeunes plantes atteignent 5-8 cm de haut pour favoriser la ramification. Endurcissez-les et plantez-les en pleine terre quand il n'y a plus de risque de gel. Semez les bisannuelles en été, en place ou en caissettes dans un châssis froid. Replantez-les dans leur site de floraison à l'automne.

S. FARINACEA
'Alba'
Type Vivace, dressée, buissonnante, rameuse, cultivée en annuelle.
Fleurs Blanches, tubulaires, en casque, bilabiées, en longues grappes denses et élancées. De l'été à l'automne.
Feuilles Pointues, lancéolées. Vert moyen, à revers couvert de duvet blanc.
• HAUTEUR 60 cm.
• ÉTALEMENT 30 cm.

S. farinacea
'Alba'

S. SPLENDENS
Série Carabiniere
Type Vivace, dressée, buissonnante, à floraison hâtive, cultivée en annuelle.
Fleurs Blanc pur, en coloris unis ou panachés, en casque, bilabiées. De l'été à l'automne.
Feuilles Ovales, pointues, dentées. Vert foncé.
• HAUTEUR 30 cm.
• ÉTALEMENT 25 cm.

S. splendens
Série Carabiniere
Sauge éclatante

S. COCCINEA
'Coral Nymph'
Type Vivace ou annuelle, dressée, buissonnante.
Fleurs Rose corail, en casque, bilabiées, 2 cm de long, en grappe étagée, élancée. De l'été à l'automne.
Feuilles Ovales à cordiformes, poilues. Vert foncé.
• HAUTEUR 40 cm.
• ÉTALEMENT 30 cm.

S. coccinea
'Coral Nymph'

S. VIRIDIS
Type Annuelle, dressée, buissonnante.
Fleurs Roses à pourpre pâle, petites, entourées de minces bractées blanches, roses ou pourpres, en grappe verticillée. En été.
Feuilles Ovoïdes, poilues. Vert moyen.
• AUTRE NOM *S. horminum.*
• HAUTEUR 50 cm.
• ÉTALEMENT 23 cm.

S. viridis

S. SPLENDENS Série Cleopatra

Type Vivace, dressée, buissonnante, cultivée en annuelle.
Fleurs Blanches, rose saumon, rouges ou pourpres, en casque, bilabiées, en grappe dense. De l'été à l'automne.
Feuilles Ovales, pointues, dentées. Vert frais.
• HAUTEUR 30 cm.
• ÉTALEMENT 25 cm.

S. splendens
Série Cleopatra
Sauge éclatante

☼ 💧 ❄

S. SPLENDENS 'Carabiniere'

Type Vivace, dressée, buissonnante, à floraison hâtive, cultivée en annuelle.
Fleurs Ecarlates, tubulaires, en casque, bilabiées, en grappe dense. De l'été à l'automne.
Feuilles Ovales, pointues, dentées. Vert foncé.
• HAUTEUR 30 cm.
• ÉTALEMENT 25 cm.

S. splendens
'Carabiniere'
(Série Carabiniere)
Sauge éclatante

☼ 💧 ❄

S. SPLENDENS Série Sizzler

Type Vivace, dressée, buissonnante, à floraison hâtive, cultivée en annuelle.
Fleurs Blanches, saumon, cerise, pourpres, écarlates ou bleu lavande, en casque, bilabiées. De l'été à l'automne.
Feuilles Ovales, pointues, dentées. Vert frais.
• HAUTEUR 30 cm.
• ÉTALEMENT 25 cm.

S. splendens
Série Sizzler
Sauge éclatante

☼ 💧 ❄

S. VIRIDIS 'Claryssa'

Type Annuelle, compacte, buissonnante, très ramifiée.
Fleurs Coloris unis ou panachés, entourées de minces bractées blanches, rose vif, pourpres ou bleues, petites, en grappe verticillée. En été.
Feuilles Ovoïdes poilues. Vert moyen.
• HAUTEUR 40 cm.
• ÉTALEMENT 23 cm.

S. viridis
'Claryssa'

☼ 💧 ❄❄❄

S. SPLENDENS 'Flare Path'

Type Vivace, dressée, buissonnante, cultivée en annuelle.
Fleurs Ecarlates, en casque, bilabiées, en grappe dense. De l'été à l'automne.
Feuilles Ovales, pointues, dentées. Vert frais.
• HAUTEUR 30 cm.
• ÉTALEMENT 20-30 cm.

S. splendens
'Flare Path'
Sauge éclatante

☼ 💧 ❄

S. SCLAREA var. *TURKESTANICA*

Type Vivace ou bisannuelle, ramifiée.
Fleurs Blanches, mouchetées de rose, à bractées lilas sur des tiges roses, en casque, bilabiées. Du printemps à l'été.
Feuilles Ovales à étroites, ridées, crénelées ou dentées. Vert moyen.
• HAUTEUR 1 m.
• ÉTALEMENT 30 cm.

***S. sclarea* var.**
turkestanica
Sauge sclarée, Toute-bonne

☼ 💧 ❄❄❄

S. COCCINEA 'Lady in Red'

Type Vivace ou annuelle, dressée, buissonnante.
Fleurs Rouge velouté, en casque, bilabiées, 2 cm de long, en grappe terminale étagée, élancée. De l'été à l'automne.
Feuilles Ovales à cordiformes, poilues. Vert foncé.
• HAUTEUR 40 cm.
• ÉTALEMENT 30 cm.

S. coccinea
'Lady in Red'

☼ 💧 ❄ 🏆

S. FARINACEA 'Victoria'

Type Vivace, dressée, buissonnante, ramifiée, cultivée en annuelle.
Fleurs Bleu profond, en casque, bilabiées, tubulaires, en longue grappe dense. De l'été à l'automne.
Feuilles Pointues, lancéolées. Vert moyen à revers blanc.
• HAUTEUR 60 cm.
• ÉTALEMENT 30 cm.

S. farinacea
'Victoria'

☼ 💧 ❄ 🏆

LES VERVEINES

Dans les quelques 250 espèces d'annuelles, vivaces et sous-arbustives qui composent le genre *Verbena*, bon nombre d'hybrides vivaces semi-rustiques, classés *V.* x *hybrida*, méritent d'être cultivés comme des annuelles. Ils ne résistent pas à l'hiver dans les régions sujettes au gel et fleurissent abondamment la première année après les semis. Les cultivars de *V.* x *hybrida* sont dressés et buissonnants ou étalés et tapissants, avec en général des feuilles de texture grossière. Ils sont appréciés pour leurs petites fleurs en forme de coupe, souvent parfumées, qui vont jusqu'à 8 cm ou plus de diamètre, rassemblées en bouquets denses. Leurs fleurs offrent une large palette de couleurs vives et sont épanouies tout l'été jusqu'aux premières gelées. Les cultivars de *V.* x *hybrida* sont parfaits dans les parterres ou bordures d'été, les plates-bandes annuelles ou les mixed-borders, et en bacs, y compris les suspensions. Le Type *V.* x *hybrida* 'Imagination', parfois nommé *V. speciosa* 'Imagination', est particulièrement adapté aux suspensions et, en pleine terre, il s'étalera en touffe dense.

A cultiver dans un sol modérément fertile, humide mais bien drainé, dans un endroit dégagé en plein soleil. Arrosez en profondeur pendant les périodes de chaleur et de sécheresse prolongées. En bacs, utilisez un terreau de rempotage à base de terreau ou sans terreau additionné de sable liant. Arrosez abondamment pendant la croissance et apportez un engrais liquide équilibré une à deux fois par mois.

Semez à 18-21 °C en fin d'hiver ou début de printemps. La germination peut être irrégulière et prendre deux à trois semaines. Pincez les pousses des jeunes plantes pour favoriser l'aspect buissonnant. Endurcissez-les et mettez-les en pleine terre quand il n'y a plus de risque de gel.

Les plantes sont sujettes aux limaces, pucerons, thrips et cicadelles et peuvent être atteintes de mildiou.

V. x *HYBRIDA* Série Novalis (blanche)

Type Vivace, dressée, compacte, buissonnante.
Fleurs Blanc pur, longs tubes, en coupe, jusqu'à 8 cm de diam., en bouquet arrondi. De l'été à l'automne.
Feuilles Ovales à étroites, dentées, texture rugueuse. Vert moyen.
• HAUTEUR 25 cm.
• ÉTALEMENT 30 cm.

V.* x *hybrida
Série Novalis (blanche)

V. x *HYBRIDA* 'Peaches and Cream'

Type Vivace, étalée, très ramifiée.
Fleurs Rose orangé, jaune crème ou abricot, longs tubes, en coupe, en bouquets, 8 cm de large. De l'été à l'automne.
Feuilles Ovales à étroites, rugueuses. Vert moyen.
• HAUTEUR 45 cm.
• ÉTALEMENT 45 cm.

V.* x *hybrida
'Peaches and Cream'

V. x *HYBRIDA* Série Romance

Type Vivace, dressée, compacte, buissonnante.
Fleurs Unies, dans des nuances de rouge ou pourpre bleuté, à œil blanc, longs tubes, en coupe, en bouquets. De l'été à l'automne.
Feuilles Ovales à étroites, rugueuses. Vert moyen.
• HAUTEUR 25 cm.
• ÉTALEMENT 30 cm.

V.* x *hybrida
Série Romance

V. x *HYBRIDA* Série Sandy

Type Vivace, dressée, compacte, buissonnante.
Fleurs Blanches, rose vif, magenta ou écarlates, parfois à œil blanc, longs tubes, en coupe, jusqu'à 8 cm de large, en bouquets. De l'été à l'automne.
Feuilles Ovales à étroites, rugueuses. Vert moyen.
• HAUTEUR 25 cm.
• ÉTALEMENT 30 cm.

V.* x *hybrida
Série Sandy

V. x *HYBRIDA* 'Showtime'

Type Vivace, dressée, buissonnante, à croissance lente.
Fleurs Coloris vifs et variés, longs tubes, en coupe, en bouquets. De l'été à l'automne.
Feuilles Ovales à étroites, dentées, texture rugueuse. Vert moyen.
• HAUTEUR 25 cm.
• ÉTALEMENT 45 cm.

V. x ***hybrida***
'Showtime'

V. x *HYBRIDA* 'Defiance'

Type Vivace, dressée, buissonnante, à croissance lente.
Fleurs Rouge profond, à œil blanc, longs tubes, en coupe, en bouquets arrondis. De l'été à l'automne.
Feuilles Ovales à étroites, dentées, texture rugueuse. Vert moyen à foncé.
• HAUTEUR 20 cm.
• ÉTALEMENT 30 cm.

V. x ***hybrida***
'Defiance'

V. x *HYBRIDA* 'Imagination'

Type Vivace, étalée, touffue.
Fleurs Bleu violacé profond, bouquets de petites fleurs tubulaires, en coupe, sur de longues tiges. De l'été à l'automne.
Feuilles Finement découpées. Vert vif.
• AUTRE NOM *V. speciosa* 'Imagination'.
• HAUTEUR 30 cm.
• ÉTALEMENT 50 cm.

V. x ***hybrida***
'Imagination'

V. x *HYBRIDA* 'Deep Blue with Eye'

Type Vivace, dressée, compacte, buissonnante.
Fleurs Bleues, à œil blanc, longs tubes, en coupe, en bouquets arrondis. De l'été à l'automne.
Feuilles Ovales à étroites, dentées. Vert moyen.
• HAUTEUR 25 cm.
• ÉTALEMENT 30 cm.

V. x ***hybrida***
'Deep Blue with Eye'
(Série Novalis)

Composées/Astéracées

OSTEOSPERMUM 'Salmon Queen'

Type Sous-arbrisseau à feuillage persistant, dressé, vivace cultivé en annuelle. ***Fleurs*** De type marguerite de 6 cm de diam. Floraison abondante de la fin du printemps à l'automne. Existe dans des tons pastels de rose saumon, de jaune abricot très pâle, avec un disque central brun doré plus foncé. ***Feuilles*** Lancéolées. Vert moyen.

• ORIGINE Horticole. On trouve l'espèce parente dans les prairies d'Afrique du Sud. • CULTURE Dans un sol léger, bien drainé, modérément fertile, à l'abri sur un site chaud et ensoleillé. En plates-bandes d'annuelles, en mixed-borders, en bacs, sur un talus sec et ensoleillé ou en haut d'un mur de pierres au soleil. Ses fleurs sont idéales en fleurs coupées. Enlevez régulièrement les fleurs fanées pour prolonger la floraison. Ces plantes seront de vraies vivaces dans les régions aux hivers tempérés, sans gelées. • MULTIPLICATION Par boutures semi-ligneuses à la fin de l'été car les semis ne seront pas conformes au type. Protégez les jeunes plants sous verre des gels hivernaux. Sortez-les au printemps quand les risques de gel sont passés.

HAUTEUR
30 cm

ETALEMENT
45 cm

Papavéracées	PAVOT DE CALIFORNIE 'MONARCH ART SHADES'

ESCHSCHOLZIA CALIFORNICA 'Monarch Art Shades'

Type Erigée, tapissante, rameuse, annuelle. ***Fleurs*** Doubles ou semi-doubles en coupe de 7 cm de diam. à pétales froncés. Crème, rouges, jaunes, abricot ou orange. Dès l'été. ***Feuilles*** Lancéolées, finement découpées. Vert grisâtre.
• ORIGINE Horticole. • CULTURE En plein soleil, dans un sol pauvre, léger, bien drainé. En fleurs coupées. • MULTIPLICATION Par semis en place au milieu du printemps ou en automne.

HAUTEUR
30 cm

ETALEMENT
15 cm

Papavéracées	PAVOT DE CALIFORNIE

ESCHSCHOLZIA CALIFORNICA

Type Tapissante, rameuse, annuelle. ***Fleurs*** Simples, en coupe de 7 cm de diam. Blanches, rouges ou jaunes, le plus souvent proposée en orange. Dès l'été. ***Feuilles*** Lancéolées, finement découpées. Vert grisâtre.
• ORIGINE Prairies dégagées de l'Oregon à la côte californienne, Etats-Unis. • CULTURE En plein soleil, dans un sol pauvre, léger, bien drainé. En fleurs coupées. • MULTIPLICATION Par semis en place au milieu du printemps ou en automne.

HAUTEUR
30 cm

ETALEMENT
15 cm

Composées/Astéracées	

CARTHAMUS TINCTORIUS 'Goldtuft'

Type Dressée, annuelle. ***Fleurs*** De type chardon, de 4 cm de diam. Ses fleurons forment des touffes ressemblant à des glands et sont entourés de bractées raides. En bouquets lâches. Fleurons orange doré, bractées vertes. Dès l'été. ***Feuilles*** Ovales ou étroites, à bords ondulés, aux dents épineuses. Vert grisâtre.
• ORIGINE Horticole. • CULTURE Au soleil, dans tout sol léger, bien drainé. En fleurs coupées et séchées.
• MULTIPLICATION Par semis entre 10 et 15 °C au printemps.

HAUTEUR
30–60 cm

ETALEMENT
30 cm

Composées/Astéracées	

ARCTOTIS FASTUOSA

Type Etalée, vivace , cultivée en annuelle. ***Fleurs*** De type marguerite. Orange à disque central pourpre foncé ou noir. De l'été à l'automne. ***Feuilles*** Ovales, profondément lobées, poilues. Blanc argenté.
• ORIGINE Terrains secs et pierreux d'Afrique du Sud. • CULTURE Dans un sol léger, humide, bien drainé, sur un site chaud et ensoleillé. En intérieur ou en jardin d'hiver dans les régions froides. • MULTIPLICATION Par semis entre 16 et 18 °C au début du printemps mais aussi par boutures de tiges à tout moment. • AUTRE NOM *Venidium fastuosum*.

Min. 5 °C

HAUTEUR
30–60 cm
ETALEMENT
30 cm

Composées/Astéracées	

URSINIA ANTHEMOIDES

Type Buissonnante, dressée, annuelle. ***Fleurs*** Solitaires, de type marguerite, de 6 cm de diam. Fleurons rayonnants jaune orangé au revers marqué de bordeaux ou de pourpre cuivré, autour d'un disque taché de pourpre. Dès l'été. ***Feuilles*** Finement découpées, aromatiques.Vert vif.

• ORIGINE Savanne sèche d'Afrique du Sud. • CULTURE Dans un sol léger, sablonneux, bien drainé, sur un site chaud et ensoleillé. Entre les plantes d'un massif ou d'une mixed-border mais aussi en fleurs coupées. • MULTIPLICATION Par semis entre 13 et 18 °C au printemps.

HAUTEUR
40 cm

ETALEMENT
30 cm

Crucifères/Brassicacées	GIROFLEE JAUNE, RAVENELLE, VIOLIER

ERYSIMUM CHEIRI Série Bedder

Type Compacte, persistante vivace cultivée en bisannuelle. ***Fleurs*** Petits bouquets de fleurs de 2,5 cm de diam. parfumées, en croix. Dès le printemps. Rouges, jaune d'or, jaune primevère ou orange. ***Feuilles*** Lancéolées. Vert foncé.

• ORIGINE Horticole. • CULTURE Au soleil, dans un sol alcalin, fertile, bien drainé. Pour parterres de printemps. • MULTIPLICATION Par semis en pépinière entre la fin du printemps et le début de l'été. • AUTRE NOM *Cheiranthus cheiri* Série Bedder.

HAUTEUR
23–30 cm

ETALEMENT
25–30 cm

Amaranthacées	

AMARANTHUS TRICOLOR 'Joseph's Coat'

Type Buissonnante, annuelle. ***Fleurs*** Panicules de fleurs insignifiantes sur un plan décoratif. Rouges ou vertes. De l'été au début de l'automne. ***Feuilles*** Ovales. Feuilles supérieures cramoisies et doré. Feuilles inférieures brun chocolaté, vert et jaune.

• ORIGINE Horticole. • CULTURE Dans un sol humide, fertile, riche en matière organique, à l'abri sur un site ensoleillé. Idéale en parterres ou en plante d'intérieur temporaire. • MULTIPLICATION Par semis à 20 °C au milieu du printemps.

HAUTEUR
Jusqu'à
45 cm

ETALEMENT
45 cm

Scrophulariacées

CALCEOLARIA INTEGRIFOLIA 'Sunshine'

Type Compacte, vivace cultivée en bisannuelle. ***Fleurs*** En forme de bourse. Jaune soutenu. Dès l'été. ***Feuilles*** Lancéolées. Vert moyen.
• ORIGINE Horticole. • CULTURE Dans un sol léger, légèrement acide, au soleil ou à mi-ombre. Sous verre, optez pour un compost à base de terreau, sous une lumière vive mais filtrée. Arrosage abondant. • MULTIPLICATION Par boutures semi-ligneuses à la fin de l'été.

HAUTEUR
20 cm

ETALEMENT
20 cm

Scrophulariacées | NEMESIE STRUMOSA SERIE TRIUMPH

NEMESIA STRUMOSA Série Triumph

Type Très ramifiée, annuelle. ***Fleurs*** En trompette, irrégulières, de 2,5 cm de diam. Rouges, jaunes ou orange. Du milieu à la fin de l'été. ***Feuilles*** Lancéolées. Vert moyen.
• ORIGINE Horticole. • CULTURE En plein soleil, dans un sol légèrement acide et modérément fertile, humide, bien drainé. En parterres, en plates-bandes d'annuelles, en mixed-borders ou en bacs. • MULTIPLICATION Par semis à 15 °C au printemps.

HAUTEUR
20 cm

ETALEMENT
15 cm

Tropéolacées | CAPUCINE SERIE ALASKA

TROPAEOLUM Série Alaska

Type Compacte, touffue, annuelle. ***Fleurs*** Simples, en entonnoir de 6 cm de diam. Crème, rouges, acajou, jaunes ou orange. De l'été à l'automne. ***Feuilles*** Réniformes. Vert clair panaché de blanc crème.
• ORIGINE Horticole. • CULTURE Au soleil, dans un sol pauvre, léger, bien drainé. Au premier plan d'une plate-bande ou sur un talus sec et ensoleillé.
• MULTIPLICATION Par semis entre 13 et 16 °C au début du printemps ou en place au printemps.

HAUTEUR
30 cm

ETALEMENT
45 cm

Composées/Astéracées | SOUCI DES JARDINS 'GITANA'

CALENDULA OFFICINALIS 'Fiesta Gitana'

Type Compacte, touffue, annuelle. ***Fleurs*** Doubles de type marguerite, de 10 cm de diam. Jaune pastel ou orange. De l'été à l'automne. ***Feuilles*** Lancéolées à oblongues. Vert vif.
• ORIGINE Horticole. • CULTURE Au soleil, dans tout sol bien drainé. Pour fleurs coupées, pour parterres et en bacs. Enlevez régulièrement les fleurs fanées.
• MULTIPLICATION Par semis en place au printemps ou en automne.

HAUTEUR
30 cm

ETALEMENT
23 cm

Composées/Astéracées	

RUDBECKIA HIRTA 'Marmalade'

Type Rameuse, vivace ou bisannuelle cultivée en annuelle. ***Fleurs*** De type marguerite. Jaune orangé à disque conique brun pourpré. De l'été à l'automne. ***Feuilles*** Ovales à deltoïdes. Vert moyen.

• ORIGINE Horticole. • CULTURE Dans un sol fertile, humide, bien drainé. Pour mixed-borders ou en fleurs coupées. • MULTIPLICATION Par semis entre 16 et 18 °C au printemps. • AUTRE NOM *R. gloriosa* 'Marmalade'.

☼ ◊ ❄❄❄

HAUTEUR 45 cm

ETALEMENT 30 cm

Papavéracées	PAVOT DE CALIFORNIE (EN MELANGE)

ESCHSCHOLZIA CALIFORNICA (En mélange) 🏆

Type Tapissante, rameuse, annuelle. ***Fleurs*** Simples, en coupe de 4 cm de diam. Luisante. Dans des tons de blanc, rouge, jaune, ou orange. Dès l'été. ***Feuilles*** Lancéolées, finement découpées. Vert grisâtre.

• ORIGINE Prairies dégagées de l'Oregon à la côte californienne, Etats-Unis. • CULTURE En plein soleil, dans un sol pauvre, léger, bien drainé. En fleurs coupées. • MULTIPLICATION Par semis en place au milieu du printemps ou en automne.

☼ ◊ ❄❄❄

HAUTEUR 30 cm

ETALEMENT 15 cm

Crucifères/Brassicacées	GIROFLEE JAUNE, RAVENELLE, VIOLIER

ERYSIMUM CHEIRI 'Orange Bedder'

Type Compacte, persistante, vivace cultivée en bisannuelle. ***Fleurs*** Petits bouquets de fleurs en croix. Orange soutenu. Dès le printemps. ***Feuilles*** Lancéolées. Vert foncé.

• ORIGINE Horticole. • CULTURE Au soleil, dans un sol alcalin de préférence, fertile, bien drainé. Pour parterres de printemps. Appartient à la Série Bedder. • MULTIPLICATION Par semis en pépinière entre la fin du printemps et le début de l'été. • AUTRE NOM *Cheiranthus cheiri* 'Orange Bedder'.

☼ ◊ ❄❄❄

HAUTEUR 23–30 cm

ETALEMENT 25–30 cm

Composées/Astéracées	GAILLARDE PULCHELLA 'LOLLIPOPS'

GAILLARDIA PULCHELLA 'Lollipops'

Type Touffue, dressée, annuelle. ***Fleurs*** Très doubles, de type marguerite, de 5 cm de diam. Rouges et jaunes. De l'été à l'automne. ***Feuilles*** Lancéolées. Gris-vert.

• ORIGINE Horticole. • CULTURE Au soleil, dans un sol fertile, bien drainé. Dans une plate-bande d'annuelles, une mixed-border ou en fleurs coupées. Enlevez régulièrement les fleurs fanées pour prolonger la floraison. • MULTIPLICATION Par semis entre 13 et 18 °C au début du printemps ou en place à la fin du printemps.

☼ ◊ ❄❄❄

HAUTEUR 30 cm

ETALEMENT 30 cm

Tropéolacées	CAPUCINE SERIE JEWEL

TROPAEOLUM Série Jewel

Type Compacte, touffue, annuelle. ***Fleurs*** Doubles et semi-doubles, en entonnoir. Roses, écarlates, cramoisies ou jaunes. Du début de l'été à l'automne. ***Feuilles*** Réniformes. Vert clair.
• ORIGINE Horticole. • CULTURE Au soleil, dans un sol pauvre, léger, bien drainé. Au premier plan d'une plate-bande d'annuelles ou sur un talus sec et ensoleillé. Dans un sol trop riche, le développement des feuilles pourrait obscurcir les fleurs.
• MULTIPLICATION Par semis entre 13 et 16 °C au début du printemps ou en place au printemps.

HAUTEUR
30 cm

ETALEMENT
45 cm

Composées/Astéracées	IMMORTELLE A BRACTEES 'BRIGHT BIKINI'

BRACTEANTHA BRACTEATA 'Bright Bikini Mixed'

Type Dressée, annuelle. ***Fleurs*** Double. Blanches, roses, rouges, jaunes ou orange. De l'été à l'automne. ***Feuilles*** Lancéolées. Vert moyen.
• ORIGINE Horticole. • CULTURE En plein soleil, dans un sol humide, bien drainé, modérément fertile. En fleurs coupées ou séchées en plate-bandes et en bacs. • MULTIPLICATION Par semis à 18 °C au printemps. • AUTRE NOM *Helichrysum bracteatum* 'Bright Bikini Mixed'.

HAUTEUR
30 cm

ETALEMENT
30 cm

Scrophulariacées	

CALCEOLARIA 'Bright Bikini'

Type Compacte, bisannuelle. ***Fleurs*** En forme de bourse. En bouquets denses. En rouge, jaune ou orange. Floraison abondante dès l'été. ***Feuilles*** Ovales. Vert moyen.
• ORIGINE Horticole. • CULTURE Dans un compost à base de terreau sous une lumière vive et filtrée. Idéale en plante d'intérieur. Arrosage abondant complété chaque mois par un engrais équilibré.
• MULTIPLICATION Par semis en surface à 18 °C à la fin de l'été ou au printemps.

HAUTEUR
20 cm

ETALEMENT
20 cm

Onagracées	

CLARKIA AMOENA Série Princess (saumon)

Type Mince, dressée, annuelle. ***Fleurs*** En entonnoir, à pétales satinés froncés. Rose saumon. Dès l'été. ***Feuilles*** Lancéolées. Vert moyen.
• ORIGINE Horticole. • CULTURE Dans un sol humide, bien drainé, modérément fertile, au soleil ou à mi-ombre. Idéale en fleurs coupées. • MULTIPLICATION Par semis en place au printemps ou en automne. • AUTRES NOMS *Godetia amoena* Série Princess, *G. grandiflora* Série Princess.

HAUTEUR
30 cm

ETALEMENT
30 cm

Crucifères/Brassicacées	GIROFLEE JAUNE, RAVENELLE, VIOLIER

ERYSIMUM CHEIRI 'Fire King'

Type Persistante, vivace cultivée en bisannuelle. ***Fleurs*** Petites grappes de fleurs en croix de 2,5 cm de diam. Rouge orange feu. Dès le printemps. ***Feuilles*** Lancéolées. Vert foncé.
• ORIGINE Horticole. • CULTURE Au soleil, dans un sol fertile, bien drainé, de préférence alcalin. Idéale en parterres de printemps. Cet ancien cultivar est fiable. • MULTIPLICATION Par semis en pépinière entre la fin du printemps et le début de l'été.
• AUTRE NOM *Cherianthus cheiri* 'Fire King'.

HAUTEUR
38 cm

ETALEMENT
30 cm

Solanacées	POMMIER D'AMOUR, ORANGER DE SAVETIER

SOLANUM PSEUDOCAPSICUM 'Balloon'

Type Arbuste à feuillage persistant, cultivé en annuelle. ***Fleurs*** En étoile. Blanc. Dès l'été. ***Feuilles*** Ovales à bords ondulés. Vert foncé. ***Fruits*** Ronds. Crème, orange à maturité.
• ORIGINE Horticole. • CULTURE En intérieur ou en jardin d'hiver sous une lumière indirecte, dans un compost avec ou sans terreau. Arrosage fréquent complété d'un engrais riche en potasse tous les quinze jours. • MULTIPLICATION Par semis entre 18 et 24 °C au printemps mais aussi par boutures semi-ligneuses à la fin de l'été.

Min. 5 °C

HAUTEUR
30 cm

ETALEMENT
30–45 cm

Solanacées	PIMENT COMMUN 'HOLIDAY TIME'

CAPSICUM ANNUUM 'Holiday Time'

Type Buissonnante, persistante, vivace cultivée en annuelle. ***Fleurs*** En étoile. Blanches ou jaunes. Dès l'été. ***Feuilles*** Ovales. Vert moyen. ***Fruits*** Coniques. Jaunes, rouge en automne, à maturité.
• ORIGINE Horticole. • CULTURE En plein soleil, dans un sol fertile, bien drainé, riche en matière organique. Idéale pour une jardinière ou un bac en général, en plante d'intérieur temporaire ou dans un jardin d'hiver. • MULTIPLICATION Par semis à 21 °C à la fin de l'hiver.

Min. 4 °C

HAUTEUR
20–30 cm

ETALEMENT
20–30 cm

Solanacées	POMMIER D'AMOUR 'RED GIANT'

SOLANUM PSEUDOCAPSICUM 'Red Giant'

Type Arbuste à feuillage persistant. ***Fleurs*** En étoile. Dès l'été. ***Feuilles*** Ovales. Vert foncé. ***Fruits*** Ronds de 2,5 cm de diam. Rouge orangé.
• ORIGINE Horticole. • CULTURE En intérieur ou en jardin d'hiver sous une lumière indirecte, dans un compost avec ou sans terreau. Arrosage fréquent complété d'un engrais riche en potasse tous les quinze jours. • MULTIPLICATION Par semis entre 18 et 20 °C au printemps mais aussi par boutures semi-ligneuses à la fin de l'été.

Min. 5 °C

HAUTEUR
30 cm

ETALEMENT
30 cm

Amaranthacées	

Celosia argentea 'Apricot Brandy'

Type Buissonnante, vivace cultivée en annuelle. ***Fleurs*** Petites en longs panaches plumeux de 25 cm. Orange soutenu. Dès l'été. ***Feuilles*** Ovales à lancéolées. Gris pâle.

• ORIGINE Horticole. • CULTURE Dans un sol fertile, humide, bien drainé, à l'abri sur un site chaud. Pour un parterre d'été mais aussi en fleurs coupées et séchées. • MULTIPLICATION Par semis à 18 °C entre la fin et le début du printemps.

HAUTEUR Jusqu'à 50 cm

ETALEMENT 30 cm

Amaranthacées	

Celosia argentea 'Fairy Fountains'

Type Buissonnante, vivace cultivée en annuelle. ***Fleurs*** Petites en panaches plumeux de 15 cm de long. Blanches, roses, rouges ou pêche. Dès l'été. ***Feuilles*** Ovales à lancéolées. Gris pâle.

• ORIGINE Horticole. • CULTURE Dans un sol fertile, humide, bien drainé, à l'abri sur un site chaud. Pour un parterre d'été mais aussi en fleurs coupées et séchées. • MULTIPLICATION Par semis à 18 °C entre le début et la fin du printemps.

HAUTEUR 40 cm

ETALEMENT 30 cm

Tropéolacées	CAPUCINE SERIE WHIRLYBIRD

Tropaeolum Série Whirlybird

Type Compacte, touffue, annuelle. ***Fleurs*** Simples à semi-doubles, en entonnoir, du début de l'été à l'automne. Crème, roses, écarlates, jaunes ou orange. ***Feuilles*** Réniformes. Vert clair.

• ORIGINE Horticole. • CULTURE Au soleil, dans un sol pauvre, léger, bien drainé. Au premier-plan d'une plate-bande sur un talus sec et ensoleillé, ou en bacs. • MULTIPLICATION Par semis entre 13 et 16 °C au début du printemps ou en place au printemps.

HAUTEUR 25 cm

ETALEMENT 35 cm

Campanulacées/ Lobéliacées	

LOBELIA ERINUS 'Snowball'

Type En touffe, compacte, vivace cultivée en annuelle. ***Fleurs*** En trompette, bilabiées, de 1 cm de long, en bouquets lâches. Blanc luisant. De l'été à l'automne. ***Feuilles*** Vernissées, petites, ovales à étroites, proches de l'herbe. Vert moyen. • ORIGINE Horticole. • CULTURE Dans un sol fertile, humide, bien drainé, au soleil ou à mi-ombre. Pour bordures et en bacs. • MULTIPLICATION Par semis à la fin de l'hiver ou au début du printemps entre 13 et 18 °C.

HAUTEUR 15 cm

ETALEMENT 15 cm

Composées/Astéracées	AGERATE BLEUE 'HAWAII WHITE'

AGERATUM HOUSTONIANUM 'Hawaii White'

Type En touffe, compacte, annuelle. ***Fleurs*** Corymbes plumeux de 10 cm de diam. de petits capitules blancs. Du milieu de l'été à l'automne. ***Feuilles*** Ovales, cordiformes à la base, duveteuses. Vert moyen. • ORIGINE Horticole. • CULTURE Dans un sol humide, bien drainé. En parterres, bordures et bacs. • MULTIPLICATION Par semis au début du printemps entre 16 et 18 °C ou par semis en automne. En hiver, protégez les jeunes plants sous verre à 10 °C.

HAUTEUR 15 cm

ETALEMENT 15–30 cm

Crucifères/Brassicacées	CORBEILLE D'ARGENT 'LITTLE DORRIT'

LOBULARIA MARITIMA 'Little Dorrit'

Type Etalée, ramifiée, annuelle. ***Fleurs*** Petites fleurs blanches parfumées en inflorescences arrondies dépassant parfois 2,5 cm de diam. En été. ***Feuilles*** Lancéolées, à poils clairsemés. Vert grisâtre. • ORIGINE Horticole. • CULTURE Préfère les sols légers. Idéale en bordures, en jardinières ou en bacs en général. • MULTIPLICATION Par semis au début du printemps entre 10 et 13 °C ou en place à la fin du printemps. • AUTRE NOM *Alyssum maritimum* 'Little Dorrit'.

HAUTEUR 10 cm

ETALEMENT 20–30 cm

Boraginacées	

MYOSOTIS SYLVATICA 'Snowball'

Type En masse arrondie, compacte, bisannuelle ou vivace à courte durée de vie. ***Fleurs*** Ombelles denses de petites fleurs en coupe de 9 mm de diam. Blanches à œil blanc. Du printemps au début de l'été. ***Feuilles*** Ovales ou lancéolées, poilues. Vert moyen. • ORIGINE Horticole. • CULTURE Supporte un sol pauvre. Pour un parterre de printemps, un jardin boisé ou champêtre. • MULTIPLICATION Par semis en place au printemps ou par semis au début de l'été soit en pépinière soit en bacs sous châssis.

HAUTEUR 15 cm

ETALEMENT 15 cm

Crucifères

IONOPSIDIUM ACAULE

Type Compacte, acaule, annuelle. ***Fleurs*** Petites, parfumées, en croix, à l'aisselle des feuilles. Blanches teintées de bleu ou de violet. De l'été au début de l'automne. ***Feuilles*** Orbiculaires, ovales, à 3 lobes, ou entières en rosette basale. Vert moyen.
• ORIGINE Portugal. • CULTURE Dans un sol humide, bien drainé, à mi-ombre. Dissémination spontanée possible. Entre les pierres d'un dallage, dans une bordure ou une rocaille. • MULTIPLICATION Par semis en place au printemps, en été mais aussi en automne dans les régions aux hivers tempérés.

HAUTEUR
5–8 cm

ETALEMENT
2,5 cm

Campanulacées/ Lobéliacées

LOBELIA ERINUS 'Colour Cascade'

Type Rampante, vivace cultivée en annuelle. ***Fleurs*** En trompette, bilabiées, de 1 cm de diam. Blanches, roses, carmin, rouges, violettes et bleues, souvent à œil blanc. De l'été à l'automne. ***Feuilles*** Petites, ovales à étroites, proches de l'herbe.Vert moyen.
• ORIGINE Horticole. • CULTURE Dans un sol fertile, humide, bien drainé, au soleil ou à mi-ombre. Pour suspensions florales ou en bacs. • MULTIPLICATION Par semis à la fin de l'hiver ou au début du printemps entre 13 et 18 °C.

HAUTEUR
15 cm

ETALEMENT
15 cm

Crucifères/Brassicacées — CORBEILLE D'ARGENT SERIE EASTER BONNET

LOBULARIA MARITIMA Série Easter Bonnet

Type Très compacte, annuelle. ***Fleurs*** Inflorescences arrondies de fleurs en croix, parfumées. Blanches, roses ou rouge pourpré. Du début de l'été à l'automne. ***Feuilles*** Lancéolées, poilues. Gris-vert.
• ORIGINE Horticole. • CULTURE Idéale en bordure et en bacs. • MULTIPLICATION Par semis au début du printemps entre 10 et 13 °C ou en place à la fin du printemps. • AUTRE NOM *Alyssum maritimum* Série Easter Bonnet.

HAUTEUR
8–10 cm

ETALEMENT
10 cm

Composées/Astéracées — PAQUERETTE VIVACE 'GOLIATH'

BELLIS PERENNIS 'Goliath'

Type Robuste, formant une rosette, vivace cultivée en bisannuelle. ***Fleurs*** Capitules doubles en forme de pompon de 8 cm de diam. Blanches, roses, rouges ou saumon. De la fin de l'hiver au début de l'été. ***Feuilles*** Lancéolées à oblongues. Vert vif.
• ORIGINE Horticole. • CULTURE Supporte la mi-ombre. Enlevez régulièrement les fleurs fanées. Pour parterres et bordures. • MULTIPLICATION Par semis en pépinière extérieure au début de l'été ou entre 10 et 13 °C au début du printemps. Divisez après la floraison.

HAUTEUR
20 cm

ETALEMENT
20 cm

Composées/Astéracées	PAQUERETTE VIVACE SERIE CARPET

BELLIS PERENNIS Série Carpet

Type Compacte, formant une rosette, vivace cultivée en bisannuelle. ***Fleurs*** Capitules doubles en forme de pompon de 2,5 à 5 cm de diam. Blanches, roses ou rouge. De la fin de l'hiver à la fin de l'été. ***Feuilles*** Lancéolées à oblongues, vernissées. Vert vif.

• ORIGINE Horticole. • CULTURE Supporte la mi-ombre. Enlevez régulièrement les fleurs fanées. Pour parterres et bordures. • MULTIPLICATION Par semis en pépinière extérieure au début de l'été ou entre 10 et 13 °C au début du printemps. Divisez après la floraison.

HAUTEUR
15 cm

ETALEMENT
15 cm

Aizoacées	FICOIDE SERIE MAGIC CARPET

DOROTHEANTHUS BELLIDIFORMIS Série Magic Carpet

Type Annuelle à croissance lente. ***Fleurs*** Solitaires, de type marguerite de 4 cm de diam. Blanches, crème, roses, pourpres ou orange. Dès l'été. ***Feuilles*** Charnues, ovales à lancéolées. Vert clair.

• ORIGINE Horticole. • CULTURE Dans un sol pauvre, très bien drainé. • MULTIPLICATION Par semis entre 16 et 19 °C à la fin de l'hiver ou au début du printemps. • AUTRE NOM *Mesembryanthemum criniflorum* Série Magic Carpet.

HAUTEUR
15 cm

ETALEMENT
30 cm

Polémoniacées	PHLOX ANNUEL 'BRIGHT EYES'

PHLOX DRUMMONDII 'Bright Eyes'

Type Compacte, dense, annuelle à floraison abondante. ***Fleurs*** En coupe de 2,5 cm de diam. Roses à œil contrasté rouge, également proposée en couleurs mélangées. Du début de l'été à l'automne. ***Feuilles*** Etroites lancéolées à ovales, sessiles. Vert moyen.

• ORIGINE Horticole. • CULTURE Au soleil, dans un sol fertile, bien drainé. Idéale en parterres et en bordures. • MULTIPLICATION Par semis au début du printemps entre 13 et 18 °C ou en place au printemps.

HAUTEUR
10 cm

ETALEMENT
20 cm

Boraginacées	

MYOSOTIS SYLVATICA 'Victoria Rose'

Type En masse arrondie, compacte, bisannuelle ou vivace à courte durée de vie. ***Fleurs*** En coupe de 9 mm de diam. Rose vif à œil jaune. Du printemps au début de l'été. ***Feuilles*** Ovales à lancéolées, poilues. Vert moyen.

• ORIGINE Horticole. • CULTURE Supporte un sol pauvre. Pour parterres de printemps et en bacs.

• MULTIPLICATION Par semis en place au printemps ou au début de l'été en pépinière ou sous châssis froid.

HAUTEUR
10 cm

ETALEMENT
10 cm

Composées/Astéracées	PAQUERETTE 'POMPONETTE'

BELLIS PERENNIS 'Pomponette'

Type Compacte, formant une rosette, vivace cultivée en bisannuelle. *Fleurs* Capitules doubles en forme de pompon de 4 cm de diam. à pétales tubulées. Blanches, roses ou rouges. De la fin de l'hiver à la fin de l'été. *Feuilles* Lancéolées à oblongues. Vert vif.
• ORIGINE Horticole. • CULTURE En parterres et en bordures. Supporte la mi-ombre. Enlevez régulièrement les fleurs fanées. • MULTIPLICATION Par semis en pépinière extérieure au début de l'été ou entre 10 et 13 °C au début du printemps. Divisez après la floraison.

HAUTEUR
10–15 cm

ETALEMENT
10–15 cm

Polémoniacées	PHLOX ANNUEL 'CHANAL'

PHLOX DRUMMONDII 'Chanal'

Type Compacte, étalée, annuelle à floraison abondante. *Fleurs* En coupe de 2,5 cm de diam. Rose pâle tendre. Floraison abondante de l'été à l'automne. *Feuilles* Variables, d'ovales à lancéolées, sessiles. Vert moyen.
• ORIGINE Horticole. • CULTURE Au soleil, dans un sol fertile, bien drainé. Pour parterres et bordures.
• MULTIPLICATION Par semis au début du printemps entre 13 et 18 °C.

HAUTEUR
15–20 cm

ETALEMENT
15–25 cm

Amaranthacées	AMARANTHOIDE 'BUDDY'

GOMPHRENA GLOBOSA 'Buddy'

Type Touffue, dressée, annuelle. *Fleurs* Têtes florales ovales de 3,5 cm de diam. sur une tige robuste. Pourpre vif. De l'été à l'automne. *Feuilles* Ovales à obovales. Les jeunes feuilles sont très poilues. Vert grisâtre.
• ORIGINE Horticole. • CULTURE Au soleil, dans un sol modérément fertile, bien drainé. En fleurs coupées et séchées ou en bordures de plates-bandes.
• MULTIPLICATION Par semis entre 15 et 18 °C au début du printemps.

HAUTEUR
15 cm

ETALEMENT
20 cm

Crucifères/Brassicacées	CORBEILLE ARGENT 'WONDERLAND ROSE'

LOBULARIA MARITIMA 'Wonderland Rose'

Type Compacte, annuelle. *Fleurs* Inflorescences arrondies de fleurs en croix, parfumées. Rose vif. Du début de l'été à l'automne. *Feuilles* Lancéolées, aux poils clairsemés. Gris-vert.
• ORIGINE Horticole. • CULTURE Idéale en bordures et en bacs. • MULTIPLICATION Par semis au début du printemps entre 10 et 13 °C ou en place à la fin du printemps. • AUTRE NOM *Alyssum maritimum* 'Wonderland Rose'.

HAUTEUR
15 cm

ETALEMENT
20 cm

Polémoniacées	PHLOX ANNUEL SERIE CECILY

PHLOX DRUMMONDII Série Cecily

Type A port dressé, floraison abondante, annuelle. ***Fleurs*** En coupe de 2,5 cm de diam. Dans des tons de blanc, rose, rouge, pourpre ou bleu à centres contrastés. De l'été à l'automne. ***Feuilles*** Etroites lancéolées à ovales, sessiles. Vert moyen.
• ORIGINE Horticole. • CULTURE Au soleil, dans un sol fertile, bien drainé. Idéale en parterres et en bordures. • MULTIPLICATION Par semis au début du printemps entre 13 et 18 °C.

HAUTEUR
15 cm

ETALEMENT
10 cm

Polémoniacées	PHLOX ANNUEL 'STERNENZAUBER'

PHLOX DRUMMONDII 'Sternenzauber'

Type Compacte, floraison abondante, annuelle. ***Fleurs*** En étoile de 2 cm de diam. à pétales froncés en pointe. Dans de nombreux tons. Certaines seront à bords contrastés. De l'été à l'automne. ***Feuilles*** Etroites lancéolées à ovales. Gris pâle.
• ORIGINE Horticole. • CULTURE Au soleil, dans un sol fertile, bien drainé. Idéale en parterres, bordures, et en bacs. • MULTIPLICATION Par semis au début du printemps entre 13 et 18 °C. • AUTRE NOM *P. drummondii* 'Twinkle'.

HAUTEUR
15 cm

ETALEMENT
10 cm

Campanulacées/ Lobéliacées	

LOBELIA ERINUS 'Red Cascade'

Type Rampante, vivace cultivée en annuelle. ***Fleurs*** En coupe évasée, bilabiés de 2,5 cm de diam. Rouge carmin foncé à rouge pourpré, à œil blanc. De l'été à l'automne. ***Feuilles*** Petites, ovales à étroites, proches de l'herbe. Vert moyen.
• ORIGINE Horticole. • CULTURE Dans un sol fertile, humide, bien drainé, au soleil ou à mi-ombre. Pour suspensions florales ou en bacs. • MULTIPLICATION Par semis à la fin de l'hiver ou au début du printemps entre 13 et 18 °C.

HAUTEUR
15 cm

ETALEMENT
15 cm

Portulacacées	POURPIER A GRANDES FLEURS 'CLOUDBEATER'

PORTULACA GRANDIFLORA 'Cloudbeater'

Type A feuilles charnues, étalée, annuelle. ***Fleurs*** Doubles, satinées, en coupe de 4,5 cm de diam. Magenta à centre jaune. Tout l'été. ***Feuilles*** Cylindriques, charnues. Vert vif.
• ORIGINE Horticole. • CULTURE Dans un sol pauvre, léger et sablonneux. Pour jardinières et autres bacs, sur un talus sec et ensoleillé ou en haut d'un mur ensoleillé. • MULTIPLICATION Par semis entre 13 et 18 °C au milieu du printemps.

HAUTEUR
10–15 cm

ETALEMENT
15 cm

Portulacacées	POURPIER A GRANDES FLEURS HYBRIDES SUNDANCE

PORTULACA GRANDIFLORA Hybrides Sundance

Type Etalée, semi-rampante, annuelle. ***Fleurs*** Doubles ou semi-doubles, satinées, en coupe. Blanches, rouges, jaunes ou orange. De l'été à l'automne. ***Feuilles*** Cylindriques, charnues. Vert vif.
• ORIGINE Horticole. • CULTURE Dans un sol pauvre, léger, sablonneux. Pour jardinières, sur un talus sec et ensoleillé ou en haut d'un mur sec. • MULTIPLICATION Par semis entre 13 et 18 °C au milieu du printemps.

HAUTEUR
15 cm

ETALEMENT
15 cm

Polémoniacées	PHLOX ANNUEL 'AFRICAN SUNSET'

PHLOX DRUMMONDII 'African Sunset'

Type Compacte, dense, à floraison abondante. ***Fleurs*** En coupe de 2,5 cm de diam. Nuances intenses de rouge à œil blanc. Floraison abondante du début de l'été à l'automne. ***Feuilles*** Variables, d'étroites lancéolées à ovales, sessiles. Vert moyen.
• ORIGINE Horticole. • CULTURE Au soleil, dans un sol fertile, bien drainé. Idéale en parterres et en bordures. • MULTIPLICATION Par semis au début du printemps entre 13 et 18 °C ou en place au printemps.

HAUTEUR
10 cm

ETALEMENT
20 cm

LES PENSÉES

Le genre *Viola* comprend environ 500 espèces d'annuelles, bisannuelles, vivaces à feuillage persistant, semi-persistant ou caduc, et quelques sous-arbustives à feuilles caduques.

Les pensées de jardin décrites ici sont toutes des cultivars de *V.* x *wittrockiana* et sont le fruit de croisements complexes entre *V. altaica*, *V. cornuta*, *V. lutea* et *V. tricolor*. Les fleurs des pensées, de 6 à 10 cm de diamètre, ont un éperon court, des pétales latéraux recouvrant les pétales supérieurs et des pétales inférieurs qui donnent l'aspect arrondi et aplati. Les fleurs de certains cultivars sont de teinte unie et sans marque, mais, le plus souvent, elles portent sur les pétales inférieurs des veinures ou des taches sombres typiques qui évoquent un visage. Bien qu'ils soient d'authentiques vivaces et rustiques, on cultive en général les cultivars de jardin comme des bisannuelles ou des annuelles, car ils ont tendance à monter en tige et à moins fleurir au fil des ans. La plupart des pensées fleurissent du printemps jusqu'au début de l'été, mais certaines de l'automne à l'hiver. Quelques-unes, en général les cultivars à petites fleurs, sont spécialement préparées pour fleurir en hiver et début de printemps et certaines, comme la Série Universal, peuvent être utilisées pour une floraison estivale ou hivernale. Les pensées sont idéales en bacs et dans les parterres d'été ou d'hiver. Coupées, elles tiennent longtemps dans l'eau et sont parfaites dans les compositions en miniature.

A cultiver dans un sol fertile, humide, bien drainé, riche en matière organique, au soleil ou à mi-ombre. Enlevez les fleurs fanées pour prolonger la floraison.

Semez en caissettes sous châssis froid, en fin d'hiver ou début de printemps pour une floraison estivale, ou en été pour une floraison hivernale.

Les limaces, les escargots et les pucerons peuvent abîmer les plantes. Les pensées peuvent aussi être atteintes de mildiou, de taches sur les feuilles, de mosaïque et de rouille.

V. 'Love Duet'

Type Vivace, compacte, cultivée en annuelle ou bisannuelle.
Fleurs Blanc crème, taches du rose framboise à l'acajou, jusqu'à 6 cm de diam. En été.
Feuilles Ovales à cordiformes, lobées, brillantes. Vert moyen.
• HAUTEUR 15 cm.
• ÉTALEMENT 25 cm.

V. 'Love Duet'

☼ ◊ ❄❄❄

V. Série Imperial

Type Vivace, compacte, cultivée en annuelle ou bisannuelle.
Fleurs Coloris variés, jusqu'à 7 cm de diam. De l'hiver au début du printemps ou en été.
Feuilles Ovales à cordiformes, lobées, brillantes. Vert moyen.
• HAUTEUR 15-23 cm.
• ÉTALEMENT 25 cm.

V. Série Imperial

☼ ◊ ❄❄❄

V. Série Floral Dance

Type Compacte, cultivée en annuelle ou bisannuelle.
Fleurs Blanches, rouges, pourpres, bleues ou jaunes, certaines bicolores, jusqu'à 5-7 cm de diam. De l'hiver au printemps ou à l'été.
Feuilles Ovales à cordiformes. Vert moyen.
• HAUTEUR 15-23 cm.
• ÉTALEMENT 25 cm.

V. Série Floral Dance

☼ ◊ ❄❄❄

V. 'Rippling Waters'

Type Vivace, compacte, cultivée en annuelle ou bisannuelle.
Fleurs Bordeaux, à pétales margés de blanc, jusqu'à 6 cm de diam. En été.
Feuilles Ovales à cordiformes, lobées, brillantes. Vert moyen.
• HAUTEUR 15-23 cm.
• ÉTALEMENT 25 cm.

V. 'Rippling Waters'

☼ ◊ ❄❄❄

'. 'Roggli Giants'

ype Vigoureuse, touffue, ıltivée en annuelle ou sannuelle.
leurs Coloris variés, ıuvent marquées de ches sombres, jusqu'à) cm de diam. De l'été l'automne.
euilles Ovales à cor- formes. Vert moyen.
HAUTEUR 20 cm.
ÉTALEMENT 20 cm.

V. 'Roggli Giants'

. Série Joker

ype Compacte, cultivée ı annuelle ou bisan- ıelle.
'eurs Bicolores, mar- ıées d'acajou, violet, eu pâle et jaune d'or, squ'à 7 cm de diam. n été.
euilles Ovales à cor- formes. Vert moyen.
HAUTEUR 15-23 cm.
ÉTALEMENT 25 cm.

V. Série Joker

. Série Princess

pe Très compacte, gulière, cultivée en nuelle ou bisannuelle.
eurs Crème, jaunes, ırpres ou bleues, rtaines bicolores, squ'à 5-6 cm de diam. intemps et été.
uilles Ovales à cor- formes. Vert moyen.
HAUTEUR 12-20 cm.
ÉTALEMENT 20 cm.

V. Série Princess

. 'Azure Blue'

pe Très compacte, gulière, cultivée en nuelle ou bisannuelle.
eurs Bleu azur, à ıuron non marqué, squ'à 5-6 cm de diam. oraison printanière ondante.
uilles Ovales à cor- ormes. Vert moyen.
HAUTEUR 15-20 cm.
ÉTALEMENT 20 cm.

V. 'Azure Blue'

V. Série Universal (bleue)

Type Compacte, cultivée en annuelle ou bisannuelle.
Fleurs Bleues, parfois à motifs bicolores, jusqu'à 7 cm de diam. De l'hiver au début de printemps.
Feuilles Ovales à cordiformes. Vert moyen.
- HAUTEUR 15-23 cm.
- ÉTALEMENT 25 cm.

V. Série Universal (bleue)

V. Série Crystal Bowl (jaune clair)

Type Vivace, compacte, cultivée en annuelle ou bisannuelle. Résistante aux fortes chaleurs.
Fleurs Jaune clair soutenu, jusqu'à 6 cm de diam. En été.
Feuilles Ovales à cordiformes, lobées, brillantes. Vert moyen.
- HAUTEUR 15 cm.
- ÉTALEMENT 15 cm.

V. Série Crystal Bowl (jaune clair)

V. Série Crystal Bowl (jaune)

Type Vivace, compacte, cultivée en annuelle ou bisannuelle. Résistante aux fortes chaleurs.
Fleurs Jaunes, jusqu'à 6 cm de diam. Floraison abondante à partir de l'été.
Feuilles Ovales à cordiformes, lobées, brillantes. Vert moyen.
- HAUTEUR 15 cm.
- ÉTALEMENT 15 cm.

V. Série Crystal Bowl (jaune)

V. Série Clear Crystals

Type Compacte, cultivée en annuelle ou bisannuelle.
Fleurs Teintes claires, blanc, jaune, orange, rouge ou violet, jusqu'à 5 cm de diam. Floraison abondante tout l'été.
Feuilles Ovales à cordiformes, lobées, brillantes. Vert moyen.
- HAUTEUR 20 cm.
- ÉTALEMENT 20 cm.

V. Série Clear Crystals

V. Série Icequeen
Type Compacte, touffue, cultivée en annuelle ou bisannuelle.
Fleurs Couleurs claires, vives, toujours avec des taches centrales sombres, fleurs régulières, jusqu'à 7 cm de diam. De l'hiver au début du printemps.
Feuilles Ovales à cordiformes. Vert moyen.
- HAUTEUR 12 cm.
- ÉTALEMENT 15 cm.

V. Série Icequeen

V. 'Super Chalon Giants'
Type Vivace, touffue, cultivée en annuelle ou bisannuelle.
Fleurs Coloris intenses, blanc, certaines bicolores, à pétales froissés, marqués, tachés, jusqu'à 10 cm de diam. De l'été à l'automne.
Feuilles Ovales à cordiformes. Vert moyen.
- HAUTEUR 20 cm.
- ÉTALEMENT 20 cm.

V. 'Super Chalon Giants'

V. 'Redwing'
Type Compacte, cultivée en annuelle ou bisannuelle.
Fleurs Bicolore, dans les tons brun chocolaté et jaune d'or, à marques sombres, jusqu'à 6-8 cm de diam.
Feuilles Ovales à cordiformes, lobées, luisantes. Vert moyen.
- HAUTEUR 15-20 cm.
- ÉTALEMENT 20 cm.

V. 'Redwing'

V. Série Universal (jaune)
Type Compacte, cultivée en annuelle ou bisannuelle.
Fleurs Jaunes, certaines bicolores, jusqu'à 7 cm de diam. De l'hiver au début de printemps.
Feuilles Ovales à cordiformes. Vert moyen.
- HAUTEUR 15-23 cm.
- ÉTALEMENT 25 cm.

V. Série Universal (jaune)

V. Série Universal (abricot)
Type Compacte, cultivée en annuelle ou bisannuelle.
Fleurs Abricot, certaines bicolores, jusqu'à 7 cm de diam. De l'hiver au début de printemps.
Feuilles Ovales à cordiformes. Vert moyen.
- HAUTEUR 15-23 cm.
- ÉTALEMENT 25 cm.

V. Série Universal (abricot)

V. 'Scarlet Clan'
Type Compacte, cultivée en annuelle ou bisannuelle. ***Fleurs*** Jaune orangé, à tache centrale écarlate intense, jusqu'à 6-8 cm de diam. En été.
Feuilles Ovales à cordiformes, lobées, luisantes. Vert moyen.
- HAUTEUR 15-20 cm.
- ÉTALEMENT 20 cm.

V. 'Scarlet Clan'

V. 'Padparadja'
Type Compacte, cultivée en annuelle ou bisannuelle. ***Fleurs*** Orange profond et intense, jusqu'à 6-8 cm de diam. Au printemps et en été.
Feuilles Ovales à cordiformes, lobées, luisantes. Vert moyen.
- HAUTEUR 15 cm.
- ÉTALEMENT 15 cm.

V. 'Padparadja'

Campanulacées

DOWNINGIA ELEGANS

Type Charnue, rampante ou tapissante, annuelle. ***Fleurs*** Proches des Lobelia, bilabiées. Blanches, roses, pourpres ou bleues à œil blanc. Tout l'été. ***Feuilles*** Lancéolées. Vert moyen.

• ORIGINE Fossés humides, et régions arrosées par les pluies saisonnières, Etat de Washington et de Californie, Etats-Unis. • CULTURE Dans un sol détrempé ou bien drainé, au soleil ou à mi-ombre. Pour suspensions florales ou autres bacs. • MULTIPLICATION Par semis à la fin de l'hiver entre 13 et 16 °C ou en place au printemps.

HAUTEUR 15 cm

ETALEMENT 15 cm

Campanulacées/ Lobéliacées

LOBELIA ERINUS 'Sapphire'

Type Rampante, vivace cultivée en annuelle. ***Fleurs*** En coupe évasée, bilabiées. Bleu saphir à œil blanc. De l'été à l'automne. ***Feuilles*** Petites, ovales à étroites comme de l'herbe. Vert moyen.

• ORIGINE Horticole. • CULTURE Dans un sol fertile, humide, bien drainé, au soleil ou à mi-ombre. Pour suspensions florales ou autres bacs. • MULTIPLICATION Par semis à la fin de l'hiver ou au début du printemps entre 13 et 18 °C.

HAUTEUR 15 cm

ETALEMENT 10–15 cm

Crassulacées

SEDUM CAERULEUM

Type A feuilles charnues, rameuse, étalée, annuelle. ***Fleurs*** Bouquets de petites fleurs en étoile. Bleu pâle. Tout l'été. ***Feuilles*** Ovales ou oblongues. Gris pâle se teintant de rouge avec le temps.

• ORIGINE Régions sèches et rocailleuses de Corse, de Sardaigne, de Tunisie et d'Algérie. • CULTURE Préfère un sol pauvre et léger. Pour talus et plates-bandes secs et ensoleillés. Dissémination spontanée possible. • MULTIPLICATION Par semis au début du printemps entre 13 et 16 °C ou en place au printemps.

HAUTEUR 10–15 cm

ETALEMENT 15 cm

Composées/Astéracées — AGERATE BLEUE 'BLUE DANUBE'

AGERATUM HOUSTONIANUM 'Blue Danube'

Type En touffe, compacte, annuelle. ***Fleurs*** Capitules arrondis et plumeux de petites fleurs bleu lavande. Du début de l'été à l'automne. ***Feuilles*** Ovales, cordiformes à la base, duveteuses. Vert moyen.

• ORIGINE Horticole. • CULTURE Dans un sol humide, bien drainé. En parterres, bordures et en bacs. • MULTIPLICATION Par semis au début du printemps entre 16 et 18 °C. Par semis en automne, on protègera les plantules sous verre à 10 °C.

HAUTEUR 15–18 cm

ETALEMENT 15–18 cm

Crucifères/Brassicacées

HELIOPHILA CORONOPIFOLIA

Type Elancée, rameuse, annuelle. ***Fleurs*** En croix à 4 pétales. Blanches, roses, bleu pâle ou bleu vif. Du printemps à l'été. ***Feuilles*** Divisées en folioles étroites. Vert moyen.
• ORIGINE Western Cape, Afrique du Sud.
• CULTURE A l'abri, dans un sol fertile, bien drainé. Idéale en parterres. Convient aussi en bacs. • MULTIPLICATION Par semis en place entre le printemps et le début de l'été pour une floraison par vagues successives. • AUTRE NOM *H. longifolia*.

HAUTEUR
20 cm

ETALEMENT
50 cm

Boraginacées

MYOSOTIS SYLVATICA 'Blue Ball'

Type En masse arrondie, compacte, bisannuelle ou vivace à courte durée de vie. ***Fleurs*** Inflorescences denses de petites fleurs en coupe de 9 mm de diam. Bleu ciel à œil blanc. Du printemps au début de l'été. ***Feuilles*** Ovales ou lancéolées, poilues. Vert moyen.
• ORIGINE Horticole. • CULTURE Supporte un sol pauvre. Pour parterres de printemps, et jardins boisés ou champêtres. • MULTIPLICATION Par semis en place au printemps mais aussi par semis au début de l'été en pépinière ou en bacs sous châssis froid.

HAUTEUR
15 cm

ETALEMENT
15 cm

Composées/Astéracées

FELICIA HETEROPHYLLA 'The Blues'

Type Tapissante, annuelle. ***Fleurs*** Solitaires, de type marguerite de 2 cm de diam. Bleu pâle à fleurons centraux bleus. En été. ***Feuilles*** Lancéolées, parfois dentées. Gris-vert.
• ORIGINE Horticole. On trouve cette espèce dans les régions sèches et ensoleillées d'Afrique du Sud.
• CULTURE Au soleil, dans un sol léger, bien drainé. Supporte un sol pauvre. Pour parterres, jardinières et autres bacs. • MULTIPLICATION Par semis entre 10 et 18 °C au printemps.

HAUTEUR
10 cm

ETALEMENT
30 cm

Campanulacées/Lobéliacées

LOBELIA ERINUS 'Crystal Palace'

Type Buissonnante, compacte vivace cultivée en annuelle. ***Fleurs*** Inflorescences lâches de fleurs tubulaires bilabiées de 1 cm de diam. Bleu foncé. De l'été à l'automne. ***Feuilles*** Petites, ovales à étroites comme de l'herbe. Vert bronze foncé.
• ORIGINE Horticole. • CULTURE Dans un sol fertile, humide, bien drainé, au soleil ou à mi-ombre. En bordures et en bacs. • MULTIPLICATION Par semis à la fin de l'hiver ou au début du printemps entre 13 et 18 °C.

HAUTEUR
10 cm

ETALEMENT
10–15 cm

Papavéracées	

PLATYSTEMON CALIFORNICUS

Type Etalée, très ramifiée, annuelle. ***Fleurs*** Simples de type pavot de 2,5 cm de diam. sur une tige mince. Jaune crème. Dès l'été. ***Feuilles*** Etroites à lancéolées, très poilues. Gris-vert.
• ORIGINE Dans les prairies et à la porte des déserts de la Californie, de l'Arizona, et de l'Utah, Etats-Unis. • CULTURE En plein soleil dans un sol pauvre et léger. N'apprécie pas l'humidité. Pour une plate-bande ou un talus sec et ensoleillé. • MULTIPLICATION Par semis en place au printemps.

☼ ◊ ❄❄❄

HAUTEUR
10–30 cm

ETALEMENT
23 cm

Limnanthacées	POACHED EGG PLANT

LIMNANTHES DOUGLASII 🏆

Type Dressée à étalée, annuelle. ***Fleurs*** Parfumées, en coupe peu profonde de 2,5 cm de diam. Blanches à centre jaune. Floraison abondante tout l'été. ***Feuilles*** Charnues, finement divisées, et finement dentées. Vert jaune vif.
• ORIGINE Habitats humides de la Californie à l'Orégon, Etats-Unis. • CULTURE Dans un sol humide, bien drainé. Au premier plan d'une plate-bande ou en bordures. Dissémination spontanée abondante.
• MULTIPLICATION Par semis en place au printemps ou en automne.

☼ ◊ ❄❄❄

HAUTEUR
15 cm

ETALEMENT
15 cm

Composées/Astéracées	

TANACETUM PARTHENIUM 'Golden Moss'

Type Vivace tapissante à courte durée de vie cultivée en annuelle. ***Fleurs*** De type marguerite, de 2,5 cm de diam. en corymbes denses. Blanches à fleurons centraux jaunes. En été. ***Feuilles*** Proches de la mousse, finement divisées, aromatiques. Vert jaune.
• ORIGINE Horticole. • CULTURE Dans tout sol bien drainé. Dans un jardin d'herbes aromatiques ou en bordures. Dissémination spontanée possible. • MULTIPLICATION Par semis entre 10 et 13 °C à la fin de l'hiver ou au début du printemps ou par semis en place au printemps.

☼ ◊ ❄❄❄

HAUTEUR
10 cm

ETALEMENT
Jusqu'à 30 cm

Papavéracées	

ESCHSCHOLZIA CAESPITOSA 🏆

Type En touffe, annuelle. ***Fleurs*** Simples, parfumées en coupe peu profonde de 3 à 5 cm de diam. à 4 pétales fins. Jaune vif. En été. ***Feuilles*** Finement divisées en segments de la finesse d'une aiguille. Vert moyen.
• ORIGINE Prairies dégagées du centre de la Californie, Etats-Unis. • CULTURE Préfère les sols pauvres. Idéale dans des zones de gravier ou dans une plate-bande d'annuelles. • MULTIPLICATION Par semis en place du début du printemps au début de l'automne.

☼ ◊ ❄❄❄

HAUTEUR
15 cm

ETALEMENT
15 cm

Composées/Astéracées

CHRYSANTHEMUM MULTICAULE 'Moonlight'

Type Buissonnante, très ramifiée, annuelle. ***Fleurs*** De type marguerite, de 4,5 cm de diam. Jaune très pâle. Tout l'été. ***Feuilles*** Charnues, moyennement dentées. Gris-bleu.

• ORIGINE Horticole. • CULTURE Au soleil, dans un sol bien drainé, modérément fertile. En parterres, en bordures, en jardinières ou autres bacs. • MULTIPLICATION Par semis au début du printemps entre 13 et 16 °C ou en place au milieu du printemps.

HAUTEUR 10 cm

ETALEMENT 30 cm

Aizoacées — FICOIDE 'LUNETTE'

DOROTHEANTHUS BELLIDIFORMIS 'Lunette'

Type Annuelle à croissance lente. ***Fleurs*** Solitaires, de type marguerite, de 4 cm de diam. Jaune tendre à centre rouge. En été. ***Feuilles*** Ovales, oblongues ou cylindriques et charnues. Vert clair.

• ORIGINE Horticole. • CULTURE Dans un sol pauvre, très bien drainé. • MULTIPLICATION Par semis entre 16 et 19 °C à la fin de l'hiver ou au début du printemps. • AUTRES NOMS *D. bellidiformis* 'Yellow Ice', *Mesembryanthemum criniflorum* 'Yellow Ice'.

HAUTEUR 10–15 cm

ETALEMENT 30 cm

Composées/Astéracées

LEUCANTHEMUM PALUDOSUM 'Show Star'

Type Buissonnante, annuelle. ***Fleurs*** De type marguerite, de 3 cm de diam. Jaune vif. Tout l'été. ***Feuilles*** Oblongues, dentées, à bords ondulés. Vert moyen.

• ORIGINE Horticole. • CULTURE Au soleil, dans un sol modérément fertile. Dans une plate-bande d'annuelles ou une mixed-border. • MULTIPLICATION Par semis en place au printemps. • AUTRE NOM *Chrysanthemum paludosum* 'Show Star'.

HAUTEUR 15 cm

ETALEMENT 20 cm

Composées/Astéracées

GAZANIA Série Chansonette

Type Vigoureuse, persistante, vivace cultivée en annuelle. ***Fleurs*** Solitaires, de type marguerite. Dans des tons de rose, rouge, jaune, bronze ou orange, souvent marquées de couleurs contrastées. En été. ***Feuilles*** Etroites à oblongues, vernissées. Vert foncé au revers blanc à poils soyeux.

• ORIGINE Horticole. • CULTURE Préfère un sol léger, sablonneux, en situation abritée et ensoleillée. Pour jardins côtiers. • MULTIPLICATION Par semis entre 18 et 20 °C à la fin de l'hiver ou au début du printemps.

HAUTEUR 20 cm

ETALEMENT 25 cm

Composées/Astéracées

GAZANIA 'Mini Star Tangerine'

Type Compacte, formant une touffe, persistante, vivace cultivée en annuelle. ***Fleurs*** Solitaires, de type marguerite. Blanches, rose vif, jaune d'or, beige, bronze ou orange. Floraison abondante dès l'été. ***Feuilles*** Etroites à oblongues, vernissées. Vert foncé au revers blanc à poils soyeux.
• ORIGINE Horticole. • CULTURE Dans un sol sablonneux, bien drainé, en situation abritée et ensoleillée. Pour jardins côtiers. • MULTIPLICATION Par semis entre 18 et 20 °C à la fin de l'hiver ou au début du printemps.

HAUTEUR
20 cm

ETALEMENT
25 cm

Scrophulariacées

MIMULUS x *HYBRIDUS* Série Malibu (orange)

Type Buissonnante, très ramifiée, vivace cultivée en annuelle. ***Fleurs*** Tubulaires de 5 cm de diam. à bouche évasée. Rouge feu. En été. ***Feuilles*** Ovales, dentées. Vert vif.
• ORIGINE Horticole. • CULTURE Préfère le soleil ou la mi-ombre. Le long des cours d'eau, dans un jardin à bassins ou une plate-bande humide. Idéale en parterres ou en suspensions florales. • MULTIPLICATION Par semis en bacs sous châssis froid en automne ou au printemps.

HAUTEUR
15 cm

ETALEMENT
Jusqu'à 30 cm

Scrophulariacées

MIMULUS x *HYBRIDUS* 'Calypso'

Type Buissonnante, très ramifiée, vivace cultivée en annuelle. ***Fleurs*** Solitaires, tubulaires de 5 cm de diam. à bouche évasée. Roses, rouge bordeaux, jaunes, ou orange parmi lesquelles des fleurs unicolores, bicolores, ou tachetées. En été. ***Feuilles*** Ovales, dentées. Vert vif.
• ORIGINE Horticole. • CULTURE Au soleil ou à mi-ombre. Le long des cours d'eau, dans un jardin à bassins ou une plate-bande humide. • MULTIPLICATION Par semis en bacs sous châssis froid en automne ou au printemps.

HAUTEUR
12–23 cm

ETALEMENT
30 cm

Composées/Astéracées

SANVITALIA PROCUMBENS 'Mandarin Orange'

Type Compacte, tapissante, annuelle. ***Fleurs*** Semi-doubles, de type marguerite, de 2 cm de diam. Orange vif. De l'été à l'automne. ***Feuilles*** Ovales, en pointe. Vert moyen.
• ORIGINE Horticole. On trouve cette espèce dans les régions rocailleuses et le lit des rivères asséchées du Mexique. • CULTURE Dans un sol modérément fertile riche en matière organique. En potées, en jardinières, en suspensions florales ou autres bacs. • MULTIPLICATION Par semis en place en automne ou au printemps.

HAUTEUR
15 cm

ETALEMENT
35 cm

Bien acheter les annuelles et bisannuelles

Les annuelles et bisannuelles sont parmi les plantes les plus faciles à multiplier par semis. L'achat de graines offre en général le plus vaste choix, bien que souvent certaines séries de graines ne proposent que des mélanges et non des couleurs uniques. Les plantules et jeunes plantes sont aussi largement disponibles dans les pépinières et jardineries au printemps et en début d'été. Même si la gamme des cultivars est parfois un peu réduite, il arrive que les pépiniéristes obtiennent des séries de graines en couleurs séparées, ce qui simplifie l'organisation des thèmes de couleurs dans le jardin.

Acheter des plantes à repiquer

Si vous n'avez pas de serre pour élever des annuelles semi-rustiques à partir de semis, l'achat d'annuelles ou de bisannuelles en barquettes est une solution pratique. Cela permet d'une part d'économiser du temps et des matériaux, d'autre part les jeunes plantes forment une décoration colorée quasi instantanée après la plantation en plates-bandes ou en bacs. Il est important, pour une installation rapide et une bonne croissance, de choisir des jeunes plantes robustes, bien ramifiées avec des pousses à entre-nœuds courts et des feuilles saines. Les racines doivent être bien développées sans être à l'étroit dans le pot ni comprimées. Si elles sont trop serrées, vous risquez de les abîmer en les séparant pour replanter, ce qui freinerait la croissance et la floraison à venir. N'achetez pas de plantes dont le compost est sec, le feuillage jauni ou malade, car même si elles reprennent, elles s'installeront moins facilement et risquent de fleurir moins abondamment.

Les plantes à repiquer semi-rustiques sont vendues à différents stades, de la plantule à la plante en fleurs, et sont souvent disponibles en pépinières bien avant la date à laquelle on peut les replanter en toute sécurité. Avant de les acheter, assurez-vous d'être en mesure de les cultiver sous abri jusqu'à ce que le risque de gel soit passé. Les jeunes plantes doivent être endurcies, ou acclimatées progressivement, en serre froide ou châssis froid avant d'être sorties (voir p. 167). Il est probable qu'elles ont été cultivées en serre chauffée, et un changement brutal d'environnement, ou une

Plantes à repiquer

Choisissez des plantes (ici, pétunias*) avec des pousses compactes, vigoureuses et un feuillage vert, sain. Ecartez toute plante étiolée, montée en tige ou avec des feuilles jaunies ou mortes (voir encadré).*

Annuelles cultivées en pots

Le compost des annuelles cultivées en pot doit être uniformément humide, les pousses robustes et touffues, les boutons floraux nombreux et sains. Evitez les plantes avec des feuilles jaunies, décolorées ou malades (voir encadré).

exposition au gel ou à des vents froids, pourrait soit les tuer sur le coup soit bloquer leur croissance. Si les plantes sont destinées à être replantées juste après l'achat, vérifiez auprès du vendeur qu'elles ont été endurcies correctement. Plus tard dans le printemps, quand les plantes commencent leur saison de floraison, essayez de choisir des plantes portant beaucoup de boutons encore fermés. Si elles sont déjà en pleines fleurs, elles reprendront moins facilement et fleuriront moins généreusement tout le reste de la saison.

Planter en bacs

Pour profiter presque immédiatement de leurs couleurs dans des bacs ornementaux, choisissez des annuelles ou bisannuelles qui ont été cultivées en pots ou en godets. Arrosez les jeunes plantes à fond avant la plantation, et laissez égoutter.

Soyez attentif au positionnement des plantes. Les plantes retombantes doivent pouvoir tomber en cascade sur les côtés et le devant du bac. Les plantes plus grandes seront disposées par niveaux de taille pour créer une élévation à l'arrière et au centre de la composition. Tapissez le fond du bac de tessons (morceaux cassés de pots en terre) pour un bon drainage, puis remplissez entre la moitié et les trois-quarts de compost de rempotage à base de terreau. Les composts sans terreau sont pratiques dans les paniers suspendus car ils pèsent moins lourd, mais n'oubliez pas qu'ils sont plus difficiles à réhumidifier si on les laisse se dessécher et qu'ils demanderont plus d'engrais pendant la saison de croissance.

Faites doucement glisser la plante hors du pot en soutenant d'une main la motte de racines. Démêlez les racines avec précaution et positionnez chaque plante. Veillez à ce que le collet de chaque plante soit à environ 1 cm en dessous du rebord du bac. Tassez doucement le compost au tour de chaque plante et nivelez la surface. Il est aussi essentiel de vérifier qu'il n'y a pas de poches d'air, surtout sur les côtés et dans les coins du bac. S'il y en a, remplissez-les de compost humide. Enfin, imbibez complètement la terre.

PLANTER EN BACS

1 *Tapissez le fond du bac de tessons. Remplissez entre la 1/2 et les 3/4 de compost de rempotage humide. Sortez chaque plante de son pot avec précaution.*

2 *Détachez le compost des racines et positionnez chaque plante, le collet à 1 cm en dessous du rebord (ici,* Begonia, Lobelia, *cultivars d'*Impatiens*).*

3 *Tassez doucement le compost autour de chaque plante. Vérifiez qu'il n'y a pas de poches d'air, au besoin ajoutez du compost humide. Nivelez la surface et arrosez à fond.*

GRAINES ET PLANTULES

Acheter graines et plantules
On peut cultiver les annuelles à partir de plantules ou de graines en ruban ou en gel.

MARQUAGE DES BORDURES ANNUELLES

1 *Faites un plan de plantation, en disposant les plantes en taches informelles, par tailles, types et couleurs. Délimitez le contour des taches sur le sol avec du sable ou du gravier.*

2 *Semez en sillons dans chaque tache, en changeant la direction des sillons dans les taches contiguës. Les plantes se mélangeront en poussant et camoufleront les lignes droites.*

Acheter des graines

Quand vous achetez des graines, vérifiez la date d'emballage sur le paquet : le contenu doit provenir du stock de la saison en cours. Pour un résultat optimal, achetez toujours des graines fraîches ayant été entreposées dans des conditions fraîches et sèches. La viabilité des graines varie fortement selon les espèces, mais, en règle générale, la plupart se dégradent au bout d'un an, surtout à l'humidité ou à la chaleur. Les graines en sachets aluminium scellés peuvent se conserver plusieurs années mais, une fois le sachet ouvert, les graines commencent à se dégrader.

Pour la plupart des plantations, les graines pollinisées naturellement sont tout à fait satisfaisantes, avec néanmoins de légères variations naturelles de couleurs et de type. Dans les cas, comme les plates-bandes composées, où la vigueur, l'uniformité de la croissance, et la cohérence des couleurs sont essentielles, choisissez des hybrides F1 ou F2.

Graines enrobées ou préparées

Certains hybrides F1 et F2 existent sous forme de graines enrobées, nommées ainsi car elles sont enveloppées individuellement d'une pâte nutritive et fongicide qui forme une pellicule souple. Bien qu'elles soient légèrement plus chères que les graines non-traitées, elles peuvent être semées avec le même espacement que celui recommandé pour les cultivars correspondants, ce qui évite de les éclaircir plus tard. Il faut les arroser à fond après les avoir semées afin que l'eau pénètre uniformément la pellicule formée autour de la graine.

Les graines préparées sont traitées pour germer immédiatement après les semis. C'est particulièrement intéressant pour les graines d'espèces et de cultivars qui ont du mal à germer.

Graines en ruban et en gel

L'une des façons les plus simples de semer est d'utiliser des graines en ruban, une bande de matière dégradable dans laquelle sont incorporées les graines. On pose la bande au fond d'un sillon et on la recouvre d'une mince couche de terre. Les graines en gel permettent un semis fluide. Les graines sont en suspension dans une espèce de gelée ; il suffit de presser sur le sac en plastique qui les contient pour répartir les graines le long d'un sillon préparé. Si ces deux techniques sont plus onéreuses au départ, elles garantissent la régularité d'espacement des plantules qui auront besoin de peu ou pas d'éclaircissage par la suite.

Graines pré-germées et plantules avancées

Les graines qui germent difficilement sont parfois vendues en graines pré-germées : le tégument est fendu et racines et cotylédons commencent à sortir. Les graines sont semées sur de la gélose et distribuées dans des emballages en plastique scellés. Transplantez-les tout de suite dans du compost à semis, dans un endroit éclairé et respectez la température recommandée. Les cultivars sélectionnés sont aussi vendus pré-germés, au stade de l'apparition de la première vraie feuille, et sont prêts à être repiqués. C'est une solution idéale pour les très fines graines comme celles de bégonias qui sont difficiles à semer clair et régulièrement. Repiquez-les à 4-5 cm d'intervalle dans les 24 heures suivant l'achat et poursuivez la culture normalement.

Les plantules avancées sont de jeunes plantes cultivées dans des mottes de compost. Les jeunes plantes sont prêtes à être plantées en pots individuels ou terrines divisibles. La culture devra se poursuivre à la température et à la lumière appropriées jusqu'à ce que les plantes soient assez fortes pour être plantées en pleine terre. Ces plantules avancées sont meilleur marché que des plantes à repiquer plus âgées.

Méthodes de semis

Le choix de l'endroit et du moment des semis est fonction du moment où les annuelles et bisannuelles doivent fleurir et de la température nécessaire à la germination. A l'extérieur, on peut semer à la volée ou en sillons. Le semis à la volée est indiqué pour les plantes dont les racines pivotantes souffrent si on les dérange, comme *Gypsophila* et *Papaver*. Le semis en sillons produit des rangées droites et régulières de plantules, aspect militaire qui disparaît à l'éclaircissage. Semer en taches informelles marquées au sable crée également

Semis en sillons

1 *Préparez un lit de semence en bêchant à une profondeur de bêche et ratissez pour émietter. Le long d'un cordeau, tracez à la binette un sillon de 2,5 cm de profondeur.*

2 *Semez à la main, peu à la fois, en espaçant les graines régulièrement le long du sillon. Semez les graines enrobées à l'espacement recommandé.*

3 *Recouvrez le sillon de terre au rateau, en prenant soin de ne pas déplacer les graines. Tassez doucement le sillon avec le dos du rateau. Etiquetez et arrosez à fond, avec une pomme d'arrosoir à jet fin.*

ECLAIRCIR LES PLANTULES

1 *Pour éclaircir les plantules (ici,* Consolida ajacis*) une à une, appuyez doucement de chaque côté de la plantule à conserver en tirant la plantule indésirable.*

2 *Pour éclaircir les touffes, soulevez-les avec beaucoup de terre autour des racines. On peut les diviser avec précaution pour les replanter à l'espacement correct.*

une composition plus naturelle. Pour le semis à la volée ou en sillons, préparez un lit de semence en bêchant le sol sur une profondeur de bêche. Ratissez pour bien émietter la terre puis tassez légèrement avec une batte à semis. La plupart des terres ordinaires de jardin donnent de bons résultats, mais évitez de semer des annuelles dans des sols très fertiles car les feuilles pousseront trop, au détriment des fleurs. Si le sol est très pauvre, apportez un engrais granulé équilibré à une dose de 70 g/m². Pendant la germination, éclaircissez les plantules à l'espacement spécifié pour chaque plante. Protégez et tuteurez au besoin.

Semer en bacs

Les pots, terrines ou caissettes à semis conviennent tous aux semis. Les pots biodégradables sont l'idéal pour les plantules dont il ne faut pas déranger les racines. Tous les conteneurs doivent être parfaitement propres avant le semis.

Remplissez le bac de compost à semis et nivelez. Tapotez le bac pour éliminer les poches d'air, puis tassez avec une batte à semis pour que la surface du compost arrive à 1 cm sous le bord du bac. Arrosez à jet fin, ou mettez le bac dans une bassine d'eau jusqu'à ce que le compost soit imbibé. Laissez égoutter 1 heure. Semez clair et régulièrement sur la surface et recouvrez les graines de compost à semis tamisé, sur une épaisseur équivalente à la leur.

PROTÉGER ET TUTEURER LES PLANTULES

Les annuelles grandes ou à tiges minces ont besoin d'un soutien : rameau, rame à pois ou grillage dont la taille des mailles ne dépasse pas 2,5 cm. Le support doit être un peu plus petit que la hauteur finale de la plante, afin qu'elle le camoufle une fois adulte.

1 *Plantez les supports en terre quand les plantules atteignent 5-7 cm de haut (ici,* Consolida ajacis*).*

2 *Etendez un grillage au-dessus des plantules (ici,* Eschscholzia*). Fixez les bords avec des bâtons ou des goujons.*

Pour éviter la fonte des semis, vaporisez d'un fongicide approprié. Enfin, couvrez le bac d'une vitre et d'un filet à ombrer.

Annuelles rustiques

Les plantes classées comme annuelles rustiques germent à une température de 7-13 °C et peuvent être semées directement dans leur site de floraison, au printemps, dès que la terre atteint 7 °C. Les semis échelonnés du printemps au début de l'été sont une garantie de couleurs pour tout l'été. On peut semer certaines annuelles rustiques en automne, comme les soucis (*Calendula*) ou les pavots (*Papaver*). Déjà jeunes plantes, elles passeront l'hiver en sécurité et fleuriront plus tôt la saison suivante. Dans les régions très froides ou exposées, la pose d'une cloche garantit une protection contre les pertes hivernales.

Bisannuelles rustiques

Les graines de bisannuelles rustiques se sèment dans un lit de semence en pleine terre entre la fin du printemps et le début de l'été. Le calendrier exact dépend de la vitesse de développement de la plante concernée. Les myosotis (*Myosotis*), par exemple, poussent rapidement et se sèment en mi-été. Les autres bisannuelles rustiques, comme les digitales (*Digitalis purpurea*), sont plus lentes à pousser et se sèment en fin de printemps. Les jeunes plantes sont trans-

SEMER EN TERRINE

1 Emplissez une terrine de compost à semis, nivelez avec le dos d'une batte à semis et tassez jusqu'à 1 cm sous le bord.

2 Les graines étant dans un papier plié, tapotez pour parsemer la surface du compost, clair et régulièrement.

3 Couvrez les graines d'une couche de compost à semis tamisé sur une épaisseur équivalente à la leur. Etiquetez et arrosez.

4 Vaporisez la surface du compost de fongicide et posez une vitre ou une plaque de polyéthylène transparent au-dessus de la terrine pour maintenir une humidité constante.

5 Ombragez la terrine avec un filet ou une feuille de journal pour la protéger du soleil direct. Retirez le filet et la vitre dès le début de la germination.

Repiquer en godets

1 *Quand les plantules (ici,* Tagetes*) sont assez grandes pour être manipulées, tapotez la terrine pour ameublir le compost. Retirez les plantules et le compost en bloc.*

2 *Séparez soigneusement les plantules avec un déplantoir. Ne les maniez que par les feuilles, attention de ne pas abîmer les racines. Gardez du compost autour des racines.*

3 *Placez chaque motte de racines dans un trou fait au plantoir dans le compost. Tassez le compost autour des racines avec le plantoir, nivelez et arrosez avec précaution.*

plantées dans leur site de floraison en automne, ou en début de printemps l'année suivante. Pour favoriser la floraison de la saison suivante, pincez tout bouton floral qui apparaît avant l'hiver.

Annuelles et bisannuelles semi-rustiques

La température de germination des annuelles semi-rustiques se situe entre 13 et 21 °C. Sous les climats chauds, on peut les semer en place ou en lit de semence de la même façon que les annuelles et bisannuelles rustiques. Dans les régions sujettes au gel, on sème les annuelle semi-rustiques dans des pots ou des terrines sous abri vitré entre la fin de l'hiver et le début du printemps. On peut aussi semer en place les annuelles à croissance rapide, comm les soucis (*Tagetes*), en milieu de printemps.

On sème les vivaces semi-rustiques en terrines entre la fin du printemps et la mi-été. Elles ne doivent pas être plantées en pleine terre avant d'être complètement endurcies : le plantes semi-rustiques supportent des conditions fraîches pendant de courtes périodes mais elles sont irréversiblement abîmées par un froid extrême. Les annuelles gélives, comme les bégonias, seront tuées ou fortemen ralenties par des températures basses, il faut donc attendre des conditions de chaleur stable pour les sortir. Les jeunes plantes doivent hiverner dans des conditions hors-gel, sous châssis ou en serre, et être sorties au printemps Les vivaces gélives cultivées comme des annuelles, comme les impatientes (*Impatiens*) et les pélargoniums, sont cultivées comme les annuelles semi-rustiques, mais elles germent mieux entre 16 et 24 °C. Consultez l'emballage des semences pour les températures précises.

Graines à exigences particulières

Quelques graines demandent des soins particuliers pour germer. *Begonia*, *Impatiens*, et quel ques autres graines très fines ont besoin de lumière pour germer. On les sème en surface sans les recouvrir de compost. La plupart des plantes gélives demandent une température constante pour germer, tout écart peut leur être fatal. Les primevères, qui ont aussi besoi de lumière, ne germeront pas à des températures inférieures à 21 °C. Certaines graines, ont celles des pensées (*Viola* x *wittrockiana*), e germent que dans l'obscurité. Un certain ombre d'espèces rustiques, comme *Molucella*, oivent être stratifiées pour bien germer. Placez 1 terrine à semis dans le bas du réfrigérateur endant deux semaines, puis ramenez-la à une empérature de 18-21 °C.

Repiquer

)n transplante, ou on repique, les plantules oussées en terrines dans des contenants plus rands pour qu'elles continuent à se développer vant d'être mises en terre. Si elles forment des uffes trop denses, les plantules deviennent ıbougries et grêles et risquent des maladies ›ngiques, comme la fonte des semis. Dès que :s plantules sont assez grandes pour être manipulées, repiquez-les dans des pots individuels e 6 cm, ou dans une terrine, espacées de 4-5 cm. est essentiel de ne les manipuler que par les euilles pour ne pas meurtrir les tiges et les icines qui sont fragiles. Les tissus abîmés se éveloppent mal et sont beaucoup plus sujets ux infections fongiques. Après avoir repiqué :s plantules, placez-les dans un germoir ou ›uvrez-les d'un plastique transparent quelues jours, le temps qu'elles se réinstallent. .ttention à ce que le plastique ne soit pas en ›ntact avec les feuilles, cela peut provoquer ne pourriture. Remettez les plantules dans les iêmes conditions que précédemment, jusqu'à : qu'elles soient prêtes à être endurcies.

ENDURCISSEMENT

Tunnel

Si vous utilisez un tunnel bas pour endurcir les annuelles semi-rustiques (ici, Tagetes*), enroulez les côtés pour augmenter l'aération progressivement.*

Châssis froid

Sous châssis froid, on augmente l'aération en ouvrant de plus en plus le châssis, jusqu'à une ouverture complète.

REPLANTER EN PLEINE TERRE

1 *Quand les plants sont complètement endurcis (ici,* Tagetes*), sortez-les du bac. Gardez intacte la motte de racines.*

2 *Placez chaque plante dans un trou suffisamment grand pour contenir la motte de racines, à une profondeur équivalente à celle du bac.*

3 *Repoussez la terre autour des racines et tassez légèrement pour éviter les poches d'air. Arrosez à fond avec une pomme fine.*

Endurcir

Les annuelles semi-rustiques cultivées en conditions maîtrisées doivent être endurcies ou acclimatées progressivement aux conditions extérieures avant d'être plantées en pleine terre. Le but est de sevrer les plantes d'un environnement chaud et protégé sans les exposer à un changement brutal qui pourrait les abîmer. Environ 6-7 semaines avant de les mettre en terre, mettez-les dans un endroit plus frais de la serre pendant une semaine. Transférez-les sous châssis froid fermé ou sous un tunnel et augmentez l'aération, jour après jour, au rythme du réchauffement climatique. Fermez le châssis la nuit, et, s'il y a une menace de gel, isolez-le avec des sacs de toile ou de vieux tapis. Ouvrez complètement le châssis les derniers jours avant la plantation en terre, mais refermez-le si du gel est prévu.

Planter en pleine terre

Avant de les replanter, arrosez à fond les jeunes plants et laissez-les égoutter une heure. Replantez-les dans un parterre ou une plate-bande préparée et désherbée. Sortez les jeunes plants de leur bac avec précaution, sans abîmer la motte de racines. On peut casser les godets divisibles pour libérer chaque motte. En ce qui concerne les bacs plus grands, tapez-les contre une surface dure pour ameublir le compost. Renversez le pot et faites glisser le plant en soutenant la motte de racines, un doigt de chaque côté de la tige. Si les plants sont dans des terrines, faites glisser le contenu en un seul bloc, séparez les plants à la main en gardant autant de compost que possible autour des racines. Plantez-les à une profondeur égale à celle du conteneur précédent. Tassez doucement la terre autour des racines et arrosez à fond.

Planter les annuelles grimpantes en pleine terre

Placez les annuelles grimpantes au pied d'un support naturel comme un arbuste ou un petit arbre ou palissez-les contre une clôture, un mur ou un autre support. S'il s'agit d'un arbuste ou d'un arbre, plantez la grimpante à la périphérie de la voûte des branches, du côté le plus ensoleillé. Guidez les pousses de tête dans les branches le long de bambous fins. Si vous utilisez un support de palissage contre un mur, plantez à 30 cm de la base du mur pour que les racines trouvent suffisamment d'humidité. Piquez des bambous en pyramide avant de planter. Placez les jeunes plants à l'extérieur de la pyramide, avec des attaches lâches.

PLANTER LES ANNUELLES GRIMPANTES

Planter à côté d'une plante-support
Plantez les annuelles volubiles (ici, Ipomea*) à au moins 23 cm de la tige-support et, au besoin, guidez la pousse de tête vers les branches avec des bambous fins.*

Planter le long d'un bambou
Placez les jeunes plants (ici, Thunbergia alata*) à l'extérieur des bambous. Attachez la pousse de tête au bambou de façon lâche avec de la ficelle souple, du raphia ou des anneaux à pois de senteur (encadré).*

Annuelles en broderie végétale

La création de parterres ou plates-bandes d'annuelles en dessins structurés est une tradition du siècle dernier, mais cette technique de plantation peut se réinterpréter pour créer des lignes modernes. Dessinez un plan sur papier, réunissez toutes les plantes à repiquer et cochez sur votre liste pour vérifier que vous avez toutes les plantes nécessaires. Le plan ci-contre nécessite de nombreuses plantes mais un dessin plus simple et tout aussi séduisant ne demanderait que deux à quatre espèces différentes. Pour vérifier les espacements et faire les derniers ajustements avant de planter, sortez les bacs de plantes et posez-les au bord de la plate-bande préparée. Gardez des plantes en réserve en cas de défaillances.

ANNUELLES EN BRODERIE VÉGÉTALE

1 *Délimitez le dessin avec des cordeaux et du sable, en partant du centre vers l'extérieur, ou du fond vers le premier plan. Agenouillez-vous sur des planches pour ne pas trop tasser le sol. Une terre compactée ne se draine pas et contrarie la croissance des plantes qui doit être uniforme et régulière pour l'harmonie de l'ensemble.*

2 *Plantez avec précaution, en évitant les manipulations superflues des plantules. Terminez une parcelle avant de passer à la suivante.*

3 *Quand chaque parcelle est remplie, éliminez tout ce qui est abîmé ou broussailleux pour garder un aspect régulier et compact.*

4 *Arrosez à fond chaque parcelle finie. Sinon vous risquez que les premières plantations soient complètement desséchées avant d'avoir terminé les dernières. Arrosez bien le parterre jusqu'à ce que les plantes aient bien repris. Enlevez les feuilles décolorées ou abîmées. Remplacez dès que possible toute plante défaillante par une plante de réserve pour éviter des ruptures dans la composition.*

SOINS COURANTS

Les annuelles ont une durée de vie relativement courte et leurs besoins d'entretien sont assez basiques. Les grandes annuelles doivent être tuteurées pour ne pas être renversées par le vent ou le poids de leur propres fleurs. Arrosez régulièrement les annuelles pendant les périodes sèches, surtout si elles sont en bacs, et enlevez les fleurs dès qu'elles sont fanées pour prolonger la floraison. Si on les laisse grainer tôt dans la saison, les annuelles meurent prématurément car leur cycle de vie est arrivé à son terme. A la fin de la saison, quand elles ne donnent plus rien, jetez les plantes ou mettez-les sur le tas de compost.

Tuteurer

Les grandes annuelles à tiges élancées ont besoin d'être soutenues, en pleine terre, par un grillage ou des rames à pois qui doivent être installés lorsque les jeunes plantes atteignent quelques centimètres de haut (voir p. 164). Les grandes plantes, comme les tournesols (*Helianthus*), peuvent demander un tuteurage individuel. Lors de la plantation, piquez un bambou là où il sera le moins visible et attachez la tige principale au bambou au fil de la croissance.

Arrosage, désherbage et fertilisation

Une fois en pleine terre, les annuelles et bisannuelles demandent une humidité constante. Il faut les arroser régulièrement et généreusement à l'arrosoir ou à l'arroseur, jusqu'à ce qu'elles soient bien installées. Pour un enracinement profond, l'arrosage doit être assez abondant pour que l'eau pénètre loin dans le sol. Si seule la couche superficielle de terre est humidifiée, les racines restent en surface et résistent moins à la sécheresse. Quand elles sont installées, les plantes en pleine terre ne demandent d'arrosage que pendant les sécheresses prolongées. N'oubliez pas cependant que, si les plantes manquent d'eau, elles monteront en graines plus vite.

Les plantes en bacs doivent être contrôlées tous les jours et arrosées aussi souvent que nécessaire pour que le compost reste à une humidité stable sans être détrempé. Si le temps est chaud et sec, les plantes en bacs s'assèchent très vite et peuvent demander deux arrosages par jour ou plus. L'assèchement est moins rapide dans les bacs en plastique que dans les bacs en terre, attention à ne pas trop arroser. La plupart des annuelles poussent bien dans des sols assez pauvres et demandent rarement une fertilisation supplémentaire, sauf si la terre est vraiment

PALISSER LES GRIMPANTES

Lors de la plantation de grimpantes (ici, Eccremocarpus scaber*), fixez-les sur un treillage ou un filet à ramer. Les grimpantes gélives ont parfois besoin au départ d'être dirigées sur le support. Il faut lier les grimpantes à ventouses à leur support avec de la ficelle souple.*

TUTEURER LES GRANDES ANNUELLES

On peut soutenir les grandes annuelles en pots (ici, Salpiglossis*) avec 3 ou 4 bambous piqués dans le compost autour du bord du pot. Entourez les bambous d'une ficelle souple. Les plantes masqueront le support au fil de leur croissance.*

très peu fertile. Les terres très enrichies favorisent une croissance rapide et abondante des feuilles, avec peu de fleurs. Mais dans les terres très pauvres, un engrais liquide à action rapide est bénéfique aux boutons floraux.

Eliminez les mauvaises herbes qui sont en concurrence avec les annuelles et les bisannuelles pour la lumière, l'eau et les éléments nutritifs du sol.

Annuelles en fleurs coupées ou séchées

Beaucoup d'annuelles sont des fleurs coupées fraîches idéales pour la décoration d'intérieur, certaines font de belles compositions sèches pour l'hiver. Il est préférable de couper les immortelles, comme *Bracteantha*, quand les fleurs sont à demi ouvertes. Si l'on attend leur plein épanouissement pour les couper, elles sont trop ouvertes une fois séchées. Suspendez les annuelles la tête en bas en petits bouquets et placez-les dans un endroit chaud, aéré, de préférence sombre car, exposées à une forte lumière, leurs couleurs passent. Les fleurs de *Limonium sinuatum* doivent être épanouies quand on les met à sécher, coupées en bouton il est rare qu'elles s'ouvrent complètement. Trempez les tiges coupées de *Papaver croceum* dans l'eau bouillante avant d'en faire une composition. Cela obture les extrémités et empêche la formation de bulle d'airs qui bloquent l'assimilation d'eau.

Annuelles en fleurs séchées

1 *Coupez les tiges le plus près possible de la rosette basale (ici,* Limonium sinuatum*). Si les plantes ont des tiges feuillues, enlevez les feuilles et faites des bottes de six fleurs.*

2 *Pendez-les la tête en bas dans un endroit chaud, bien aéré, dans l'obscurité ou abritées du soleil direct. Un fort ensoleillement fait passer leurs couleurs vives.*

Entretien des annuelles en bacs

Les plantes en bacs exigent peu de soins hormis un arrosage régulier et un apport d'engrais de temps à autre. Pour l'esthétique, supprimez les fleurs fanées et, à chaque fois qu'une plante atteint le terme de sa floraison, enlevez-la du bac. Faites attention en la retirant de déranger au minimum les racines des autres plantes. Remplacez par une plante à maturité plus tardive.

1 *Retirez avec précaution les plantes qui ont cessé de fleurir. Ne dérangez pas les plantes restantes.*

2 *Ajoutez du compost frais et, pour prolonger la décoration, comblez tous les espaces vides avec de nouvelles plantes.*

SUPPRIMER LES FLEURS FANÉES

Pour prolonger la période de floraison, enlevez régulièrement les fleurs (ici, des pensées) qui fanent, avant qu'elles ne commencent à grainer. Avec des ciseaux pointus, un sécateur ou le pouce et l'index, coupez la fleur morte à la base de la tige. Cela favorise une nouvelle poussée de fleurs.

Supprimer les fleurs fanées

La suppression régulière des fleurs fanées a deux fonctions principales. D'abord, elle a un objectif esthétique. Ensuite, elle prolonge la période de floraison en empêchant les plantes de grainer. Toutes les forces de la plante sont alors canalisées dans la production d'une seconde vague de fleurs.

Pincez net les fleurs mortes ou dépérissantes entre le pouce et l'index, pour les plantes à tiges plus robustes utilisez des ciseaux ou un sécateur. Si vous souhaitez des graines pour la saison suivante, laissez quelques capsules de graines sur la plante à la fin de la période de floraison. Laissez les fleurs sur les plantes à capsules ou siliques ornementales comme la monnaie-du-pape (*Lunaria annua*). La suppression des fleurs fanées n'entraîne pas de nouvelle floraison chez quelques annuelles, comme les pavots (*Papaver*).

Conserver les graines

Les graines d'hybrides de jardin complexes ne restent pas conformes au type et leurs graines, s'ils en produisent, ne méritent pas d'être conservées. De nombreuses espèces cependant, comme la monnaie-du-pape (*Lunaria*), la digitale (*Digitalis*) et la nigelle

CONSERVER LES GRAINES

1 *Récoltez les capsules (ici,* Nigella*) quand elles commencent à mûrir, mais avant qu'elles ne se fendent. Posez-les dans un plateau tapissé de papier journal ou de buvard et mettez-les à sécher au soleil.*

2 *Quand la capsule est sèche, secouez-la et, au besoin, écartez les débris. Mettez les graines dans une enveloppe propre, sèche, étiquetée. Stockez dans un endroit frais, à une température fraîche et constante.*

(*Nigella*), se reproduiront à l'identique avec un niveau de variation très acceptable. Leurs graines sont faciles à récolter et à conserver pour l'année suivante. Pour un résultat optimal, choisissez les capsules des plantes qui ont produit les plus belles fleurs, en forme et en couleur.

Coupez les capsules quand elles commencent à brunir mais avant qu'elles ne se fendent. Etalez-les sur des plateaux tapissés de papier, dans un endroit chaud, ensoleillé, bien aéré jusqu'à ce qu'elles soient complètement sèches. Sinon attachez-les en bottes par les tiges et pendez-les la tête en bas, la tête dans un sac en papier propre. Eliminez les débris et mettez les graines dans un sac en papier ou une enveloppe propre, clairement étiqueté. Conservez au frais et au sec jusqu'aux semis de la saison suivante.

Nettoyage d'automne

A la fin de la saison de floraison, les plantes mortes, dépérissantes doivent être jetées ou déposées sur le tas de compost. Mieux vaut brûler toute plante malade que la mélanger au compost, pour éviter d'étendre l'infection dans le jardin. On peut déterrer les vivaces cultivées en annuelles ou bisannuelles, comme les pensées (*Viola* x *wittrockiana*) ou les polyanthus, et les replanter dans un autre endroit du jardin où elles refleuriront plusieurs années. Il faut couper les roses trémières (*Alcea rosea*) à la base après la floraison, elles referont de grandes grappes plusieurs années. Elles perdent cependant de la vigueur et de leur qualité florale au fil des ans. On cultive les roses trémières en bisannuelles surtout parce qu'elles sont sujettes à la rouille de la rose trémière (*Puccinia malvacearum*), qui hiberne dans la couronne et réinfecte la plante quand elle repousse au printemps. Les jeunes plantes y sont moins sensibles, mais il est préférable de ne pas replanter les roses trémières dans la même terre et au même endroit d'une année sur l'autre.

Les giroflées (*Erysimum*) ou les mufliers ne méritent pas d'être replantés car ils deviennent vite très ligneux ou hauts sur tiges et sont moins productifs après la première saison de floraison. On peut déterrer les vivaces gélives, comme les bégonias et les impatientes (*Impatiens*), et les rempoter à la fin de l'été. Avec la lumière et la chaleur appropriées, elles continueront de fleurir de nombreux mois dans la maison, la serre ou le jardin d'hiver.

RABATTRE LES VIVACES ÉPHÉMÈRES

1 *Toutes les capsules de graines ne mûrissent pas en même temps. Pour éviter la dissémination, coupez les hampes florales avant que les capsules ne soient à pleine maturité.*

2 *Les vivaces éphémères, comme les roses trémières* (Alcea rosea)*, fleurissent plusieurs années si on les rabat après la floraison.*

3 *Coupez chaque hampe florale à la base avec un sécateur. N'abîmez pas la nouvelle pousse qui sort à la base.*

Pois de senteur

Lathyrus odoratus, communément appelé pois de senteur, mérite aussi le titre de « reine des annuelles ». Les fleurs des pois de senteur, décoratives et vivement colorées, sont surtout réputées pour leur parfum délicat. Elles sont idéales en fleurs coupées et, bien soignées, elles fourniront des fleurs fraîches tous les jours pendant de longues semaines. Les plantes tuteurées sur des rames à pois ou des bambous, en « wigwam » ou entre des poteaux composent un décor coloré et durable. On peut aussi les planter dans une bordure ou parmi des arbustes et des vivaces. Ils sont indispensables dans un jardin champêtre et s'avèrent également utiles dans un potager car ils attirent les abeilles pollinisatrices et autres insectes utiles. On cultive les pois de senteur en buisson en les laissant se développer naturellement ou, plus souvent, avec la méthode du cordon. Cette seconde méthode permet d'obtenir de très belles fleurs à longues tiges, idéales pour la coupe. Il existe de nombreux types de pois de senteur. Parmi les grands cultivars, les plus connus sont les types Spencer, à grandes fleurs et pétales à volants. Les Grandiflora, ou pois de senteur à l'ancienne, ont des fleurs plus petites mais au parfum plus intense. Les pois de senteur nains comprennent des variantes sans vrilles et sont idéales en jardinières de fenêtres et suspensions. En pleine terre, ils n'ont pas forcément besoin de tuteurage.

Semer les graines

On sème les graines de pois de senteur en milieu d'automne, fin d'hiver ou début de printemps. Les plantes semées en automne fleurissent plus tôt, mais, dans les régions sujettes au gel, elles demandent la protection d'un châssis pendant l'hiver. Pour aider la germination, entaillez les graines avec un couteau pointu avant de semer et enlevez un petit morceau de tégument du côté opposé à l'œil. On peut faire tremper les graines et les semer dès qu'elles commencent à gonfler. La meilleure solution pour le pois de senteur est le pot individuel, avec 2-3 graines dans un pot de 7 cm. On peut aussi utiliser des bacs plus grands où les racines s'étalent,

Pois de senteur à l'ancienne

Les pois de senteur à l'ancienne sont parmi les premiers cultivars de L. odoratus *et sont plus proches de l'espèce que les cultivars modernes, avec des fleurs plus petites et plus délicates, aux couleurs intenses, très odorantes.*

Pois de senteur nains

Les pois de senteur nains atteignent 90 cm de haut et nécessitent peu ou pas de support. Certains n'ont pas de vrilles. Ils sont parfait en mixed-borders ou plates-bandes annuelles et s'adaptent bien à la culture en bacs ou autres conteneurs.

ce qui évite de les déranger lors de la plantation. Utilisez un compost pour semis standard, ou un compost pour semis sans terreau en y ajoutant 20 % de gravier. Couvrez les bacs d'une vitre et faites germer à environ 15 °C. Au stade de plantule, placez-les sous châssis froid pour continuer la germination. Pincez les jeunes pousses des plantules semées en automne quand elles atteignent 10 cm de haut. Pincez les plantules semées au printemps à la première paire de vraies feuilles.

Hivernage des plantes semées en automne

Laissez le châssis froid ouvert autant que possible, mais si la température risque de descendre en dessous de 2°C, fermez le couvercle et isolez avec une natte. En cas de forte pluie, maintenez le châssis froid entrouvert pour protéger les jeunes plants tout en gardant une bonne aération. Si les pucerons infestent les jeunes plants, traitez avec un insecticide spécifique. Faites un apport d'engrais liquide dilué en fin d'hiver.

Planter en pleine terre

Les pois de senteur prospèrent en plein soleil, dans un sol fertile, bien drainé, riche en matière organique. On obtient les meilleurs résultats dans un sol préparé l'automne précédent : double bêchage et incorporation de fumier bien décomposé dans le sous-sol. Trois semaines avant de planter, répandez un engrais équilibré à la dose indiquée par le fabricant. Endurcissez les plants avant de les planter. Mettez en terre en début de printemps les plants semés en automne, et en fin de printemps les pois de senteur semés au printemps. Espacez les plants de 20 cm, un peu derrière et sur le côté de leur support, la pousse la plus basse au niveau du sol. Arrosez généreusement. Pour commencer, attachez les jeunes plants à leur support, sans serrer, avec des anneaux à pois de senteur, ils s'y fixeront très vite tout seuls avec leurs vrilles. Une fois installés, arrosez en période de sécheresse et maintenez une humidité constante dès l'apparition des boutons floraux. A partir du milieu de l'été, appliquez un engrais liquide fort en potasse tous les quinze jours.

Pois de senteur en buisson

1 *Les pois de senteur en buisson sont en général soutenus par des rames à pois installées lors de la mise en terre des plantules. Penchez les rames vers l'intérieur pour plus de stabilité.*

2 *On peut aussi faire pousser les pois de senteur à travers un grillage fixé au sol par des bambous. Les plantes grimperont à travers les mailles et finiront par masquer le support.*

3 *Le « wigwam » de bambous constitue aussi un support solide. On peut le renforcer au sommet avec une forte ficelle ou des attaches spéciales. Plantez une plantule à la base de chaque bambou.*

PREMIER TUTEURAGE EN CORDON

1 Plantez les piquets, tendez les fils de fers, fixez-y des bambous de 2,20 m de haut, espacés de 20 cm. Renforcez le sommet avec des clips en « V ».

2 Environ 2 semaines après la plantation, sélectionnez la pousse la plus vigoureuse et fixez-la à un bambou avec un anneau métallique, juste sous un nœud.

3 En même temps, coupez toutes les pousses adjacentes et les vrilles pour concentrer les forces dans la pousse principale.

4 Pincez toutes les pousses adjacentes et vrilles restantes, et supprimez toute hampe florale à moins de quatre boutons.

Pois de senteur en cordon

Les pois de senteur très décoratifs, à longues tiges utilisés pour la coupe sont en général cultivés en cordon, sur des rangées simples ou doubles. On oriente les rangées sur un axe nord-sud pour que les plantes aient une exposition au soleil régulière. Elles doivent être abritées des forts vents de nord et d'est. Ce sont les semis d'automne ou de début de printemps, replantés au début du printemps dans un sol préparé l'automne précédent, qui donnent les plus belles fleurs.

Tuteurer les pois de senteur

Plantez un piquet de 2 m de haut au bout de chaque rangée et fixez un morceau de bois transversal de 45 cm de large au sommet de chaque piquet. Tendez deux fils de fer parallèles entre les morceaux de bois. Attachez des bambous de 2,20 m de haut aux fils de fer, espacés de 20 cm. Inclinez légèrement les bambous vers l'intérieur, dirigés vers les fils de fer et fixez-les avec des clips en « V ». Plantez une plantule au pied de chaque bambou. Laissez-les s'installer pendant deux semaines avant de former les cordons. Sélectionnez la pousse la plus forte et pincez les autres. N'oubliez pas que la pousse la plus forte n'est pas forcément la plus longue qui peut être grêle et dégarnie. Attachez la pousse le long du bambou au niveau de chaque nœud avec des anneaux à pois de senteur ou du raphia. On peut laisser deux pousses sur les cultivars très vigoureux. Au fil de la croissance, supprimez les vrilles et les pousses adjacentes, soit à la base soit en les pinçant au-dessus de la première paire de feuilles. Supprimez les quelques premières tiges à fleurs, et en avançant dans la saison, pincez les hampes florales qui ont moins de quatre boutons. Au moment de la pleine floraison, appliquez un engrais fort en potasse tous les quinze jours. Les plantes cultivées de cette façon intensive atteindront

COUCHER LES POIS DE SENTEUR EN CORDON

1 Quand les plantes atteignent entre 1,20 et 1,50 m de haut, ou bien le sommet des bambous, elles sont prêtes à être déplacées. Elles auront plus d'espace et les nouvelles fleurs seront plus proches.

2 Détachez les plantes de leurs bambous et étendez-les délicatement sur toute leur longueur.

3 Attachez l'extrémité de la pousse au bambou suivant dans la rangée, en laissant dépasser 30 cm au-delà du bambou.

4 Si les plantes sont sur deux rangées, répétez l'opération pour le deuxième rang. Cette méthode prolonge la floraison.

vraisemblablement le sommet du support bien avant la fin de la période de floraison. Dans ce cas, on peut les « larguer », ou les coucher, pour favoriser une production continue de très belles fleurs à une hauteur pratique pour la coupe.

Coucher les cordons de pois de senteur

Quand les plantes atteignent 1,20-1,50 m de haut ou commencent à dépasser les fils de fer, détachez chaque tige de son bambou et déposez-la délicatement sur le sol, le long de la rangée de tuteurs. Suivez la rangée et détachez toutes les tiges l'une après l'autre. Rattrapez chaque tige par son extrémité sur le tuteur le plus proche. Gardez 30 cm à l'extrémité de la tige pour ré-attacher la plante sur son nouveau bambou. Si vous avez une double rangée de plantes, traitez une rangée après l'autre. Il est plus facile de déplacer les pois de senteur par un temps chaud et calme, quand les plantes sont souples, sans être trop chargées de sève. Les plantes refleuriront au bout d'environ deux semaines et seront encore en fleurs de nombreuses semaines.

Ravageurs et maladies des pois de senteur

L'avortement des boutons floraux peut avoir des causes variées, entre autres un arrosage excessif, des chutes brutales de température ou un ensoleillement insuffisant. Les feuilles des pois de senteur peuvent être infestées de thrips, pucerons, sitones du pois, galles. Les fleurs sont parfois abîmées par les bourdons et envahies d'altises. Les limaces et les escargots peuvent aussi poser des problèmes, surtout au stade des plantules. Les souris volent parfois les graines avant qu'elles n'aient germé. Si l'été est humide, les pois de senteur peuvent souffrir de pourriture blanche, ou de mildiou en cas de sécheresse.

GLOSSAIRE DES TERMES SPÉCIALISÉS

Les mots en *italique* ont leur propre entrée.

ACIDE (sol) Sol au *pH* inférieur à 7 ou à faible teneur en calcaire (cf. *alcalin* et *neutre*).

AISSELLE Angle formé entre une feuille et la *tige* où se développe un *bourgeon* axillaire.

ALCALIN (sol) Sol au *pH* supérieur à 7 ou riche en calcaire (cf. *acide* et *neutre*).

AUTO-DISSÉMINATION Libération d'une *graine* viable qui germe autour du parent pour produire des *plantules*.

BARBE Pointes effilées et raides portées par les *capitules* et les *graines* des graminées.

BASAL Situé à la base d'un organe ou d'une structure.

BOURGEON ou BOUTON *Pousse* rudimentaire ou condensée contenant des embryons de feuilles ou de *fleurs*.

BRACTÉE Feuille modifiée à la base d'une *fleur* ou d'un groupe de fleurs.

CADUC Qualifie les feuilles tombant chaque année à la fin de la saison de croissance.

CALICE Partie externe de la *fleur*, formée de *sépales*, qui enveloppe les *pétales* en *bouton*.

CAPITULE Ensemble de petites *fleurs* ou *fleurons* offrant l'aspect d'une fleur unique à l'exemple de la marguerite.

CAPSULE Fruit sec laissant échapper les *graines* à maturité par des fentes (cf. *silique*).

CARPELLE Corps unique ou élément de la partie femelle d'une *fleur*, constitué de l'*ovaire*, du *style* et du *stigmate*.

CLOCHE Structure basse composée de panneaux vitrés ou plastifiés, ou de feuilles de plastique, servant à protéger les plantes des intempéries. Elle peut aussi servir à réchauffer le sol avant de planter ou de semer.

CONFORME AU TYPE Plante qui conserve les caractéristiques du parent lorsqu'elle est cultivée à partir d'une *graine*.

COROLLE Partie de la *fleur* formée par les *pétales*.

CULTIVAR (CV.) Contraction de « variété cultivée ». Groupe de plantes cultivées, ou une plante dans ce groupe, qui se définissent nettement par une ou plusieurs caractéristiques récurrentes à la multiplication.

DENT Petit lobe souvent en pointe au bord d'une *feuille*, du *calice* ou de la *corolle*.

DRESSÉ (type) Aux branches principales verticales ou semi-verticales.

ENTIER Qualifie les feuilles à bords unis, non dentés.

EPERON Appendice creux partant du *pétale* produisant souvent le nectar.

ESPÈCE Catégorie dans la classification des plantes. Groupe en dessous du *genre*, qui réunit des plantes aux caractères très proches.

FLEUR Partie de la plante comprenant les organes reproducteurs, généralement entourée de *sépales* et de *pétales*.

FLEURON Petite *fleur*, individuellement souvent insignifiante, formant le disque central du *capitule* des composées.

GÉLIVE Qualifie une plante ne résistant pas au gel.

GENRE Catégories dans la classification des plantes. *Espèce* unique ou groupe d'espèces présentant un caractère commun.

GRAINE *Ovule* fécondé arrivé à maturité contenant un embryon dormant capable de se développer en plante adulte.

GRAPPE Groupe de *fleurs* ou de *capitules* sur une *tige* simple ramifiée.

HERBACÉ 1. Qui flétrit à la fin de la saison de croissance. 2. Qualifie une plante qui a la texture d'une herbe.

HYBRIDE Produit du croisement de deux parents génétiquement différents, souvent accidentel ou issu d'une culture artificielle, survenant parfois dans la nature.

HYBRIDE F1/F2 Les hybrides F1 sont des rejetons homogènes et vigoureux issus du croisement de deux plantes différentes, de lignée pure. Les hybrides F2 sont le résultat d'une auto-pollinisation à l'intérieur d'une population d'hybrides F1 ; à partir d'une *graine*, ils ne restent pas *conformes au type*.

INCURVÉ Courbé vers l'intérieur.

LÈVRE Lobe inférieur proéminent d'une *fleur*, formé d'un ou plusieurs *sépales* ou *pétales* laciniés.

LIGULE *Corolle* des demi-*fleurons* entourant le *capitule* de beaucoup de composées.

MONTER EN GRAINE Produire des *fleurs* et grainer prématurément.

NEUTRE (sol) Sol au *pH* égal à 7, valeur à laquelle le sol n'est ni *acide*, ni *alcalin*.

ŒIL Partie centrale d'une *fleur* dont la couleur contraste avec celle des *pétales*.

ORGANIQUE 1. Composés de carbone dérivés de plantes ou organismes d'animaux décomposés. 2. Se dit par extension des *paillis*, amendements et composts à base de végétaux.

OVAIRE Organe de la partie femelle de la *fleur* contenant les *ovules* qui vont former les fruits.

OVULE Partie de l'*ovaire* qui se développe dans la *graine*.

PAILLIS OU MULCH Couche de matière *organique* appliquée sur le sol autour d'une plante pour conserver l'humidité, protéger les *racines* du gel, réduire la prolifération de mauvaises herbes et enrichir le sol.

PERSISTANT Qui garde ses feuilles à la fin de la saison de croissance, tout en perdant régulièrement ses anciennes feuilles tout au long de l'année. Les plantes semi-persistantes ne gardent ou ne perdent leurs feuilles qu'à l'apparition des nouvelles.

PÉTALE Partie généralement voyante et colorée de la *corolle*.

pH Notation pour évaluer le degré d'acidité ou d'alcalinité du sol (cf. *acide*, *alcalin* et *neutre*).

PLANTULE Jeune plante qui se développe à partir d'une *graine*.

RHIZOME *Tige* horizontale, en général ramifiée et charnue, souterraine, parfois rampante.

ROSETTE Groupe de feuilles qui rayonnent en partant plus ou moins du même point, le plus souvent au ras du sol à la base d'une *tige* très courte.

SÉPALE Partie du *calice* généralement insignifiante, petite et verte mais parfois colorée et voyante, ressemblant à un *pétale*.

SÉRIE Nom appliqué à un groupe de *cultivars* d'annuelles qui présentent les mêmes caractéristiques à l'exception d'une (rarement plus), généralement la couleur.

SILIQUE Fruit sec et allongé, s'ouvrant verticalement : les *graines* apparaissent contre la cloison centrale.

SOUS-ARBRISSEAU Plante à base ligneuse à *tiges* molles, généralement *herbacées*.

STIGMATE Elément de la partie femelle de la *fleur* qui reçoit le pollen, situé à la pointe du *style*.

STRATIFIER Ou réfrigérer, méthode qui consiste à exposer les *graines* au froid, pour interrompre la dormance, soit en les semant à l'extérieur en hiver soit en les réfrigérant avant de les semer.

STYLE Partie de la *fleur* portant le *stigmate*.

TERMINAL Situé à l'extrémité d'une *tige* ou d'un autre organe.

TERREAU Terre fertile bien structurée qui retient l'eau tout en assurant un bon drainage.

TERREAU DE FEUILLES Substance *organique* fibreuse s'effritant facilement, issue de la décomposition des feuilles, utilisée dans les supports de rempotage et comme amendement ou *mulch*.

TIGE Axe principal de la plante généralement au-dessus du sol, portant les feuilles, les *fleurs* et les fruits.

TUBERCULE Organe de réserves renflé, généralement souterrain, issu de la racine ou de la *tige*.

TYPE Croissance caractéristique ou apparence générale de la plante.

UNI Qualifie une *fleur* de couleur uniforme.

VERTICILLE Disposition en cercle de trois organes ou plus, *fleurs*, feuilles ou pousses, partant du même point.

VIVACE Plante vivant au moins pendant trois ans.

INDEX

Le nom du genre est indiqué en caractère **gras**, suivi d'une courte description. Les espèces, variétés et sous-espèces sont en *italique*, les cultivars sont simplement cités, en caractères romains. Les noms communs sont entre parenthèses.

A

Abelmoschus
Non rustiques, vivaces et annuelles poilues, cultivées pour leur fleurs proches des hibiscus.
moschatus Série Pacific 94

Acroclinium roseum voir *Rhodanthe chlorocephala* ssp. *rosea*
Agérate bleue voir *Ageratum*
A. bleue voir *Ageratum houstonianum*

Ageratum (Agérate bleue, Eupatoire bleue)
Annuelles et bisannuelles semi-rustiques cultivées pour leurs corymbes plumeux de fleurs arrondies aux capitules ressemblant à une brosse.
houstonianum (Agérate bleue)
'Adriatic' 99
'Bavaria' 99
'Blue Danube' 155
'Blue Mink' 113
'Hawaii White' 146
'Swing Pink' 82

Agrostemma (Nielle des blés)
Annuelles rustiques portant des fleurs en trompette évasée. Ses petites graines rondes brun foncé sont toxiques.
coeli-rosa voir *Silene coeli-rosa*
'Rose Angel' voir *Silene coeli-rosa* 'Rose Angel'
githago (Nielle des blés)
'Milas' 33
'Milas Cerise' voir 'Purple Queen'
'Purple Queen' 45
'Rose Queen' voir 'Milas'

Agrostis
Herbe annuelle et vivace rustique parfois utilisée en fourrage ou dans le gazon.
nebulosa 126

Alcea
Bisannuelles rustiques et vivaces à courte durée de vie cultivées pour ses grandes grappes de fleurs.
rosea (Rose trémière, Passe-rose, Rose à bâtons) 32
'Chater's Double' 42
(Simple en mélange) 25
Groupe Majorette 22
Groupe Summer Carnival 41
'Nigra' 49

Alonsoa
Vivaces semi-rustiques, cultivées en annuelles. Donne de belles fleurs coupées.
linearis 73
warscewiczii 40
grandiflora voir *A. warscewiczii*
linifolia voir *A. linearis*

Althaea rosea voir *Alcea rosea*
Alyssum maritimum voir *Lobularia maritima*
Amaranthe voir *Amaranthus*
A. hybride voir *Amaranthus hypochondriacus*
A. queue de renard voir *Amaranthus caudatus*
Amaranthoïde voir *Gomphrena globosa*

Amaranthus (Amaranthe)
Annuelles semi-rustiques cultivées pour leurs panicules denses de petites fleurs ou leur feuillage coloré.
caudatus (Amaranthe queue de renard) 43
hypochondriacus (Amaranthe hybride) 42
tricolor 'Illumination' 97
'Joseph's Coat' 140

Amberboa
Genre d'annuelles et bisannuelles dressées aux feuilles gris-vert et aux capitules dont le centre rappelle le chardon. Du printemps à l'automne.
moschata (Centaurée barbeau) 64

Amblyopetalum caeruleum voir *Tweedia caerulea*
Amourette voir *Briza maxima*

Anchusa (Buglosse)
Annuelles et bisannuelles assez rustiques à rustiques dont certaines persistantes. La plupart portent des fleurs bleues.
capensis (Buglosse capensis) 'Blue Angel' 123

Anoda
Annuelles semi-rustiques, vivaces et sous-arbustes, cultivés pour leurs fleurs rappelant la mauve tenant pendant de longues périodes de l'été à l'automne.
cristata
'Opal Cup' 48
'Silver Cup' 57

Anthémis d'Arabie voir *Cladanthus arabicus*

Antirrhinum (Muflier, Gueule-de-loup)
Annuelles semi-rustiques à rustiques, vivaces et sous-arbustes semi-persistants, produisant des fleurs du printemps à l'automne.
'Bells' 85
'Magic Carpet Mixed' 84
Série à fleurs de Jacinthes 85
Série Coronette 84
Série Floral Carpet 85
Série Madame Butterfly 85
Série Princess 85
Série Royal Carpet 85
Série Sonnet 84
Série Tahiti 84
'Trumpet Serenade' 85

Arctotis
Semi-rustiques à non rustiques cultivées pour leurs fleurs et leur feuillage.
fastuosa 139
'Zulu Prince' 81
Hybrides Harlequin 'Torch' 75
venusta 19
stoechadifolia voir *A. venusta*
x *Venidioarctotis* 'Torch' voir *A.* Hybrides Harlequin 'Torch'

Argemone
Semi-rustiques à rustiques, annuelles et vivaces robustes. La plupart se porteront mieux traitées en annuelles.
grandiflora 19
mexicana 65

Aster de Chine voir *Callistephus*
A. de Chine voir *Callistephus chinensis*

Atriplex
Annuelles, vivaces et arbustes persistants et semi-persistants assez rustiques à semi-rustiques, cultivés pour leur feuillage.
hortensis (Belle-Dame 'Rubra') var. *rubra* 43

B

Balsamine voir *Impatiens balsamina*
Barbeau bleu voir *Centaurea cyanus*
Bartonia aurea voir *Mentzelia lindleyi*
Bartonia dorée voir *Mentzelia lindleyi*

Bassia
Vivaces et annuelles semi-rustiques cultivées pour leur feuillage coriace et leur teintes d'automne.
scoparia f. *trichophylla* 61

Begonia (Bégonia)
Arbustes à feuilles caduques ou persistantes, vivaces et annuelles. La plupart sont non rustiques, y compris certaines succulentes cultivées pour leurs fleurs multicolores et leur feuillage décoratif.
Série Cocktail 86
Série Coco 87
Devon Gems 87
'Olympia Red' 87
'Olympia White' 86
'Organdy' 87
'Red Ascot' 87

Bégonia voir *Begonia*
Belle-Dame 'Rubra' voir *Atriplex hortensis* var. *rubra*
Belle-de-jour voir *Convolvulus tricolor*
Belle-de-nuit voir *Mirabilis*
B.-de-nuit jalapa voir *Mirabilis jalapa*

Bellis
Vivaces rustiques. Certaines sont cultivées en bisannuelles.
perennis (Pâquerette vivace)
Série Carpet 148
'Goliath' 147
'Pomponette' 149

Bidens
Annuelles, vivaces (certaines traitées en annuelles) et arbustes rustiques à non rustiques. On les cultive pour leurs feuilles finement divisées et leurs fleurs rappelant la marguerite.
ferulifolia 'Golden Goddess' 129

Bignone du Chili voir *Eccremocarpus*
B. du Chili voir *Eccremocarpus scaber*
Bleuet voir *Centaurea cyanus*

Borago (Bourrache)
Annuelles et vivaces rustiques cultivées autant à des fins culinaires que pour leurs fleurs.
officinalis (bourrache) 58

Bourrache voir *Borago*
B. voir *Borago officinalis*

Brachyscome
Annuelles et bisannuelles assez rustiques à non rustiques aux capitules de type marguerite.
iberidifolia 115
'Purple Splendour' 107
'White Splendour' 80

Bracteantha
Le plus souvent annuelles et vivaces semi-rustiques cultivées en annuelles, pour leur fleur de type marguerite aux bractées parcheminées de couleurs vifs.
bracteata (Immortelle à bractées)
'Bright Bikini Mixed' 143
'Dargan Hill Monarch' 69
Série Monstrosum 74
'Silvery Rose' 24

Brassica
Annuelles, bisannuelles et vivaces rustiques. La plupart sont comestibles.
oleracea (Chou d'ornement) 92

Briza (Brize)
Herbe formant une touffe, annuelle et vivace, rustique. Certaines sont cultivées pour leurs panicules d'épillets pendants.
maxima (Grande brize, Amourette) 60
minor 126

Brize voir *Briza*
Brome voir *Bromus*

Bromus (Brome)
Herbe formant une touffe, annuelle et vivace. Certaines sont cultivées pour leurs panicules élancés en été.
macrostachys 59

Browallia
Annuelles et bisannuelles arbustives non rustiques, aux fleurs voyantes, généralement cultivées en annuelles.
speciosa
'Blue Troll' 113
'Vanja' 123
'White Troll' 76

Buglosse voir *Anchusa*
B. capensis 'Blue Angel' voir *Anchusa capensis* 'Blue Angel'

C

Cacalia coccinea voir *Emilia coccinea*
C. sagittata voir *Emilia coccinea*
Cacalie écarlate voir *Emila coccinea*

Calandrinia
Annuelles et vivaces à courte durée de vie assez rustiques et non rustiques, dont certaines sont succulentes. Cultivées pour leurs fleurs en coupe satinées, en été et à la fin de l'été. La plupart sont traitées en annuelles semi-rustiques.
grandiflora 37
umbellata 'Amaranth' 93

Calcéolaire voir *Calceolaria*

Calceolaria (Calcéolaire)
Annuelles, bisannuelles, vivaces persistantes, sous-arbustes et grimpantes à crampons rustiques à non rustiques. Certaines espèces sont cultivées en annuelles.
'Bright Bikinis' 143
integrifolia 69
'Sunshine' 141
rugosa voir *C. integrifolia*
Série Anytime 129
Série Monarch (Grandiflora) 94

Calendula (Souci)
Annuelles rustiques et arbustes persistants non rustiques, aux capitules de type marguerite produit du printemps à l'automne.
officinalis (Souci des jardins)
'Art Shades' 71
'Fiesta Gitana' 141
'Geisha Girl' 74
'Lemon Queen' 127
Série Kablouna 66

Calliopsis tinctoria voir *Coreopsis tinctoria*

Callistephus (Reine-Marguerite, Aster de Chine)
Annuelles semi-rustiques portant des fleurs aux couleurs variées de type marguerite.
chinensis (Reine Marguerite, Aster de Chine)
'Compliment Light Blue' 48
'Giant Princess' 22

Série Andrella 38
Série Milady 91
Série Plume d'Autruche 21
Série Pompon 39
Série Thousand Wonders 91

Calomeria
Annuelles et vivaces non rustiques au fort parfum d'encens.
amaranthoides 43

Campanula (Campanule)
Annuelles, bisannuelles, et vivaces rustiques à non rustiques. Certaines espèces sont persistantes, aux fleurs en clochette et aux couleurs délicates.
isophylla (Etoile de Marie, Etoile de Bethléem) 'Stella Blue' 111
medium (Campanule à grosses fleurs) 'Bells of Holland' 107
pyramidalis (Campanule pyramidale) 19

Campanule voir *Campanula*
C. à grosses fleurs 'Bells of Holland' voir *Campanula medium* 'Bells of Holland'
C. pyramidale voir *Campanula pyramidalis*

Capsicum
Annuelles et vivaces non rustiques, généralement cultivées en annuelles. Certaines espèces ont soit des fruits comestibles, soit des fruits décoratifs.
annuum (Piment commun) 'Holiday Time' 144

Capucine voir *Tropaeolum*

Carthamus
Annuelles et vivaces rustiques à semi-rustiques parmi lesquelles seule *C. tinctorius* est cultivée pour ses fleurs jaunes, rappelant le chardon.
tinctorius 'Goldtuft' 139

Catharanthus
Genre d'annuelles et vivaces non rustiques cultivées pour leurs fleurs d'été.
roseus (Pervenche de Madagascar) 'Pink Periwinkle' 91

Celosia (Célosie)
Annuelles et vivaces dressées, semi-rustiques à non rustiques, cultivées en annuelles pour leur panaches plumeux aux couleurs vives. Donnent de belles fleurs coupées que l'on pourra sécher ensuite.
argentea
'Apricot Brandy' 145
'Century Yellow' 131
'Fairy Fountains' 145
'Jewel Box' (En mélange) 98

Célosie voir *Celosia*

Centaurea (Centaurée)
Annuelles et vivaces assez rustiques à rustiques cultivées pour leurs capitules au centre rappelant les chardons entouré d'un anneau de fins pétales rayonnants souvent lobés.
americana 45
cyanus (Bleuet, Barbeau bleu) 58
Groupe Standard Tall 32
moschata (Centaurée barbeau) voir *Amberboa moschata*

Centaurée voir *Centaurea*
C. barbeau voir *Amberboa moschata*
C. barbeau voir *Centaurea moschata*
Cerisier d'amour voir *Solanum pseudocapsicum*
C. de Jérusalem voir *Solanum pseudocapsicum*
Chardon aux ânes voir *Onopordum acanthium*
Ch. d'Ecosse voir *Onopordum acanthium*
Ch. Marie voir *Silybum marianum*
Cheiranthus cheiri voir *Erysimum cheiri*
Cheveux de Vénus voir *Nigella damascena* Série Persian Jewel
Chou d'ornement voir *Brassica oleracea*
Chrysanthème voir *Chrysantemum*
Chr. à carène voir *Chrysanthemum carinatum*
Chr. des moissons voir *Chrysanthemum segetum*
Chr. parthenium voir *Tanacetum parthenium*

Chrysanthemum (Chrysanthème)
Annuelles rustiques cultivées pour leurs fleurs. Ce genre comprenait autrefois un groupe de vivaces herbacées, de vivaces persistantes et de sous-arbustes persistants que les botanistes ont reclassés dans d'autres genres.
carinatum (Chrysanthème à carène) 'Court Jesters' 23
coronarium 69
multicaule 'Moonlight' 158
paludosum voir *Leucanthemum paludosum* 'Show Star'
parthenium voir *Tanacetum parthenium*
segetum (Chrysanthème des moissons) 68
tricolor 'Court Jesters' voir *C. carinatum* 'Court Jesters'

Cinéraire maritime voir *Senecio cineraria*
Cineraria cruentus voir *Pericallis x hybrida* 'Spring Glory'
C. x hybrida voir *Pericallis x hybrida*
C. maritima voir *Senecio cineraria*

Cladanthus
Annuelles rustiques cultivées pour leur feuillage parfumé et leurs capitules de type marguerite.
arabicus (Anthémis d'Arabie) 68

Clarkia
Annuelles rustiques cultivées pour leurs fleurs décoratives idéales en fleurs coupées.
amoena Série Princess (saumon) 143
'Arianna' 93
pulchella (Double en mélange) 24

Cleome (Cléome)
Annuelles semi-rustiques à non rustiques et quelques sous-arbustes persistants. On les cultive pour leurs fleurs arachnéennes.
hassleriana 'Colour Fountain' 32

Cléome voir *Cleome*
Clochette d'Irlande voir *Moluccella laevis*

Cobaea (Cobée)
Non rustiques, grimpantes à vrille, persistantes ou caduques, aux fleurs en clochette.
scandens (Cobée grimpante) 47

Cobée voir *Cobaea*
C. grimpante voir *Cobaea scandens*

Coix
Annuelles semi-rustiques et herbes vivaces dont une seule - *C. lacryma-jobi* - est généralement cultivée pour ses têtes florales gris perle.
lacryma-jobi (Larme de Job) 62

Coleus blumei voir *Solenostemon scutellarioides*
var. *verschaffeltii* voir *Solenostemon scutellarioides*
C. thyrsoideus voir *Plectranthus thyrsoideus*

Collinsia
Annuelles rustiques qui fleurit au printemps et en été.
grandiflora 107

Commelina
Annuelles et vivaces assez rustiques à non rustiques, généralement cultivées en annuelles pour leurs fleurs et leur feuillage.
coelestis 58

Consolida (Pied d'alouette annuel)
Annuelles rustiques idéales en fleurs coupées.
ajacis (Pied d'alouette des jardins)
Série Dwarf Rocket 83
Série Imperial 46
ambigua voir *C. ajacis*

Convolvulus (Liseron)
Annuelles, vivaces, arbustes persistants et sous-arbustes rustiques à non rustiques cultivés pour leurs fleurs aux couleurs vives.
minor voir *C. tricolor*
purpureus voir *Ipomoea purpurea*
tricolor (Belle-de-jour)
'Blue Flash' 109
'Major' 49
'Royal Ensign' 124

Coquelicot voir *Papaver rhoeas*
Coquelourde rose du ciel voir *Silene coeli-rosa*
Corbeille d'argent voir *Lobularia maritima*

Coreopsis
Annuelles et vivaces rustiques à non rustiques cultivées pour leurs fleurs de type marguerite.
grandiflora
'Early Sunrise' 128
'Sunray' 68
tinctoria 69
'Golden Crown' 70

Cosmos
Assez rustiques à non rustiques. Annuelles fleurissant au début de l'automne et vivaces tubéreuses, cultivées pour leurs grandes fleurs décoratives.
bipinnatus
'Sea Shells' 25
Série Sensation 36
'Sonata White' 80
sulphureus 'Sunset' 71

Crepis
Annuelles, bisannuelles et vivaces rustiques, certaines persistantes, cultivées pour leur floraison estivale.
rubra 81

Cuphea
Annuelles, vivaces, arbustes persistants et sous-arbustes semi-rustiques à non rustiques, cultivés pour leurs fleurs.
llavea 'Firefly' voir *C.* x *purpurea* 'Firefly'
var. *miniata* 'Firefly' voir *C.* x *purpurea* 'Firefly'
miniata 'Firefly' voir *C.* x *purpurea* 'Firefly'
x *purpurea* 'Firefly' 96

Cynoglossum
Genre d'annuelles, bisannuelles et vivaces semi-rustiques à rustiques, cultivées pour leur longue période de floraison de la fin du printemps au début de l'automne.
amabile 'Firmament' 115

D

Dahlia
Vicaces tubéreuses buissonnantes à floraison automnale et estivale, cultivées en plantes de parterre ou pour ses capitules idéales en bouquets ou en exposition.
'Dandy' 74
Groupe Unwins Dwarf 39
Hybrides Coltness 95
'Redskin' 24
'Rigoletto' 94

Delphinium ajacis voir *Consolida ajacis* Série Dwarf Rocket
D. consolida voir *Consolida ajacis* Série Dwarf Rocket

Dianthus (Œillet)
Semi-rustiques à rustiques, persistantes ou semi-persistantes, vivaces, annuelles et bisannuelles, le plus souvent à floraison estivale. Cultivées pour ses buissons de fleurs souvent parfumées. Certaines sont parfaites en fleurs coupées.
barbatus (Œillet de poète)
Série Monarch 88
Série Roundabout 89
caryophyllus (Œillet des fleuristes)
Série Knight 88
chinensis (Œillet de Chine)
Série Baby Doll 89
'Fire Carpet' 89
Groupe Heddewigii 88
'Telstar Crimson' 89

Digitale voir *Digitalis*
D. jaune à grandes fleurs voir *Digitalis grandiflora*
D. pourpre voir *Digitalis purpurea*

Digitalis (Digitale)
Vivaces et bisannuelles, certaines persistantes, assez rustiques à rustiques, cultivées pour leurs hampes florales, à floraison estivale.
ambigua voir *D. grandiflora*
grandiflora (Digitale jaune à grandes fleurs) 64
orientalis voir *D. grandiflora*
purpurea (Digitale pourpre)
f. *albiflora* (Gant de Notre-Dame) 18
'Apricot Shades' 22
Groupe Foxy 36
Hybrides Excelsior 44

Dimorphotheca
Annuelles, vivaces et sous-arbustes persistants semi-rustiques, cultivés pour leurs fleurs.
annua voir *D. pluvialis*
pluvialis (Souci pluvial) 78

Dipsacus
Bisannuelles ou vivaces à courte durée de vie rustiques cultivées pour leurs inflorescences ovales et épineuses produites la deuxième année après les semis.
fullonum 44
sylvestris voir *D. fullonum*

Dolichos lablab voir *Lablab purpureus*
D. niger voir *Lablab purpureus*
D. purpureus voir *Lablab purpureus*
Dolique voir *Lablab*
D. d'Egypte voir *Lablab purpureus*

Dorotheanthus
Annuelles, succulentes, semi-rustiques pour emplacement secs et chauds qui apprécient d'être plantées dans comme la rocaille, un talus ou entre les dalles du jardin.
bellidiformis (Ficoïde)
'Lunette' 158
Série Magic Carpet 148
Yellow Ice' voir 'Lunette'

Downingia
Annuelles vivaces, charnues, compactes poussant aux bords des bassins et des marais aux fleurs souvent bleues, en clochette ou rappelant les Lobelia. Floraison estivale.
elegans 155

Dracocephalum
Annuelles et vivaces rustiques à floraison estivale, idéales dans la rocaille ou une plate-bande.
moldavica 108
moldavicum voir *D. moldavica*

E

Eccremocarpus (Bignone du Chili)
Genre de vivaces grimpantes à vrille, persistantes ou d'herbacées, assez rustiques à non rustiques. On les cultive pour leurs fleurs attrayantes produites de l'été à l'automne.
scaber (Bignone du Chili) 71

Echium (Vipérine)
Annuelles, bisannuelles, vivaces et arbustes persistants, non rustiques à rustiques, cultivés pour leurs fleurs.
bourgaeanum voir *E. wildpretii*
vulgare (Vipérine commune)
'Blue Bedder' 111
Hybrides Naines 108
wildpretii 39

Emilia
Annuelles semi-rustiques aux capitules donnant de belles fleurs coupées.
coccinea (Cacalie écarlate) 74
flammea voir *E. coccinea*
javanica voir *E. coccinea*

Erigeron (Vergerette)
Annuelles, bisannuelles, et vivaces à floraison printanière et estivale, rustiques à assez rustiques. On les cultive pour leurs capitules rappelant la marguerite.
karvinskianus 'Profusion' 81
mucronatus voir *E. karvinskianus* 'Profusion'

Erysimum (Vélar)
Annuelles, bisannuelles, vivaces à courte durée de vie persistantes et semi-persistantes, et sous-arbustes, rustiques cultivés pour leurs fleurs.
cheiri (Giroflée jaune, Ravenelle, Violier, Rameau d'or)
'Blood Red' 96
'Fire King' 144
'Golden Bedder' 130
'Orange Bedder' 142
Série Bedder 140
Série Fair Lady 130

Eschscholzia
Annuelles rustiques cultivées pour ses fleurs aux couleurs vives et décoratives rappelant le pavot.
caespitosa 157
californica (Pavot de Californie) 139, (En mélange) 142
'Monarch Art Shades' 139
Série Ballerina 90

Etoile de Bethléem 'Stella Blue' voir *Campanula isophylla* 'Stella Blue'
E. de Marie voir *Campanula isophylla* 'Stella Blue'
Eupatoire bleue voir *Ageratum*
Euphorbe voir *Euphorbia*
E. panachée voir *Euphorbia marginata*

Euphorbia (Euphorbe)
Arbustes, succulentes, vivaces et annuelles non rustiques à rustiques.
marginata (Euphorbe panachée) 79
variegata voir *E. marginata*

Eustoma
Annuelles et vivaces non rustiques que l'on peut cultiver en pots, aux fleurs rappelant le pavot qui donnent de beaux bouquets.
grandiflorum 21
Série Heidi 82
russellianum voir *E. grandiflorum*

Exacum
Annuelles, bisannuelles et vivaces non rustiques cultivées pour leur floraison abondante. Idéales en pots.
affine 107

F

Felicia
Annuelles, vivaces, sous-arbustes et (rares) arbustes, assez rustiques à non rustiques cultivés pour leurs capitules souvent bleus de type marguerite.
bergeriana 115
heterophylla 'The Blues' 156

Ficoïde voir *Dorotheanthus bellidiformis*
Fleur des dames voir *Heliotropium arborescens*

G

Gaillarde voir *Gaillardia*

Gaillardia (Gaillarde)
Annuelles et vivaces plutôt à courte durée de vie, assez rustiques à rustiques, à floraison estivale.
x *grandiflora* 'Dazzler' 40
pulchella 'Lollipops' 142

Gant de Notre-Dame voir *Digitalis purpurea* f. *albiflora*

Gazania
Vivaces persistantes ou annuelles semi-rustiques à non rustiques, souvent cultivées en annuelles. Idéales en parterre d'été, en pots ou en bacs.
Série Chansonette 158
'Mini Star Tangerine' 159
'Talent Yellow' 130

Gazon blanc voir *Omphalodes linifolia*

Gilia
Annuelles rustiques cultivées pour leur floraison estivale et automnale.
capitata 56
tricolor 111

Giroflée voir *Matthiola*
G. de Mahon voir *Malcolmia maritima*
G. jaune voir *Erysimum cheiri*

Glaucium (Pavot cornu)
Annuelles, bisannuelles, et vivaces rustiques cultivées pour l'éclat de leurs fleurs rappelant le pavot.
flavum (Pavot cornu) 70

Godetia amoena voir *Clarkia amoena*
G. grandiflora voir *Clarkia amoena*

Gomphrena
Annuelles, bisannuelles et vivaces, semi-rustiques à non rustiques, aux inflorescences donnant de belles fleurs coupées et séchées.
globosa (Amaranthoïde) 'Buddy' 149
'Professor Plum' 47
'Strawberry Fields' 41

Grande brize voir *Briza maxima*
Gros minet voir *Lagurus ovatus*
Gueule de loup voir *Anthirrinum*

Gypsophila (Gypsophile)
Annuelles et vivaces dont certaines sont persistantes et semi-persistantes.

assez rustiques à rustiques, donnant des fleurs du printemps à l'automne.
elegans (Gypsophile elegans) 18

Gypsophile voir *Gypsophila*
G. elegans voir *Gypsophila elegans*

H

Helianthus (Tournesol, Soleil)
Annuelles et vivaces rustiques à floraison estivale et automnale cultivées pour leurs grands capitules jaunes rappelant la marguerite.
annuus (Tournesol, Soleil) 27
'Autumn Beauty' 27
'Music Box' 26
'Teddy Bear' 27
cucumerifolius voir *H. delbilis* ssp. *cucumerifolius*
debilis ssp. *cucumerifolius* 26
'Italian White' 26
Série à fleurs de Chrysanthème (Tournesol, Soleil à fleur de chrysanthème) 27

Helichrysum voir *Bracteantha*

Heliophila
Annuelles, bisannuelles, vivaces et sous-arbustes non rustiques cultivés pour leur fleurs en croix à quatre pétales, souvent parfumées qui fleurissent au milieu de l'été.
coronopifolia 156
longifolia voir *H. coronopifolia*

Héliotrope voir *Heliotropium*
H. du Pérou voir *Heliotropium arborescens*

Heliotropium (Héliotrope)
Annuelles, vivaces, sous-arbustes persistants et arbustes, semi-rustiques, cultivés pour leurs fleurs odorantes qui attirent les papillons.
arborescens (Héliotrope du Pérou, Fleur des dames, Herbe de Saint-Fiacre) 45
'Marine' 110
peruvianum voir *H. arborescens*

Helipterum manglesii voir *Rhodanthe manglesii*
H. roseum voir *Rhodanthe chlorocephala* ssp. *rosea*
Herbe aux écus voir *Lunaria annua*
H. de Guinée voir *Panicum capillare*
H. de Saint-Fiacre voir *Heliotropium arborescens*

Hibiscus
Arbustes caducs ou persistants, arbres, vivaces et annuels, rustiques à non rustiques, cultivés pour leurs bouquets aux couleurs vives en été.
trionum 21

Hordeum
Herbes annuelles et vivaces rustiques, cultivées pour leurs épis denses caractérisés par leurs longues barbes soyeuses.
jubatum (Orge barbue) 59

Humea elegans voir *Calomeria amaranthoides*

Hunnemannia
Vivaces semi-rustiques rappelant le pavot, généralement cultivées en annuelles.
fumariifolia 'Sunlite' 68

I

Iberis (Thlaspi)
Annuelles, vivaces et sous-arbustes persistants, assez rustiques à rustiques cultivés pour leurs fleurs souvent parfumées.
amara 76
umbellata Série Fairy 90

Immortelle à bractées voir *Bracteantha bracteata*
I. annuelle double voir *Xeranthemum annuum*

Impatiens (Impatiente)
Annuelles et le plus souvent vivaces persistantes et sous-arbustes, non rustiques à rustiques, aux tiges souvent succulentes et fragiles.
balsamina (Balsamine) 100
'Blackberry Ice' (Balsamine) 101
Série Tom Thumb (Balsamine) 101
'Deco Pink' 100
Groupe New Guinea 100
'Lipstick' (Balsamine Lipstick) 101
'Red Star' 101
Série Confection (Balsamine) 101
Série Novette 101
Série Rosette 101
Série Super Elfin 100
'Tempo Lavender' 101

Impatiente voir *Impatiens*

Ionopsidium
Annuelles assez rustiques pour bordures et jardins de rocaille.
Acaule 147

Ipomoea (Ipomée)
Souvent grimpantes, annuelles, vivaces et arbustes persistants non rustiques.
coccinea 40
hederacea (Ipomée à feuilles de lierre) 47
purpurea (Volubilis) 49
quamoclit (Ipomée quamoclit) 40
tricolor 'Heavenly Blue' 48
'Flying Saucers' 44

Ipomée voir *Ipomoea*
I. à feuilles de lierre voir *Ipomoea hederacea*
I. quamoclit voir *Ipomoea quamoclit*

Ipomopsis
Vivaces et bisannuelles assez rustiques souvent cultivées en pots pour serres et jardins d'hiver.
aggregata 41

Isatis (Pastel)
Annuelles, bisannuelles et vivaces rustiques cultivées pour leur floraison estivale.
tinctoria (Pastel) 67

J

Julienne de Mahon voir *Malcolmia maritima*

K

Kochia trichophylla voir *Bassia scoparia* f. *trichophylla*

L

Lablab (Dolique)
Vivaces herbacées grimpantes non rustiques cultivées pour leurs fleurs décoratives rappelant les pois de senteur.
purpureus (Dolique d'Egypte) 46

Lagenaria
Herbes aromatiques annuelles grimpantes ou vivaces ou volubiles non rustiques très proches du concombre.
siceraria 63

Lagurus
Herbes annuelles rustiques à floraison estivale cultivées pour leurs panicules ovales aux poils soyeux.
ovatus (Gros minet, queue de lièvre) 59

Lamarckia
Herbes annuelles rustiques cultivées pour ses épillets denses de fleurs argentées et scintillantes portés unilatéralement en été.
aurea 126

Larme de Job voir *Coix lacryma-jobi*

Lathyrus (Pois de senteur)
Annuelles et vivaces assez rustiques à rustiques, parmi lesquelles de nombreuses grimpantes à vrille. On les cultive pour leurs grappes de fleurs décoratives.
odoratus
Groupe Bijou 28
Groupe Knee-hi 29
'Lady Diana' 29
'Old-fashioned Mixed' 29
'Red Ensign' 29
'Selana' 28
'Xenia Field' 29

Lavande de mer voir *Limonium*
L. de mer Suworowii voir *Psylliostachys suworowii*

Lavatera (Lavatère)
Annuelles, bisannuelles, vivaces, sous-arbustes persistants et arbustes, assez rustiques à rustiques, cultivés pour leur floraison estivale.
trimestris (Lavatère à grandes fleurs)
'Loveliness' 37
'Mont Blanc' 18
'Pink Beauty' 24
'Silver Cup' 35

Lavatère voir *Lavatera*
L. à grandes fleurs voir *Lavatera trimestris*

Layia
Annuelles semi-rustiques à rustiques, généralement cultivées dans des endroits secs et chauds.
elegans voir *L. platyglossa*
platyglossa 129

Leucanthemum
Annuelles et bisannuelles assez rustiques à rustiques, cultivées pour leurs bouquets de capitules de type marguerite en été.
paludosum 'Show Star' 158

Limnanthes
Annuelles rustiques pour bordures et jardins de rocaille.
douglasii 157

Limonium (Statice, Lavande de mer)
Vivaces non rustiques à rustiques, parfois cultivées en annuelles, bisannuelles, et sous-arbustes, dont certains sont persistants. Floraison estivale et automnale.
sinuatum 91
'Forever Gold' 70
'Iceberg' 76
Série Fortress 110
Série Petite Bouquet 108
Série Sunburst (En mélange) 67
suworowii voir *Psylliostachys suworowii*

Lin voir *Linum*
L. à grandes fleurs voir *Linum grandiflorum* 'Rubrum'
Linaire voir *Linaria*
L. maroccana voir *Linaria maroccana*

Linanthus
Annuelles et vivaces assez rustiques à rustiques aux fleurs en entonnoir ou en clochette dans des tons de blanc, jaune, lilas, rose ou bleu.
grandiflorus 78

Linaria (Linaire)
Annuelles, bisannuelles, et vivaces à floraison estivale ou automnale, semi-rustiques à rustiques, pour bordures et jardins de rocaille.
maroccana (Linaire maroccana)
'Fairy Lights' 99
'Northern Lights' 37
reticulata 'Crown Jewels' 130

Lindheimera
Annuelles rustiques cultivées pour leur floraison à la fin de l'été et en automne.
texana 66

Linum (Lin)
Annuelles, bisannuelles, vivaces, sous-arbustes et arbustes, dont certains persistants et semi-persistants, semi-rustiques à rustiques, cultivés pour leurs fleurs. Se plaît dans un jardin de rocaille.
grandiflorum (Lin à grandes fleurs)
'Rubrum' 96
usitatissimum 56

Liseron voir *Convolvulus*
Lisianthus russellianus Série Heidi voir *Eustoma grandiflorum* Série Heidi

Lobelia
Annuelles, vivaces et arbustes caducs et persistants non rustiques à rustiques, cultivés pour leurs fleurs. Certains se plaisent dans un jardin sauvage ou au bord de l'eau.
erinus
'Colour Cascade' 147
'Crystal Palace' 156
'Red Cascade' 150
'Sapphire' 155
'Snowball' 146

Lobularia
Annuelles et vivaces rustiques produisant des fleurs en été et au début de l'automne.
maritima (Corbeille d'argent)
'Little Dorrit' 146
Série Easter Bonnet 147
'Snow Crystals' 76
'Wonderland Rose' 149

Lonas
Genre ne comprenant qu'une espèce d'annuelle semi-rustique, cultivée pour ses têtes globuleuses de fleurs jaunes.
annua 127
inodora voir *L. annua*

Lunaire voir *Lunaria*

Lunaria (Lunaire)
Annuelles, bisannuelles et vivaces rustiques cultivées pour leurs fleurs et leurs siliques argentées.
annua (Monnaie-du-pape, Monnayère, Herbe aux écus) 34
'Variegata' 34

Lupin voir *Lupinus*

Lupinus (Lupin)
Annuelles, vivaces et arbustes semi-persistants et persistants semi-rustiques à rustiques, cultivés pour leurs grands épis de fleurs rappelant le pois de senteur.
nanus 'Pixie Delight' 48

Lychnis coeli-rosa voir *Silene coeli-rosa*
'Rose Angel' voir *Silene coeli-rosa* 'Rose Angel'

M

Maceron voir *Smyrnium*
M. voir *Smyrnium perfoliatum*
Mahonille voir *Malcolmia maritima*
Maïs voir *Zea Mays*

Malcolmia
Annuelles et vivaces rustiques à floraison printanière et automnale.
maritima (Julienne de Mahon, Giroflée de Mahon, Mahonille) 92

Malope
Genre de plantes annuelles et vivaces rustiques cultivées pour leurs fleurs ornementales.
trifida 'Vulcan' 38

Matthiola (Giroflée)
Annuelles, bisannuelles, vivaces, et sous-arbustes persistants assez rustiques à rustiques. Les fleurs très parfumées produites dans la plupart des séries d'annuelles et de bisannuelles sont idéales en fleurs coupées.
bicornus voir *M. longipetala* ssp. *bicornis*
'Giant Excelsior' 31
'Giant Imperial' 30
Groupe Trysomic 31
longipetala ssp. *bicornis* 30
Série Brompton 31
Série Cinderella 31
Série East Lothian 31
Série Ten-week 30

Mentzelia
Annuelles, bisannuelles, vivaces et sous-arbustes persistants non rustiques à rustiques cultivés pour leurs fleurs rappelant le pavot, souvent parfumées.
lindleyi (Bartonia dorée) 128

Mesembryanthemum criniflorum voir *Dorotheanthus bellidiformis*
Mignonnette voir *Reseda odorata*
Millet à grappes voir *Setaria italica*
M. d'Italie voir *Setaria italica*

Mimosa
Genre d'annuelles, de vivaces persistantes, d'arbustes, d'arbres et de grimpantes non rustiques cultivés pour leurs fleurs et feuillage.
pudica (Sensitive) 60

Mimulus
Annuelles, vivaces et arbustes persistants rustiques à non rustiques. Les petites espèces apprécient les emplacements humides d'un jardin de rocaille.
x *hybridus*
'Calypso' 159
Série Malibu (orange) 159

Mirabilis (Belle-de-nuit)
Annuelles et vivaces tubéreuses assez rustiques à non rustiques cultivées pour leurs grandes fleurs en trompettes souvent parfumées.
jalapa (Belle-de-nuit jalapa) 38

Moluccella
Annuelles et vivaces semi-rustiques cultivées pour leurs fleurs que l'on pourra ensuite faire sécher.
laevis (Clochette d'Irlande) 62

Monnaie-du-pape voir *Lunaria annua*
Monnayère voir *Lunaria annua*
Muflier voir *Anthirrinum*

Myosotis
Annuelles, bisannuelles et vivaces rustiques cultivées pour leurs fleurs. La plupart des espèces se plaisent dans un jardin de rocaille, un talus, ou entre des pierres.
sylvatica
'Blue Ball' 156
'Music' 123
'Snowball' 146
'Victoria Rose' 148

N

Nemesia (Némésie)
Annuelles, vivaces et sous-arbustes persistants assez rustiques cultivés en parterres d'été ou en plantes de serre.
strumosa (Némésie strumosa)
'Blue Gem' 113
'KLM' 111
Série Carnival 94
Série Triumph 141

Némésie voir *Nemesia*
N. strumosa voir *Nemesia strumosa*

Nemophila (Némophile)
Annuelles rustiques pour bordures et jardins de rocaille.
insignis voir *N. menziesii*
maculata 78
menziesii 115

Némophile voir *Nemophila*

Nicandra
Genre d'espèces annuelles rustiques aux fleurs à courte durée de vie qui laissent la place aux baies.
physalodes 47

Nicotiana (Tabac)
Annuelles, vivaces (souvent cultivées en annuelles) et arbustes semi-persistants, non rustiques à semi-rustiques.
langsdorffii 103
'Lime Green' 103
x *sanderae*
'Havana Apple Blossom' 102
'Salmon Pink' 102
Série Domino 102
Série Nikki 103
Série Sensation 103

Nielle des blés voir *Agrostemma*
N. des blés voir *Agrostemma githago*

Nierembergia
Vivaces parfois cultivées en annuelles et sous-arbustes caducs et semi-persistants non rustiques à semi-rustiques à floraison estivale.
caerulea
'Mont Blanc' 80
'Purple Robe' 109
hippomannica voir *N. caerulea*

Nigella (Nigelle)
Annuelles rustiques cultivées pour leurs gousses ornementales et leurs fleurs attrayantes qui donnent de beaux bouquets.
damascena (Nigelle de Damas)
'Miss Jekyll' 113
Série Persian Jewel (Cheveux de Vénus) 112

Nigelle voir *Nigella*
N. de Damas voir *Nigella damascena*

Nolana
Annuelles, vivaces et sous-arbustes semi-rustiques souvent cultivés en annuelles. Se plaisent sur un site chaud et sec, en bordures ou dans la rocaille.
paradoxa 114

Nombril-de-Vénus voir *Omphalodes linifolia*

O

Œillet voir *Dianthus*
Œ. de Chine voir *Dianthus chinensis*
Œ. de poète voir *Dianthus barbatus*
Œ. des fleuristes voir *Dianthus caryophyllus*
Œ. d'Inde voir *Tagetes*

Oenothera (Oenothère, Onagre)
Annuelles, bisannuelles et vivaces assez rustiques à rustiques cultivées pour leur floraison abondante mais de courte durée, en été.
biennis 66

Oenothère voir *Oenothera*

Omphalodes
Annuelles, bisannuelles et vivaces rustiques parfois persistantes et semi-persistantes. En tapis dans la rocaille.
linifolia (Gazon blanc, Nombril-de-Vénus) 77

Onagre voir *Oenothera*
Onopordon voir *Onopordum*

Onopordum
Genre de bisannuelles rustiques certaines sont sessiles, d'autres très ramifiées et hautes.
acanthium (Chardon aux ânes, Chardon d'Ecosse) 46

Orange de savetier voir *Solanum pseudocapsicum*
Orge barbue voir *Hordeum jubatum*

Orychophragmus
Annuelles et bisannuelles semi-rustiques portant des fleurs à la fin du printemps et en été.
violaceus 109

Osteospermum
Sous-arbustes persistants, vivaces et annuels assez rustiques à semi-rustiques, préfèrant les sites chauds.
'Buttermilk' 127
'Salmon Queen' 138
'Tauranga' voir *O.* 'Whirligig'
'Whirligig' 79

P

Panicum
Herbes vivaces et annuelles semi-rustiques à rustiques cultivées pour leur panicules soyeux et aériens en été.
capillare (Herbe de Guinée) 61

Papaver (Pavot)
Annuelles, bisannuelles et vivaces assez rustiques à rustiques cultivées pour leurs fleurs en coupe.
commutatum 'Ladybird' 105
croceum (Pavot d'Islande)
'Champagne Bubbles' 105
'Summer Breeze' 105
nudicaule voir *P. croceum*
rhoeas (Coquelicot)
'Fairy Wings' voir 'Mother of Pearl'
'Mother of Pearl' 104
Série Shirley (double) 104
Série Shirley (simple) 105
somniferum (Pavot à opium)
'Hen and Chickens' 105

Pâquerette vivace voir *Bellis perennis*
Passe-rose voir *Alcea rosea*
Pastel voir *Isatis*
P. voir *Isatis tinctoria*
Pavot voir *Papaver*
P. à opium voir *Papaver somniferum*
P. cornu voir *Glaucium*
P. cornu voir *Glaucium flavum*
P. de Californie voir *Eschscholzia californica*
P. d'Islande voir *Papaver croceum*

Pelargonium (Pélargonium)
Vivaces à floraison souvent estivale, la plupart à feuillage persistant, souvent cultivées en annuelles, non rustiques. Pour leurs fleurs très colorées toute l'année à la chaleur.
'Cherry Orbit' 117
'Orange Appeal' 117
'Raspberry Ripple' 116
'Rose Diamond' 117
Série Breakaway 116
Série Horizon 116
Série Multibloom 116
Série Sensation 117
Série Tornado 117
Série Video 117
'Summer Showers' 117

Pélargonium voir *Pelargonium*
Pensée voir *Viola*

Pericallis
Vivaces et sous-arbustes non rustiques, parfois cultivés en annuels pour leurs fleurs de type marguerite en hiver et au début du printemps.
x *hybrida* 'Spring Glory' 109

Perilla
Annuelles semi-rustiques cultivées pour leur feuillage.
frutescens var. *crispa* 49
var. *nakinensis* voir *P. frutescens*

Pervenche de Madagascar voir *Catharanthus roseus*

Petunia (Pétunia)
Annuelles et vivaces semi-rustiques, cultivées en annuelles aux fleurs colorées très décoratives.
'Blue Frost' 122
'Brass Band' 122
'Horizon Red Halo' 120
'Lavender Storm' 121
'Mirage Lavender' 122
'Mirage Velvet' 120
'Plum Pudding' 119
'Purple Wave' 120
'Rose Star' 119
Série Bonanza 119
Série Carpet 122
Série Falcon (En mélange) 119
'Salmon' 120
Série Fantasy (En mélange) 122
Série Junior 119
Série Pirouette 119
Série Recoverer 118
Série Resisto (rose vif) 119, (rouge) 120, 121
Série Star 120
Série Surfinia (blanc) 118
Série Victorious 118
'Sugar Daddy' 121

Pétunia voir *Petunia*

Phacelia
Annuelles, bisannuelles et vivaces rustiques, cultivées pour leurs fleurs qui attirent abeilles et insectes bénéfiques.
campanularia 123

Pharbitis hederacea voir *Ipomoea hederacea*
Pied d'alouette annuel voir *Consolida*
P. d'alouette des jardins voir *Consolida ajacis*
Piment commun voir *Capsicum annuum* 'Holyday Time'

Phlox
Annuelles et vivaces semi-rustiques à rustiques, souvent à floraison printanière tardive ou estivale, cultivées pour leurs fleurs aux couleurs vives.
drummondii (Phlox annuel)
'African Sunset' 151

'Bright Eyes' 148
'Chanal' 149
Série Cecily 150
'Sternenzauber' 150
'Twinkle' voir 'Sternenzauber'

Phlox annuel voir *Phlox drummondii*

Platystemon
Genre ne comprenant qu'une espèce variable d'annuelle rustique portant des fleurs rappelant le pavot, en été.
californicus 157

Plectranthus
Annuelles, vivaces et arbustes non rustiques cultivés pour leur feuillage.
thyrsoideus 58

Pois de senteur voir *Lathyrus*

Polypogon
Herbes vivaces et annuelles rustiques à semi-rustiques dont certaines sont cultivées pour leurs épillets denses de fleurs soyeuses très décoratifs.
monspeliensis 60

Pommier d'amour voir *Solanum pseudocapsicum*

Portulaca
Annuelles charnues et vivaces non rustiques à semi-rustiques dont les fleurs ne s'ouvrent qu'au soleil.
grandiflora (Pourpier à grandes fleurs)
'Cloudbeater' 151
Hybrides Sundance 151

Pourpier à grandes fleurs voir *Portulaca grandiflora*
Primevère voir *Primula*
P. naine voir *Primula* Pacific Giants Mixed

Primula (Primevère)
Annuelles, bisannuelles et vivaces, avec quelques persistantes, non rustiques à rustiques. Ces espèces conviennent sur tous les sites, du jardin de rocaille aux plates-bandes.
'Dania' 133
malacoides 'Bright Eyes' 132
obconica
'Appleblossom' 132
'Cantata Lavender' 133
'Libre Mixed' 132
Pacific Giants Mixed (Primevère naine) 133
Série Cowichan 132
Série Crescendo 133
Série Joker 133

Proboscidea
Genre de vivaces annuelles et semi-rustiques cultivées pour l'aspect tropical de leurs feuilles et fruits.
louisianica 21
jussieui voir *P. louisianica*
proboscidea voir *P. louisianica*

Psylliostachys
Annuelles semi-rustiques à rustiques cultivées pour leurs fleurs coupées ou séchées.
suworowii (Statice Suworowii, Lavande de mer Suworowii) 99

Pyrethrum parthenium voir *Tanacetum parthenium*

Q

Quamoclit coccinea voir *Ipomea coccinea*
Q. pennata voir *Ipomoea quamoclit*
Queue de lièvre voir *Lagurus ovatus*

R

Rameau d'or voir *Erysimum cheiri*
Ravenelle voir *Erysimum cheiri*

Rehmannia
Vivaces assez rustiques à rustiques parfois cultivées en bisannuelles pour leurs fleurs aux couleurs vives.
angulata voir *R. elata*
elata 36

Reine-Marguerite voir *Callistephus*
R.-M. voir *Callistephus chinensis*

Reseda
Annuelles et vivaces rustiques cultivées pour leurs fleurs en étoile souvent parfumées, blanches mâtinées de vert.
odorata (Mignonnette, Réséda odorant) 79

Réséda odorant voir *Reseda odorata*

Rhodanthe
Annuelles, vivaces et sous-arbustes semi-rustiques cultivés pour leurs capitules « immortels » rappelant la marguerite. Idéales en fleurs séchées.
chlorocephala ssp. *rosea* 90
manglesii 25

Ricin voir *Ricinus*
R. commun voir *Ricinus Communis*

Ricinus (Ricin)
Arbustes à croissance rapide semi-rustiques cultivés en plante annuelle pour son feuillage dans les régions froides en spécimen dans les parterres d'été. Très toxique.
communis (Ricin commun)
'Impala' 42
'Zanzibarensis' 61

Rose à bâtons voir *Alcea rosea*
R. d'Inde voir Tagetes
R. trémière voir *Alcea rosea*

Rudbeckia
Annuelles, bisannuelles et vivaces semi-rustiques à rustiques cultivées pour leurs capitules rappelant la marguerite au centre conique.
gloriosa 'Marmalade' voir *R. hirta* 'Marmalade'
hirta
'Goldilocks' 71
'Marmalade' 142
'Rustic Dwarfs' 73

S

Salpiglossis
Annuelles ou vivaces à courte durée de vie semi-rustiques, cultivées pour leurs fleurs en entonnoir trés colorées.
sinuata (Salpiglossis à fleurs changeantes)
'Série Casino' 67
'Splash' 42

Salpiglossis à fleurs changeantes voir *Salpiglossis sinuata*

Salvia (Sauge)
Annuelles, bisannuelles et vivaces non rustiques à rustiques, cultivées pour leur feuillage aromatique et leurs fleurs formant des massifs colorés.
coccinea 'Coral Nymph' 134
'Lady in Red' 135
farinacea 'Victoria' 135
'Alba' 134
horminum voir *S. viridis*
sclarea var. *turkestanica* (Sauge sclarée, Toute-bonne) 135
splendens (Sauge éclatante)
'Carabiniere' 135
'Flare Path' 135
Série Carabiniere 134
Série Cleopatra 135

Série Sizzler 135
viridis 134
'Clarыssa' 135

Sanvitalia
Annuelles et vivaces rustiques souvent cultivées en tapis pour leurs capitules aux couleurs vives rappelant la marguerite.
procumbens 128
'Mandarin Orange' 159

Sauge voir *Salvia*
S. éclatante voir *Salvia splendens*
S. sclarée voir *Salvia sclarea* var. *turkestanica*
Scabieuse voir *Scabiosa*
Sc. des jardins voir *Scabiosa atropurpurea* Série Cockade

Scabiosa (Scabieuse)
Annuelles, bisannuelles et vivaces assez rustiques à rustiques cultivées en plates-bandes pour leurs fleurs à longues tiges.
atropurpurea (Scabieuse des jardins) Série Cockade 45
stellata 79
'Paper Moon' 125

Schizanthus
Annuelles et bisannuelles non rustiques, cultivées pour leurs fleurs décoratives proches de l'orchidée.
pinnatus 106
'Hit Parade' 90

Sedum
Annuelles succulentes, bisannuelles, vivaces, sous-arbustes et arbustes non rustiques à rustiques cultivés pour leurs feuilles et leurs fleurs.
caeruleum 155

Senecio (Séneçon)
Annuelles, bisannuelles, vivaces et arbustes non rustiques à rustiques cultivés en parterres ou en bacs.
Cineraria (Cinéraire maritime)
'Cirrus' 124
'Silver Dust' 124

Séneçon voir *Senecio*
Sensitive voir *Mimosa pudica*
Sétaire voir *Setaria*

Setaria (Sétaire)
Herbes vivaces et annuelles non rustiques à assez rustiques cultivées pour leurs épillets denses et rugueux et leurs capsules décoratives.
italica (Millet d'Italie, Millet à grappes) 60

Silene (Silène)
Annuelles, bisannuelles et vivaces semi-rustiques à rustiques aux têtes florales très colorées. Prolifèrent facilement par semis.
armeria (Silène à bouquets)
'Electra' 92
coeli-rosa (Coquelourde rose du ciel) 82
'Rose Angel' 93

Silène voir *Silene*
S. à bouquets voir *Silene armeria*

Silybum
Genre ne comprenant que deux espèces d'annuelles et bisannuelles rustiques cultivées pour leurs inflorescences rappelant le chardon.
marianum (Chardon Marie) 46

Smyrnium (Maceron)
Bisannuelles et vivaces à courte durée de vie rustiques cultivées pour leur feuillage et leurs ombelles de fleurs.
perfoliatum (Maceron) 64

Solanum
Genre important d'espèces assez rustiques à non rustiques comprenant de nombreuses annuelles cultivées pour leurs fleurs et leurs fruits attrayants.
pseudocapsicum (Pommier d'amour, Cerisier d'amour, Oranger de savetier, Cerisier de Jérusalem)
'Balloon' 144
'Red Giant' 144

Soleil voir *Helianthus*
S. voir *Helianthus annuus*
S. à fleurs de chrysanthème voir *Helianthus* Série à fleurs de chrysanthème
S. de Californie voir *Tithonia rotundifolia* 'Torch'

Solenostemon
Vivaces sous-arbustives non rustiques cultivées en plante d'intérieur annuelle ou dans un parterre d'été pour son feuillage multicolore et brillant.
scutellarioides 92
'Brightness' 98
Série Wizard 98

Sorghum
Herbes vivaces ou annuelles semi-rustiques cultivées pour leur feuillage et leurs fleurs donnant des capsules remplies de graines à la fin de l'été.
bicolor 62
vulgare voir *S. bicolor*

Souci voir *Calendula*
S. des jardins voir *Calendula officinalis*
S. pluvial voir *Dimorphotheca pluvialis*
Statice voir *Limonium*
Statice suworowii voir *Psylliostachys suworowii*
Statice Suworowii voir *Psylliostachys suworowii*

T

Tabac voir *Nicotiana*

Tagetes (Rose et Oeillet d'Inde)
Annuelles et vivaces semi-rustiques cultivées pour leurs fleurs orange vif, rouges ou jaunes.
'Boy-O-Boy' 51
'Cinnabar' 53
'Crackerjack' 51
'Gold Coins' 50
'Hero Spry' 53
'Lemon Gem' 51
'Naughty Marietta' 51
'Orange Winner' 52
'Paprika' 53
'Safari Gem' 53
Série Inca 52
Série Solar 51
'Tangerine Gem' 52
'Vanilla' 50
'Zenith Orange Brown' 53

Tanacetum (Tanaisie)
Annuelles, vivaces et sous-arbustes semi-rustiques à rustiques cultivés pour leurs feuilles aromatiques et leurs capitules ressemblant à une marguerite ou à un bouton.
parthenium (Chrysanthème parthenium) 19
'Golden Moss' 157

Tanaisie voir *Tanacetum*
Thlaspi voir *Iberis*

Thunbergia (Thunbergie)
Annuelles et vivaces non rustiques à semi-rustiques aux fleurs voyantes en trompette ou en coupe.
alata 72
gregorii 73

Thunbergie voir *Thunbergia*

Thymophylla
Annuelles, bisannuelles, vivaces et sous-arbustes aromatiques assez rustiques aux capitules rappelant la marguerite. *T. tenuiloba*, la plus cultivée, annuelle, donnant des fleurs jaunes en profusion du printemps à l'été.
tenuiloba 129

Tithonia
Annuelles, vivaces et arbustes semi-rustiques à longues tiges, aux fleurs solitaires. Floraison estivale tardive.
rotundifolia (Soleil de Californie) 'Torch' 73
speciosa 'Torch' voir *T. rotundifolia* 'Torch'

Tolpis
Annuelles et vivaces tapissantes rustiques aux capitules jaune vif rappelant la marguerite.
barbata 66

Torenia
Genre d'annuelles et vivaces non rustiques avec un léger duvet, cultivées pour leurs fleurs tubulaires voyantes.
fournieri 110
Série Clown 110

Tournesol voir *Helianthus*
T. voir *Helianthus annuus*
T. voir *Helianthus* Série à fleurs de Chrysanthème
Toute-bonne, voir *Salvia sclarea* var. *turkestanica*

Trachelium
Vivaces semi-rustiques à rustiques dont certaines cultivées en annuelles pour leurs fleurs.
caeruleum 44

Tropaeolum (Capucine)
Annuelles et bisannuelles assez rustiques à non rustiques cultivées pour leurs fleurs formant des masses décoratives rouges, jaunes ou orange.
'Empress of India' 96
Série Alaska 141
Série Jewel 143
Série Whirlybird 145

Tweedia
Genre comprenant une seule espèce de sous-arbuste grimpant, non rustique, souvent cultivé en annuel pour ses fleurs à cinq pétales.
caerulea 56

U

Ursinia
Annuelles et vivaces persistantes non rustiques à semi-rustiques cultivées essentiellement pour ses capitules à floraison estivale.
anthemoides 140

V

Vélar voir *Erysimum*
Venidium fastuosum voir *Arctotis fastuosa*

Verbascum
Annuelles, bisannuelles, vivaces et sous-arbustes assez rustiques à rustiques cultivés pour leurs feuilles et leurs fleurs.
bombyciferum 63
broussa voir *V. bombyciferum*
longifolium var. *pannosum* voir *V. olympicum*
lychnitis 65
olympicum 65

Verbena (Verveine)
Annuelles, vivaces et sous-arbustes rustiques cultivés pour leurs fleurs.
x *hybrida*
'Deep Blue with Eye' 137
'Defiance' 137
'Imagination' 137
'Peaches and Cream' 136
Série Novalis (blanc) 136
Série Romance 136
Série Sandy 136
'Showtime' 137
speciosa 'Imagination' voir *V.* x *hybrida* 'Imagination'

Vergerette voir *Erigeron*
Verveine voir *Verbena*
Vinca rosea voir *Catharanthus roseus*

Viola (Pensée)
Annuelles, bisannuelles et vivaces semi-rustiques à rustiques cultivées pour leurs fleurs. Les annuelles les plus cultivées sont les pensées, les cultivars de *V.* x *wittrockiana* dont la plupart fleurissent entre la fin de l'hiver et tout au long de l'été.
'Azure Blue' 153
'Love Duet' 152
'Padparadja' 154
'Redwing' 154
'Rippling Waters' 152
'Roggli Giants' 153
'Scarlet Clan' 154
Série Clear Crystals 153
Série Crystal Bowl (jaune clair) 153, (jaune) 153
Série Floral Dance 152
Série Icequeen 154
Série Imperial 152
Série Joker 153
Série Princess 153
Série Universal (bleue) 153, (jaune) 154, (abricot) 154
'Super Chalon Giants' 154

Violier voir *Erysimum cheiri*
Vipérine voir *Echium*
V. commune voir *Echium vulgare*
Viscaria elegans voir *Silene coeli-rosa*
Volubilis voir *Ipomea purpurea*

X

Xeranthemum
Petit genre d'annuelles semi-rustiques cultivées pour leurs capitules parcheminées, rappelant la marguerite à floraison estivale.
annuum (Immortelle annuelle double) 34

Z

Zea
Herbes annuelles semi-rustiques parmi lesquelles *Z. mays* est depuis longtemps cultivée en céréale. Ce sont des cultivars décoratifs aux feuilles panachées et aux grains étonnamment colorés.
mays (Maïs)
'Gracillima Variegata' 63
'Strawberry Corn' 70
'Variegata' 20

Zinnia
Annuelles, vivaces et sous-arbustes non rustiques aux fleurs à longues tiges de type marguerite à longues tiges.
elegans
'Belvedere' 55
'Envy' 55
'Peter Pan Gold' 55
'Ruffles Mixed' 54
Série Peppermint Stick 54
Série Thumbelina 54
Série Whirlygig 54
haageana 'Persian Carpet' 55
Hybrides Burpee 55

CRÉDITS

Référencement des photographies suivant leur position dans la page :
b = bas ; c = centre ; cid = centre inférieur droit ; cig = centre inférieur gauche ; csd = centre supérieur droit ; csg = centre supérieur gauche ; d = droite ; g = gauche ; h = haut

Les éditeurs remercient toutes les sociétés et personnes dont le nom apparaît ci-dessous d'avoir autorisé la reproduction de leurs photographies :

A-Z Botanical Collection 19 bg, 22 hd, 31 cg, 70 cd, 93 cd, 115 bd / Robert J Erwin 41 bg / P Etchells 88 cd / Robert W Greig 122 cg / Matt Johnston 39 g / Anthony Menzies Shaw 156 bg / T G J Rayner 47 bd / Dan Sams 41 d, 155 cg / Heather Angel 119 hd / Gillian Beckett 21 bg ;

Pat Brindley 28 d, 29 b, 38 cg, 46 bd, 63 cg, 75 cg, 91 cg, 91 bg, 99 cg, 126 bg, 155 cd, 157 cd ;

Eric Crichton 81 cd, 83 g, 92 bd, 132 bg, 142 bd ;

Garden Matters 148 cg / Jeremy Hoare 140 d ;

Garden Picture Library 10, 12, 13 h / Chris Burrows 133 hg / Brian Carter 31 hd, 99 bd, 111 cd, 134 bd, 139 cg / Christopher Gallagher 27 cg / John Glover 26 cg, 108 cg, 153 csd ;

John Glover 53 hg, 132 cd ;

Derek Gould 117 cid, 124 hd, 159 cd ;

Holt Studios International 56 d, 82 bd ;

Andrew Lawson 2, 5, 65 hd, 66 hg, 71 bd, 84 bd, 85 bd, 123 cd, 127 hd, 145 g, 147 bd, 154 csd, 159 bg ;

Photo Flora 60 cg, 60 bg, 66 bg ;

Photos Horticultural 20, 22 bd, 24 bd, 27 b, 30 g, 30 bd, 40 bg, 54 cd, 55 cg, 65 hg, 67 g, 70 bg, 75 d, 81 cg, 82 g, 84 cd, 87 hd, 89 hd, 105 hd, 111 bg, 113 bd, 117 cig, 118 cg, 122 hg, 127 g, 128 d, 149 bg ;

Plant Pictures World Wide 24 bg, 45 bg, 73 cg, 81 bd, 83 cd, 85 hg, 88 g, 91 bd, 105 b, 130 bd, 146 bd ;

Howard Rice 24 hd, 25 g, 26 bg, 26 bd, 29 cg, 31 b, 32 d, 36 g, 36 bd, 37 g, 37 cd, 37 bd, 39 bd, 40 bd, 41 cg, 43 bd, 45 cg, 46 cd, 48 cd, 48 bg, 48 bd, 49 cg, 49 cd, 49 bg, 51 hg, 52 b, 54 cg, 54 bd, 57, 58 cd, 59 cd, 60 bd, 61 g, 61 hd, 62 bg, 65 bd, 69 cd, 69 bg, 71 cg, 71 cd, 78 d, 80 bg, 83 bd, 85 csd, 87 cd, 87 b, 93 bd, 96 cg, 96 cd, 96 bg, 100 cg, 100 bd, 101 cid, 102 d, 103 hg, 104 d, 105 cg, 107 cg, 108 bg, 108 d, 110 cg, 110 bd, 111 cg, 116 cg, 116 bg, 116 bd, 117 hg, 117 csg, 117 bg, 119 cg, 119 cd, 119 bd, 120 cd, 120 bd, 122 hd, 122 bg, 123 bd, 126 d, 129 cg, 129 cd, 129 bd, 133 cg, 133 cd, 133 b, 135 hd, 136 bd, 138, 139 bg, 140 bg, 145 bd, 146 cg, 146 cd, 147 cd, 147 bg, 148 bd, 149 cd, 150 d, 151 cg, 154 bd, 158 cg, 158 cd, 159 cg ;

Harry Smith Collection 11, 19 hg, 19 bd, 21 hg, 21 hd, 22 g, 28 g, 29 hg, 29 hd, 39 cd, 40 cg, 44 cg, 44 cd, 44 bg, 44 bd, 47 cg, 47 cd, 47 bg, 48 cg, 51 hd, 52 hg, 53 hd, 53 cg, 53 cd, 53 b, 58 cg, 58 bg, 59 g, 62 d, 63 bg, 63 d, 64 bg, 67 hd, 68 cg, 74 bg, 74 d, 79 cd, 79 bd, 85 bg, 87 hg, 88 bd, 89 cd, 94 cg, 94 bg, 94 bd, 98 cg, 101 bd, 105 cd, 107 bd, 109 cg, 109 bg, 113 cg, 115 cd, 119 hg, 119 bg, 120 hd, 121 hg, 121 hd, 122 bd, 123 bg, 126 hg, 129 bg, 130 cd, 130 bg, 133 hd, 135 csd, 137 b, 141 cg, 142 bg, 143 cd, 143 bd, 144 cd, 144 bd, 147 cg, 148 bg, 152 cg, 152 cd, 153 hd, 154 hd, 156 cg, 156 cd ;

Sutton Seeds 87 cg, 132 cg ;

Thompson and Morgan 91 cd, 157 cg ;

Unwins Seeds Ltd. 66 bd, 90 hd, 100 cd, 109 cd, 119 hg, 120 cg, 152 bd ;

Tom Wright 13 b

Abréviations

C	centigrade
cm	centimètre
cv.	cultivar
diam.	diamètre
f.	forme
g	gramme
m	mètre
mm	millimètre
sp.	espèce
ssp.	sous-espèce
var.	variété